信息论基础

——理论及应用

主 编 李长青 朱诗兵 李 炯

电子科技大学出版社
University of Electronic Science and Technology of China Press

· 成都 ·

图书在版编目（CIP）数据

信息论基础：理论及应用／李长青，朱诗兵，李炯
主编. — 成都：电子科技大学出版社，2022.12
ISBN 978 - 7 - 5647 - 9984 - 7

Ⅰ. ①信… Ⅱ. ①李… ②朱… ③李… Ⅲ. ①信息论
- 高等学校 - 教材 Ⅳ. ①G201

中国版本图书馆 CIP 数据核字（2022）第 236396 号

信息论基础——理论及应用

XINXILUN JICHU——LILUN JI YINGYONG

李长青　朱诗兵　李炯　主编

策划编辑　陈松明　熊晶晶
责任编辑　熊晶晶

出版发行　电子科技大学出版社
　　　　　成都市一环路东一段 159 号电子信息产业大厦九楼　邮编 610051
主　　页　www. uestcp. com. cn
服务电话　028 - 83203399
邮购电话　028 - 83201495

印　　刷　天津市蓟县宏图印务有限公司
成品尺寸　185mm×260mm
印　　张　15.5
字　　数　360 千字
版　　次　2024 年 1 月第 1 版
印　　次　2024 年 1 月第 1 次印刷
书　　号　ISBN 978 - 7 - 5647 - 9984 - 7
定　　价　49.80 元

本书编委会

主　编　李长青　朱诗兵　李　炯
编　委　代健美　武　敏　帅海峰
　　　　刘　瑞　刘翔宇　李玉巍
　　　　吴泽柯　武　敏

前言
PREFACE

香农(Shannon)1948 年发表的著名论文《通信的数学理论》标志着信息论的诞生,从此以后,信息研究便成为一门专门学问,人类社会开始逐渐走向自觉地认识和高水平地利用信息的阶段。

信息论是现代信息科学的主要基础理论之一。信息论的主要研究对象是香农所提出的一般通信系统模型,主要研究内容是消息在通信系统中进行传输的途径,主要研究目的是提高通信系统的有效性、可靠性和安全性,以便达到通信系统的最优化。

信息论的基础理论围绕香农三大定理展开,即无失真信源编码定理、有噪信道编码定理、保真度准则下的限失真信源编码定理。除此以外,信息论的基础理论还包括与之相关的信源、信道、信息度量、信道容量等基本概念及理论。

本书共分八章。第一章主要介绍信息论中重要的基本概念和相关的知识背景。第二章重点分析了信息的度量问题。第三章和第四章分别讨论了信源和信道问题。前四章是后续章节讨论香农三大定理的基础。第五章重点介绍了香农第一定理(无失真变长信源编码定理)以及香农第三定理(保真度准则下的限失真信源编码定理),由于都是针对信源编码,故将这两部分内容融入一章中。第六章重点讨论有噪信道编码定理及几种典型的信道编码方法。第七章介绍了信息传输网络化理论。第八章介绍了信息基本理论在各个领域内的应用。

本书作者长期从事信息论基础的教学工作,结合已有的教学经验和相关领域的研究成果编写了此书。

本书突出了信息理论的基本概念、基本理论及其相关数学表达式的物理意义的解析,尽量避免烦琐的公式证明及推导。本书深入浅出、概念清晰、内容系统性强,适合作为高等教育信息类专业本科生、研究生的教材或教学参考书,亦可作为有关科技人员拓展知识领域的参考书籍。

编　者
2022 年 10 月

目录 CONTENTS

目
录

→ **3**

第一章

绪论

　　信息已经渗透人们日常生活的方方面面,成为当今世界上最重要的战略资源之一,开发、加工和利用信息资源的相关技术也蓬勃发展,正深刻改变着人们的学习、工作和生活方式。未来信息社会将实现任何时间、任何地点、任何人、任何物都可以方便地获取和交换任何信息。

　　信息论是关于信息的学说,它主要研究信息的本质及运动规律。在 19 世纪以前,对信息的认识和利用一直处在原始和经验的状态。人类真正自觉地认识信息问题并开始触及信息的本质,是在 20 世纪 40 年代以后,美国科学家香农于 1948 年发表了著名的论文《通信的数学理论》(*A Mathematical Theory of Communication*),标志着香农信息论的诞生,香农信息论用概率和数理统计的方法系统地研究了通信的基本问题,给出了信息的度量表示,得出了带有普遍意义的重要结论,为信息的表达、存储、传送和处理的具体实现提供了理论依据。

　　正因为如此,一部关于人类认识和利用信息的历史可以粗略地以 1948 年为界进行划分:在此之前,人类不自觉地认识和低水平地利用信息;在此之后,人类才开始逐渐走向自觉地认识和高水平地利用信息的阶段。

　　香农信息论诞生后,逐渐问世了 200 余门“信息理论”(或“信息论”)、“信息科学”(或“信息学”),但到目前为止,世界上还没有出现一个真正称得上是关于信息的通用理论,能够使人们用它来合理地解释各种信息现象。缘于信息概念高度抽象性、应用的多元性和信息研究的多学科性,信息理论探索是十分复杂的。

1.1 信息论与信息科学

1.1.1 认识信息论

信息论是关于信息的理论,应有自己明确的研究对象和适用范围,但从信息论诞生的那一天起,人们就对它有不同的解释。

在数学界,信息论被看作是概率论和遍历性理论的分支,是一个涉及不变变换理论的分支。信息论运用概率论和数理统计的方法研究信息、信息熵、通信系统、数据传输、密码学、数据压缩等问题,第一次在数学层面完成自洽,并且在数学层面验证了数据传输的极限和压缩的极限。在工学界,信息论是通信理论的一部分,是通信的统计理论,是数字通信的基础理论。

目前,对信息论的研究内容一般有三种理解:

(1)狭义信息论,又称经典信息论、香农信息论。狭义信息论主要研究信息的测度、信道容量、信源和信道编码等理论问题。

(2)一般信息论,又称工程信息论。除香农信息论的内容外,一般信息论还包括噪声理论、信号滤波和预测、统计检测与估计、调制理论、信息处理理论以及保密理论等。

(3)广义信息论。广义信息论不仅包括上述两方面内容,而且包括所有与信息论有关的自然科学和社会科学领域中有关信息的问题。

1.1.2 认识信息科学

由于现代自然科学各门学科的相互联系、相互渗透,信息概念及理论超越通信领域运用于其他学科。在 20 世纪 60 年代末至 70 年代初出现了信息科学。信息科学是在信息论的基础上发展起来的,它涉及数学、通信理论、控制论、计算机科学、人工智能、电子学和自动化技术以及物理学、生物学等多个领域,与哲学关系也很密切。信息科学是一门多边缘的学科,亦称为横断学科。

信息科学是以信息作为主要研究对象、以信息过程的运动规律作为主要研究内容、以信息科学方法论作为主要研究方法、以扩展人的信息功能作为主要研究目标的一门科学。

信息科学研究内容包括:阐明信息的概念和本质(哲学信息论)、探讨信息的度量和变换(基本信息论)、研究信息的提取方法(识别信息论)、澄清信息的传递规律(通信理论)、探明信息的处理机制(智能理论)、探究信息的再生理论(决策理论)、阐明信息的调节原则(控制理论)、完善信息的组织理论(系统理论)等。

1.1.3 信息科学的三论

信息科学的支柱理论包括信息论、控制论和系统论(信息科学的"三论"),信息科学的发展依赖于"三论"基础,下面予以简要介绍。

1. 信息论

信息论是20世纪40年代从长期通信实践中总结出来的一门学科,是专门研究信息的有效处理和可靠传输的一般规律的科学。香农被称为"信息论之父",人们通常将香农于1948年10月发表于《贝尔系统技术学报》上的论文《通信的数学理论》作为现代信息论研究的开端。

信息论是信息科学的前导,是一门用数理统计方法研究信息的度量、传递和交换规律的科学,主要研究通信和控制系统中普遍存在的信息传递的共同规律,以及建立最佳解决信息的获取、度量、变换、存储、传递等问题的基础理论。需要强调的是,香农信息论以概率论、随机过程为基本研究工具,研究广义通信系统整个过程,并以编译码器为重点,其主要关心整个系统的性能,以及达到该性能极限的途径,很少涉及具体的实现方法。

信息论是本书介绍重点,在后面的章节逐步加以详细分析。

2. 控制论

控制论是研究生命体、机器和组织的内部或彼此之间的控制和通信的科学。1948年维纳的奠基性著作《控制论》出版,成为控制论诞生的一个标志。维纳把这本书的副标题取名为"关于在动物和机器中控制与通信的科学",为控制论在当时研究现状下提供了一个科学的定义。在这本著作中,维纳抓住了一切通信和控制系统都包含有信息传输和信息处理的过程的共同特点,明确提出控制论的两个基本概念——信息和反馈,指出一个通信系统总能根据人们的需要,传输各种不同思想内容的信息。一个自动控制系统必须根据周围环境的变化,自行调整自己的运动。《控制论》揭示了信息与控制规律,对系统控制调节通过信息的反馈来实现。

控制论的核心问题涉及五个基本方面。

(1)通信与控制之间的关系。一切系统为了达到预定的目的必须经过有效的控制。有效的控制一定要有信息反馈,人控制机器或计算机控制机器都是一种双向信息流的过程,包括信息提取、信息传输和信息处理。

(2)适应性、信息和反馈的关系。适应性是系统得以在环境变化下能保持原有性能或功能的一个特性,人的适应性就是通过获取信息和利用信息并对外界环境中的偶然性进行调节而有效生活的过程。

(3)学习、信息和反馈的关系。反馈具有用过去行为来调节未来行为的功能。反馈可以是简单反馈或复杂反馈。在复杂反馈中,过去的经验不仅用来调节特定的动作,而且用来对系统行为进行全盘策略使之具有学习功能。

(4)进化与信息和反馈的关系。生命体在进化过程中一方面表现有多向发展的自发趋势,另一方面又有保持祖先模式的趋势。这两种效应基于信息和反馈相结合,通过自然选择会淘汰掉那些不适应周围环境的有机体,留下能适应周围环境的生命形式的剩余模式。

(5)自组织与信息和反馈的关系。人根据神经细胞的新陈代谢现象和神经细胞之间形成突触的随机性质来认识信息与系统结构的关系。可以认为,记忆的生理条件以至于学习的生理条件就是组织性的某种连续,即通过控制可把来自外界的信息变成结构或机能方面比较经久的变化。

控制论的方法涉及 4 个方面。

(1)确定输入输出变量。控制系统为达到一定的目的,需要以某种方式从外界提取必要的信息(称为输入),再按一定法则进行处理,产生新的信息(称为输出)反作用于外界。输入输出变量不仅可以表示行为,也可以表示信息。

(2)黑箱方法。根据系统的输入输出变量找出它们之间存在的函数关系(即输入输出模型)的方法。黑箱方法可用来研究复杂的大系统和巨系统。

(3)模型化方法。通过引入仅与系统有关的状态变量而用两组方程来描述系统即建立系统模型。一组称为转移方程,又称状态方程,用以描述系统的演变规律;一组称为作用方程,又称输出方程,用以描述系统与外界的作用。抽象后的系统模型可用于一般性研究并确定系统的类别和特性。控制系统数学模型的形式不是唯一的,自动机理论中还常采用状态转移表或状态转移图的方式。系统的特性是通过系统的结构产生的,同类系统通常具有同类结构。控制论的模型化方法和推理式属性,使控制论适用于一切领域的控制系统,有助于对控制系统一般特性的研究。在研究大系统和巨系统时还需要使用同态和同构以及分解和协调等概念。

(4)统计方法。控制论方法属于统计方法的范畴,需要引入无偏性、最小方差、输入输出函数的自相关函数和相关分析等概念。采用广义调和分析和遍历定理,可从每个个别样本函数来获取所需的信息。维纳采用这种方法建立了时间序列的预测和滤波理论,称为维纳滤波。非线性随机理论不但是控制论的数学基础,而且是处理一切大规模复杂系统的重要工具。

控制论与信息论有基本区别,控制论用抽象的方式揭示包括生命系统、工程系统、经济系统和社会系统等在内的一切控制系统的信息传输和信息处理的特性和规律,研究用不同的控制方式达到不同控制目的可能性和途径,而不涉及具体信号的传输和处理;信息论则偏重于研究信息的测度理论和方法,并在此基础上研究与实际系统中信息的有效传输和有效处理的相关方法和技术问题,如编码、译码、滤波、信道容量和传输速率等。

3. 系统论

美籍奥地利人、理论生物学家 L. V. 贝塔朗菲(L. Von. Bertalanffy)1937 年提出了一般系统论原理,奠定了系统论的理论基础。

系统是由若干要素以一定结构形式联结构成的具有某种功能的有机整体。在这个定义中包括了系统、要素、结构、功能四个概念。

系统论是研究系统的结构、特点、行为、动态、原则、规律以及系统间的联系，并对其功能进行数学描述的学科。系统论的主要任务就是以系统为对象，从整体出发来研究系统整体和组成系统整体各要素的相互关系，从本质上说明其结构、功能、行为和动态，以把握系统整体，达到最优的目标。

系统论认为，开放性、自组织性、复杂性、整体性、关联性、等级结构性、动态平衡性、时序性等，是所有系统的共同的基本特征。系统论不仅是反映客观规律的科学理论，又是具有哲学价值的方法论。

系统论的核心思想是系统的整体观念。贝塔朗菲强调，任何系统都是一个有机的整体，它不是各个部分的机械组合或简单相加，系统的整体功能是各要素在孤立状态下所没有的性质。他用亚里士多德的"整体大于部分之和"的名言来说明系统的整体性，反对那种认为要素性能好，整体性能一定好，以局部说明整体的机械论的观点。同时认为，系统中各要素不是孤立地存在着，每个要素在系统中都处于一定的位置上，起着特定的作用。要素之间相互关联，构成了一个不可分割的整体。要素是整体中的要素，如果将要素从系统整体中割离出来，它将失去要素的作用。正像人手在人体中是劳动的器官，而一旦将手从人体中砍下来，它将不再是劳动器官。

系统论的出现，使人类的思维方式发生了深刻变化。以往研究问题，一般是把事物分解成若干部分，抽象出最简单的因素来，然后再以部分的性质去说明复杂事物。这是笛卡儿奠定理论基础的分析方法。这种方法的着眼点在局部或要素，遵循的是单项因果决定论，虽然这是几百年来在特定范围内行之有效、人们最熟悉的思维方法。但是它不能如实地说明事物的整体性，不能反映事物之间的联系和相互作用，它只适应认识较为简单的事物，而不胜任于对复杂问题的研究。在现代科学的整体化和高度综合化发展的趋势下，在人类面临许多规模巨大、关系复杂、参数众多的复杂系统面前，就显得无能为力了。当传统分析方法束手无策的时候，系统分析方法别开生面地为现代复杂问题提供了有效的思维方式。

系统论，连同控制论、信息论等其他横断科学一起所提供的新思路和新方法，为人类的思维开拓新路，它们作为现代科学的新潮流，促进各门科学的发展。

1.2 信息的概念与性质

信息论的出发点是认识信息的本质及其运动规律，它的归宿则是利用信息来解决现实问题。对信息的定义是信息论研究的一个基本内容，信息是一个看似简单实则非常抽象的概念，对它进行准确定义相当困难。到目前为止，关于信息的不同定义已在150种以上，但我们还没有找到一个可普遍接受的选择。

造成信息定义问题如此困难的原因，主要源于信息概念应用的广泛性和扩展性。信息概念首先出现在文学和人类生活方面,逐渐地渗透自然科学和一部分工程科学中。每当它渗入一个新领域时,信息概念的外延都有可能被扩展一次,而研究者不得不去重新思考信息的内涵到底是什么。

1.2.1 信息的概念

物质、能量与信息是组成世界的三大要素。人们已经很深入地了解了物质与能量,而对信息的认识才刚起步。那么,信息是什么? 它又是以何种方式存在的? 它有着怎样的作用? 我们该如何去认识和理解信息这个概念呢?

1. 广义信息

信息是物质的还是精神的? 信息既是物质的也是精神的? 信息既不是物质的也不是精神的,而是独立于物质和精神的第三种存在? 这是信息科学对传统的哲学研究提出的最直接的挑战。这个问题的一切逻辑上可能的上述4种答案,都有坚定的哲学家阵营支持。

目前,大多数哲学家和科学家普遍认为,信息不是物质,从广义上讲:信息就是对物质存在和运动形式的一般描述。

在构成客观世界的三大要素中,物质是基础,是实体;能量是物质运动的形式,物质可转换成能量,而能量又是改造客观世界的主要动力;信息则表征了物质的存在状态和运动形式。美国安东尼·欧廷教授对物质、能量和信息三者做了深刻的描述:没有物质,就什么东西也不存在;没有能量,就什么事情也不发生;没有信息,就什么东西也无意义。

信息不是物质,信息来源于物质(客观存在),可以脱离物质而寄生于媒体,相对独立地存在。信息也来源于精神世界,精神的运动(思维的过程,如信息可以被提炼成为知识)也是信息的一个来源;信息与能量都与物质的运动相关联,信息本身不具有能量。在一定的意义上可以说,信息与能量两者都是物质运动状态的函数。不仅如此,传输信息或处理信息总需要一定的能量来支持,而控制和利用能量则总需要有信息来引导。三者的关系如图1-1所示。

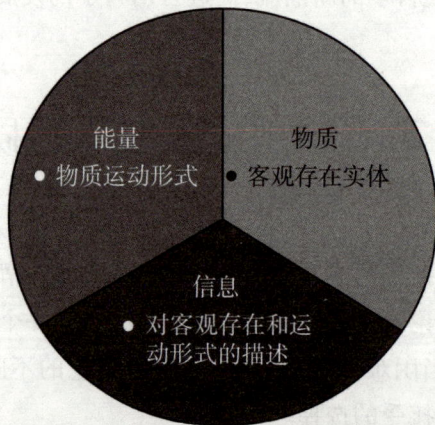

图1-1 构成客观世界的三大要素

2. 狭义信息

很多研究者认为,信息是一个不同语境中不断变化的概念,任何在短期内试图找到一个普适定义的努力都不大可能成功。反过来说,相对成功的信息定义大都限定在一定领域内,属于狭义信息。

研究者从各自的研究领域出发,给出了不同的定义:控制论创始人维纳(Wiener)认为,信息是人们在适应外部世界,并使这种适应反作用于外部世界的过程中,同外部世界进行互相交换的内容和名称;经济管理学家认为,信息是提供决策的有效数据;电子科学家、计算机科学家认为,信息是电子线路中传输的以信号作为载体的内容;美国信息管理专家霍顿(F. W. Horton)认为,信息是为了满足用户决策的需要而经过加工处理的数据等。

通信系统的基本问题是:在(统计)噪声背景下,在信息接收端近似地或精确地复制发送端发出的信号波形。香农信息论面向通信工程,决定了香农的信息概念具有强烈的通信特色。1948年香农在《贝尔系统技术杂志》发表的《通信的数学理论》对信息进行了定义:信息是用来减少随机不确定性的东西。即信息是事物运动状态或存在方式的不确定性的描述。

这里的"不确定性"表示某事物的发生具有一定的概率,所以,香农信息属于"概率信息"。

【例1-1】李明今年参加了高考,考试结果还未公布。某天上午9时,爸爸兴奋地告诉李明说"你考了650分",李明听完后非常高兴;当天上午10时,妈妈又打电话告诉李明说"你考了650分",李明回答妈妈说"我已经知道了"。

"考了650分"是对考试结果的一种描述,而考试的结果不止一种。可见,李明在得到爸爸的消息之前考试结果尚存在不确定性。对李明来说,爸爸的消息消除了考试结果的不确定性,使他获得了信息。妈妈的电话只是一条消息,并没有使他获得关于考试结果的任何其他信息。

3. 全信息

我国著名信息科学家钟义信提出了"全信息"的概念。他把同时考虑事物运动状态及其变化方式的外在形式、内在含义和效用价值的认识论层次信息称为"全信息",而把仅仅考虑其中的形式因素的信息部分称为"语法信息",把考虑其中的含义因素的信息部分称为"语义信息",把考虑其中效用因素的信息部分称为"语用信息"。换言之,认识论层次的信息乃是同时考虑语法信息、语义信息和语用信息的全信息。人们只有在感知了事物运动状态及其变化的形式、理解了它的含义、判明了它的价值,才算真正掌握了这个事物的认识论层次信息,并做出正确的判断和决策。

在语言学领域,只考虑"词与词的结合方式"而不考虑它们的"含义和效用"的研究被称为语法学;研究"词与词的结合方式所具有的含义"的学科称为语义学;研究"语言的意义和作用"的学科称为语用学。

在信息论领域,只涉及"事物运动的状态和状态变化方式"称为语法信息层次;关于"事物运动的状态及其变化方式的含义"的层次称为语义信息层次;关于"状态及状态变化方式的效用"这个层次称为语用信息层次。语法、语义、语用信息的关系如图 1-2 所示。

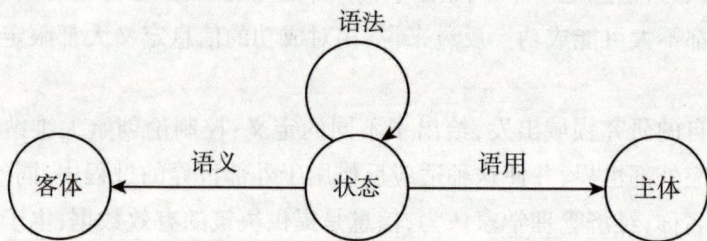

图 1-2　语法、语义、语用信息的关系

(1)语法信息。

语法信息是"事物运动状态和状态改变方式"本身。它只研究事物运动各种可能出现的状态,以及状态之间的关系,不涉及这些状态的含义和效用。

(2)语义信息。

语义信息是"事物运动状态和状态改变方式的含义"。它研究各种状态和状态改变方式与客体的关系,即研究信息的具体含义。

(3)语用信息。

语用信息是"事物运动状态和状态改变方式的效用"。它研究事物运动状态和状态改变方式与主体的关系,即研究信息的主观价值。

全信息理论表述了三种不同层次的传播。

A 层:符号如何能准确地发送?(技术问题,语法信息)

B 层:被发射的符号如何准确地传递意图中的意义?(语义学问题,语义信息)

C 层:被接受的意义如何有效影响受者行为?(效果或行为问题,语用信息)

香农声称,他的数学的传播理论只与 A 层打交道(语法信息),他称这一层为工程传播或技术传播,他说:"一个工程传播理论就像一个非常循规蹈矩、举止谨慎的姑娘收到你的电报,她对内容的含义一点也不注意,不管它是令人悲哀的,或是令人高兴的,还是令人尴尬的。"他告诫,科学界防止将信息论广泛运用于所有类型人类传播。他回避了第二层次第三层次即信息的"意义",因为如果涉及意义的研究,就进入了社会科学最核心部分,即思维与意识的研究。这是一个敏感而棘手的问题。

1.2.2　信息的性质

信息作为客观世界的第三要素,与物质和能量相比,具有一些特殊的性质。

(1)信息是无形的。信息是看不见、摸不着的,不具有实体性。

(2)信息可以共享。信息的共享是无限的,可以传递的,原占有者不会因为传递了信息而丢失信息,占有者和获得者都可以利用信息进行有利于社会的活动,也可以进行竞争和对抗。

（3）信息是无限的。信息与物质和能量一样也是一种资源，并具有时空上的可扩展性，如今天的天气预报信息到明天就失去了意义，新的信息又产生，但是，若将所有信息积累起来作为历史资料，又可以成为气候演变的重要信息。

（4）信息可以度量。信息论中最主要的问题之一就是解决信息数量与质量的度量问题。

1.2.3 信息、消息及信号

信息一词由来已久，据记载，我国唐代诗人许浑的《寄远》中有"塞外音书无信息，道傍车马起尘埃"，南唐李中的《暮春怀古人》中有"梦断美人沉信息，目穿长路倚楼台"，宋代毛滂的词文《浣溪沙》中有"雁过故人无信息，酒醒残梦寄凄凉"等，这些"信息"都是音信、消息的意思。

在日常生活中，人们常常把信息、消息及信号混同使用。严格地讲，信息（Information）、消息（Message）和信号（Signal）是有区别的。

【例1-2】张三给李四发送了一条网络聊天短信，告诉他"家乡发生了8.0级地震"，李四看过之后非常震惊。

这个例子中涉及信号、消息、信息三个概念，如图1-3所示。

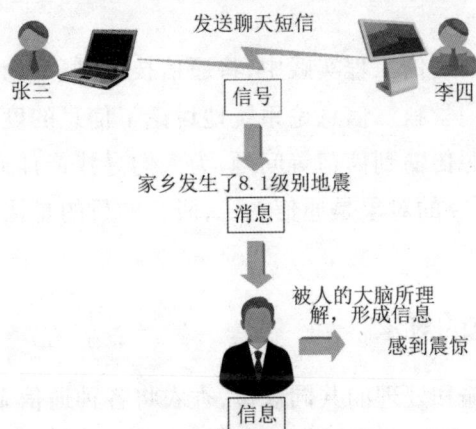

图1-3 信号、消息与信息

（1）聊天短信编码在互联网上以电信号形式发送出去，该电"信号"携带了聊天短信，成为短信的载体。

（2）李四的电脑接收到信号之后在计算机屏幕上显示"家乡发生了8.0级地震"，这是一条"消息"。

（3）李四看到该消息后，理解了消息包含的内涵，这就是"信息"。

由此可见，信号、消息、信息三者之间的关系可描述如下。

（1）信号是一个物理量（如电信号、光信号、声信号、生物信号等），可测量、可描述、可显示，它携带着消息，是消息的运载工具。

（2）用文字、符号、数据、语言、音符、图片、图像等能够被人们感觉器官所感知的形式，把客观物质运动和主观思维活动的状态表达出来就成为消息。消息中包含信息,是信息的附着载体。

(3)信息可以认为是消息的内涵,或消息描述的含义。

简言之,三者的关系可描述为:消息变换成信号,信号在通信系统里传输,信号运载着消息,消息包含着信息。如图1-4所示。

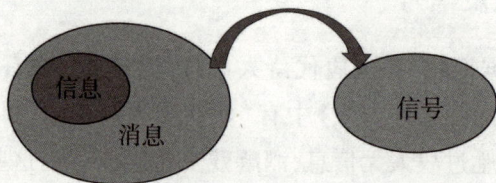

图1-4　信号、消息与信息关系图

1.3　信息论研究的对象、目的和内容

信息论是人们在长期的通信工程实践中,将通信技术、概率论、随机过程和数理统计相结合而逐步发展起来的一门学科。信息论系统地讨论了信息的度量问题,以及信息如何有效地、可靠地、安全地从信源传输到信宿等问题,为人们寻找最佳通信系统提供了重要的理论依据。简言之,信息论研究的对象是通信系统,研究的目的是优化通信系统,研究的内容是通信系统的优化方法。

1.3.1　信息论研究的对象

为了便于研究信息传输和处理的共同规律,香农将各种通信系统中具有共同特性的部分抽取出来,提出了一个统一的通信系统理论模型,如图1-5所示。

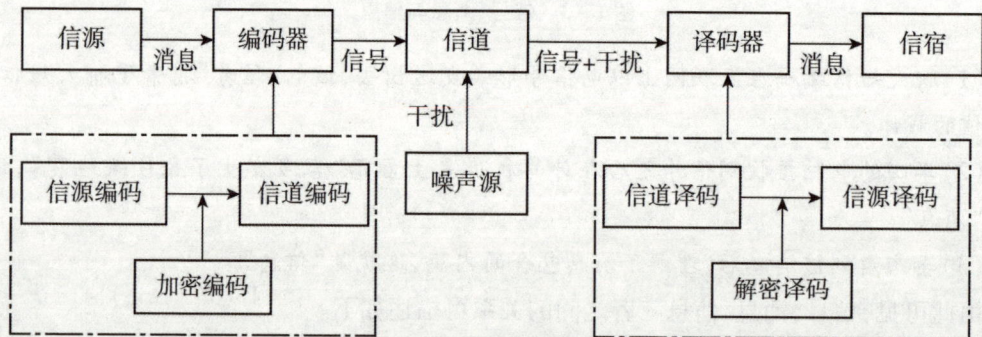

图1-5　通信系统模型

信息论研究的对象正是这种统一的通信系统模型。人们通过系统中消息的传输和处理来研究信息传输和处理的共同规律。

1. 信源

信源即信息来源,信源可以是人、动物、机器或其他事物。信源的输出是消息,消息是具体的,有多种形式,可以是语音、图像、文字等,但它不是信息本身。

2. 编码

编码是把消息从一种表示形式变换成另一种表示形式。编码可分信源编码、保密编码、信道编码和调制编码等。

信源编码是对信源输出的消息进行适当的变换和处理,目的是使消息以最少的数据量表示,以提高信息传输的效率;保密编码是为了提高信息传输的安全性而进行的加密处理;信道编码是为了提高信息传输的可靠性而对信号进行的变换和处理;调制编码的目的是将消息变为能够传送的信号。

3. 信道

信道是指信号传输的通道。狭义信道包括明线、电缆、波导、光纤、无线电波等,广义信道还包括编译码器及其他信号处理装置。

4. 译码

译码就是编码的反变换。译码就是把信道输出的编码信号(已迭加了干扰)进行反变换,以尽可能准确地恢复原始的信源符号。

5. 信宿

信宿是消息传送的对象,即接收消息的人或机器。

6. 噪声源

信息的传输不可避免地会引入噪声和干扰,为了分析方便,把在系统其他部分产生的干扰和噪声都等效地折合成信道干扰,看成是由一个噪声源产生的。这样,信道输出的已是叠加了干扰的信号。由于干扰或噪声往往具有随机性,所以叠加了干扰的信号也具有了随机性。

图1-5给出的是一个典型的点对点单向通信系统模型,也是最基本的通信系统模型。把单向通信系统模型做些适当修正,如改成双向,或者引入多输入和多输出,就可给出多用户通信系统模型。如果再引入交换及路由设备,则可以形成网络通信系统模型。

1.3.2 信息论研究的目的

研究如图1-5所示的这样一个概括性很强的通信系统,其目的就是要找到信息传输过程的共同规律,提高信息传输的可靠性、有效性、安全性,从而使信息传输系统达到最优化。香农信息论最核心的成果之一是解决了通信系统的优化问题,其主要体现是香农证明的无

第一章 绪论

11

失真信源编码定理、信道编码定理、有失真信源编码定理和密码定理,有效性、可靠性和安全性这三类指标可以用最优的信源编码、信道编码和保密编码来实现,不同的系统优化指标可以产生不同的最佳编码、译码方式。

1. 可靠性

所谓可靠性高,就是要使信源发出的消息经过信道传输以后,尽可能准确地、不失真地再现在接收端。

信息传输的可靠性是所有通信系统努力追求的首要目标。要实现高可靠性的传输,可采取诸如增大发射功率、增加信道带宽、提高天线增益等传统方法,但这些方法往往难度比较大,有些场合甚至无法实现。而香农信息论指出:进行适当的信道编码后,同样可以提高信道的传输可靠性。

2. 有效性

所谓有效性高,就是在一定的时间内如何传输尽可能多的信息量,或在每一个传送符号内携带尽可能多的信息量。

信息传输的有效性是通信系统追求的另一个重要目标。这就需要对信源进行高效率的压缩编码,尽量去除信源中的多余度。

在以后的学习中,可以看到,提高可靠性和提高有效性常常会发生矛盾,这就需要统筹兼顾。例如,为了兼顾有效性,有时就不一定要求绝对准确地在接收端再现原来的消息,而是可以允许一定的误差或一定的失真,或者说允许近似地再现原来的消息。

3. 安全性

安全性包括信息的保密性和认证性。所谓保密性就是隐蔽和保护通信系统中传送的消息,使它只能被授权接收者获取,而不能被其他未授权者接受和理解。

所谓认证性是指接收者能正确判断所接收的消息的正确性,验证消息的完整性,而不是伪造的和被篡改的。

有效性、可靠性、安全性构成了现代通信系统对信息传输的基本要求。

1.3.3　信息论研究的内容

信息论是通信学科的数学基础,目前,信息论研究的内容不仅仅包括通信,还包括所有与信息有关的自然科学和社会科学领域。信息论研究的内容主要包括以下几个方面。

(1)通信的统计理论研究,主要研究利用统计数学工具来分析信息和信息传输的统计规律,其具体内容有:①信息的度量;②信息速率与熵;③信道传输能力——信道容量。

(2)信源的统计特性,主要包括:①文字(如汉字)、字母(如英文)统计特性;②语音的参数分析和统计特性;③图片及活动图像(如电视)的统计特性;④其他信源的统计特性。

(3)收信者接收器官的研究,主要包括:①人的听觉和视觉器官的特性;②人的大脑感受和记忆能力的模拟。这些问题的研究与生物学、生理学、心理学的研究密切相关。

（4）编码理论与技术的研究，主要包括：①信源编码，用来提高信息传输效率，主要是针对信源的统计特性进行编码，所以有时也称为有效性编码；②信道编码，用来提高信息传输的可靠性，主要是针对信道统计特性进行编码，所以有时也称为抗干扰编码；③保密编码，用来提高信息的安全性。

（5）提高信息传输效率的研究，主要包括：①功率的节省；②频带的压缩；③传输时间的缩短，即快速传输问题。

（6）抗干扰理论与技术的研究，主要包括：①各种调制体制的抗干扰特性；②理想接收机的实践。

（7）噪声中信号检测理论与技术的研究，主要包括：①信号检测的最佳准则；②信号最佳检测的实践。

由上面的讨论可以看出，信息论的研究内容极为广泛。目前，关于信息论研究的内容，一般有以下三种理解。

（1）狭义信息论。狭义信息论以客观概率信息为研究对象，从通信的信息传输问题中总结和开拓出来的理论。狭义信息论主要研究信息的度量、信道容量以及信源和信道编码理论等问题。这部分内容是信息论的基础理论，又称香农基本理论。

（2）一般信息论。一般信息论主要也是研究信息传输和处理问题。除了香农理论以外，还包括噪声理论、信号滤波和预测、统计检测与估计理论、调制理论以及信息处理理论等。后一部分内容的主要贡献者是维纳（Norbert Wiener）和柯尔莫哥洛夫（A. Lolomogorov）等人。

维纳和香农等人都是为了使消息传送和接收最优化，运用概率论和统计数学的方法来研究准确地或近似地再现消息的问题，但他们之间却有一个重要的区别。维纳研究的重点是在接收端，研究消息在传输过程中受到某些因素（如噪声、非线性失真等）干扰后，在接收端怎样把它恢复、再现，从干扰中提取出来。在此基础上，创立了最佳线性滤波理论（维纳滤波器）、统计检测与估计理论、噪声理论等。而香农研究的对象则是从信源到信宿之间的全过程，是收、发两端联合最优化问题，其重点是编码。香农指出，只要在传输前后对消息进行适当的编码和译码，就能保证在有干扰的存在下，最佳地传送消息和准确或近似地再现消息。为此发展了信息度量理论、信道容量理论和编码理论等。

（3）广义信息论。广义信息论是一门综合性的新兴学科，它不仅包括上述两方面的内容，而且包括所有与信息有关的自然和科学领域，如心理学、遗传学、模式识别、计算机翻译、神经生理学、语言学、语义学等有关信息的问题。概括说来，凡是能够用广义通信系统模型描述的过程或系统，都能用信息基本理论来研究。

本书遵循第二种理解，即一般信息论，把其他所有与信息有关的领域都看成是信息论的应用。

综上所述，信息论是一门应用概率论、随机过程、数理统计和高等代数的方法来研究信息传输、提取和处理系统中一般规律的科学;它的主要目的是提高信息系统的可靠性、有效性、安全性,以便达到系统最优化;它的主要内容(或分支)包括香农理论、编码理论、维纳理论、检测和估计理论、信号设计和处理理论、调制理论、随机噪声理论和密码学理论等。

由于信息论研究的内容极为广泛,具有一定的相对独立性,所以本书仅论述信息论的基本理论,即香农信息理论。

1.4 信息论的发展历程

1.4.1 信息论的酝酿

人类总是不断地利用信息来为自己的生存和发展服务,对信息的利用从未停止。为了更好地表达、记录、储存、传递、处理、隐藏信息,人类发明了语言、文字、印刷术、烽火狼烟、算盘、密语等手段。其中,信息传递手段的进步对信息应用的发展影响尤其深远。

在近代历史以前,人们主要以运动方式和简易信号方式作为基本信息传输手段。例如,军队使用烽火、驿站等接力传递手段实施信息传输,使用旗、鼓、角、金等简单信号方式实施战斗指挥。

在近代,随着有线电和无线电技术的问世,信息传输手段发生了重大变化。1844 年 5 月 24 日,美国人莫尔斯亲手发出了人类历史上第一封长途有线电报,从而诞生了有线电通信,揭开了电通信的序幕,使信息传输发生了质的飞跃。这种传输方式距离远、速度快、使用方便、保密性好。1876 年,贝尔发明有线电话;1895 年,意大利人马可尼和俄国人波波夫分别研制成功无线电收发报机。无线电广播(1906 年)、无线电导航(1911 年)、无线电话(1916年)、短波通信(1921 年)、无线电传真(1923 年)、电视(1929 年)、微波通信(1933 年)、雷达(1935 年)这些信息传输手段相继问世,标志人类全面迈入电通信时代。

20 世纪初信息论开始进入早期酝酿,为了提高通信质量与效率,主要研究与改进通信的物理手段与条件,如各种通信手段使用、各种设备的改进、信噪比的提高等。然而,在工程实践中,人们发现许多通信中的问题必须使用数学方法进行描述,因此,信息论的一些基本问题开始形成。其一是编码问题,早期的编码是将文字用点、划、空等方式表达,而这些信号可以构成一定的结构形式,产生抗干扰能力。其二是通信中的有效性与可靠性问题,随着通信距离的加长,如何克服噪声干扰就成为通信技术中亟待解决的问题。为了解决这些问题,人们对通信中的各种因素进行了分析研究,结果发现频带加宽可以提高效率,通信速度与质量之间存在相互制约的关系等,但无法从理论的角度进行解释(因为信息没有量化)。奈奎斯特与哈特莱的工作提出了解决方法,这些思想为信息论的产生奠定了基础。

香农关于信息的思想是建立在前人的研究成果之上的。1922 年,卡松提出边常理论,提出信号在编码过程中频谱展宽的信号保护法则,美国的奈奎斯特和德国的开夫曼尔进而认为,一定速率的电报信号传递,要求与一定的带宽相适应。1928 年,哈特莱在《信息传输》一文中对信息和消息的区分,以及对通信系统传输能力和可靠性的探讨,对香农信息论的创立有直接的启发意义。

1.4.2　信息论的建立

1948 年,美国数学家香农发表了《通信的数学理论》和《在噪声中的通信》两篇著名论文,提出信息熵的数学公式,从量的方面描述了信息的传输和度量问题,创立了信息论。他采用非决定论的统计方法来处理信息问题,用"形式化"和"概率论"这样的工具,并按照"信息是用来消除不定性的东西"这样一个基本观念来度量信息。这是历史上第一次如此清晰地认识和把握了通信技术的本质,初步认识和把握了信息及其传递的规律。于是信息论首先在通信工程中得到广泛应用,为信息科学的研究奠定了初步的基础。香农信息理论的核心是:揭示了在通信系统中采用适当的编码后能够实现高效率和高可靠地传输信息,并得出了信源编码定理和信道编码定理。从数学观点看,这些定理是最优编码的存在定理。但从工程观点看,这些定理不是结构性的,不能从定理的结果直接得出实现最优编码的具体途径。然而,它们给出了编码的性能极限,在理论上阐明了通信系统中各种因素的相互关系,为人们寻找最佳通信系统提供了重要的理论依据。

随着自动化系统和自动控制理论的出现,对信息的研究开始突破原来仅限于传输方面的概念。美国数学家维纳在 1948 发表了著名的《控制论》和《平稳时间序列的外推、内插和平滑问题》,从控制的观点揭示了动物与机器的共同的信息与控制规律,研究了用滤波和预测等方法,从被噪声湮没了的信号中提取有用信息的信号处理问题,建立了维纳滤波理论。

香农与维纳几乎同时提出了信息的统计定义。1948 年,香农发表了著名的论文《通信的数学理论》,维纳发表了《控制论》。在他们的文章中都定义了熵的概念。这两篇文章是公认的信息论经典著作。由于在 1948 年以后的十余年中,香农对信息论的发展做出了巨大的贡献,1973 年出版的信息论经典论文集共收集了 49 篇论文,其中的 12 篇的作者是香农。香农最主要的贡献在于给出了一系列有关信息的基本概念,并证明了一系列编码定理,这些定理不但给出了某些性能的理论极限,同时也是信息理论中基本概念的重要证明。因此,香农被公认为是信息论的创始人。

1.4.3　信息论的发展

信息和控制是信息科学的基础和核心。20 世纪 70 年代以来,电视、数据通信、遥感和生物医学工程的发展,向信息科学提出大量的研究课题,如信息的压缩、增强、恢复等图像处理和传输技术,信息特征的抽取、分类和识别的模式、识别理论和方法,出现了实用的图像处理和模式识别系统。

在现代,伴随着计算机技术、网络技术的发展并引入通信技术领域,使信息的获取途径、传递速度、处理效率发生了质的变化,人类进入网络时代。信息时代的基本技术特征就是计算机和通信技术相结合,导致全球信息网络出现。

到目前为止,无论对信息的本质,对信息的度量方法,还是对信息的运动变化的一般规律,包括信息的转换、存储、记录、传递、提取、检测、识别和处理的规律,人们对信息的认识和利用已经前进了一大步。

1.4.4 香农及其贡献

提到香农信息论,还需要说说香农这个人。

C. E. 香农(Claude Elwood Shannon,1916—2001),美国贝尔实验室的数学家和信息专家,是信息论及数字通信的奠基人。1948 发表《通信的数学理论》,提出信息论,建立了一整套信息科学公式和 23 个定理,使信息技术上升为系统的信息科学理论,信息论的出现被看作是信息时代的主要标志,对当代科技发展产生了划时代的重大影响。

1936 年,香农在密歇根大学数学与电气工程专业获学士学位;1938 年,在 MIT 获得电气工程硕士学位,硕士学位论文题目是《继电器与开关电路的符号分析》,他用布尔代数分析并优化开关电路,奠定了数字电路的理论基础。"这可能是 20 世纪最重要、最著名的一篇硕士论文",1940 年香农在 MIT 获得数学博士学位,博士论文是关于人类遗传学的,题目《理论遗传学的代数学》,次年入贝尔实验室。

香农信息论的科学贡献主要体现在以下几个方面。

(1)把通信过程作为一个系统来进行考察。他提出了一个"通信系统的随机模型",从而第一次从理论上阐明了通信的基本问题。他把由许多复杂的通信机构和过程简化为由信源、编码、信道、噪声、译码及信宿组成的一个信息的发送、传递、加工、接收系统。

(2)把统计和概率观点引入通信理论。以概率论为基础重新定义了信息和信息量,使信息成为可以精确度量的科学概念,实现了通信科学由定性阶段进入定量阶段的飞跃。

(3)对通信技术问题进行了全面研究。香农的研究包括信源编译码、信息加解密、信道编译码、网络信息理论,以及怎样才能充分利用信道容量等技术问题。

我们怀念香农,目的是记住他对信息理论的巨大贡献,学习他好奇心强、重视实践、追求完美、永不满足的科学精神。

习题

一、填空题

1. _____1948 年发表的著名论文《通信的数学理论》(Shannon,1948)标志着信息论的诞生。

2. 信息论主要研究目的是提高通信系统的_____、_____和_____,以便达到通信系统的_____。

3. 信息是用来减少_____的东西。

4. 信息是事物_____的不确定性的描述。

5. 消息映射成_____,消息包含着_____。

6. 在通信系统里传输的是_____。

7. 信息论建立理论上最主要的标志论文是_____。

8. 信源的输出是_____。

9. _____、_____和_____是构成客观世界的三大要素。

10. 信源输出的消息有多种形式,可以是_____等。

11. 信息论研究的对象正是这种统一的_____。

12. 提高通信系统的安全性可以通过_____编码方式来实现。

二、简答题

1. 试简述香农所提的通信系统的基本模型,并说明每一部分的功能。研究通信系统的目的是为了通信系统的优化,通信系统优化的指标主要有哪些? 从信息论的角度来看,信息论主要通过各种编码手段来完成优化目的,这些指标需要通过什么样类型的编码手段,分别简要说明。

2. 试分析信号、消息、信息三者之间的区别与联系。

三、计算题

1. 设有 12 枚同值硬币,其中有一枚为假币,且只知道假币的重量与真币的重量不同,但不知究竟是重还是轻。现采用天平比较左右两边轻重的方法来测量(因无砝码)。为了在天平上称出哪一枚是假币,试问至少必须称多少次?

2. 同时扔一对均匀的骰子,当得知"两骰子面朝上点数之和为 2"这种情况获得多少信息量?

3. 同时扔一对均匀的骰子,当得知"面朝上点数之和为 8"这种情况获得多少信息量?

4. 同时扔一对均匀的骰子,当得知"骰子面朝上点数是 3 和 4"这种情况获得多少信息量?

5. 如果你在不知道今天是星期几的情况下问你的朋友"明天是星期几?"则答案中含有多少信息量? 如果你在已知今天是星期四的情况下提出同样的问题,则答案中你能获得多少信息量(假设已知星期一至星期日的排序)?

第二章

信息的度量方法

　　信息的度量问题,是指从量的关系上来精确地描述信息。信息的度量问题之所以特别重要,就在于它是整个信息科学体系得以真正建立起来的根本理论基础。信息定量描述的方法建立在人们对信息的本质的认识基础上,对信息的本质有什么样的认识,就会产生什么样的度量方法。对信息问题最早进行系统的理论研究的是通信领域,因为通信的技术本质就是传递信息。为了合理地设计通信系统,有效地发挥通信系统的作用,就必须能够对所传输的对象进行定量分析,能够进行数值度量,这就是信源信息的度量。

　　香农指出,通信工程的基本任务是复制从发方发出的消息波形,与消息的内容无关,并且注意到通信系统所传递的信息和所受到的干扰都是随机的,因此,信息的度量问题应该应用统计的、非决定论的思想方法来研究。此外,香农还认为,通信的发生是以通信者具有不确定性为前提的,而通信的作用是要消除这种不确定性。这样,香农就把信息定义为用来消除不定性的东西。从这个定义出发,他运用非决定论的观点和概率理论,解决了信息的定量描述问题。

　　本章首先介绍了单个事件的信息度量——自信息,但是自信息量只能表示单个消息符号含有的信息量,不能衡量信源的总体信息量,进而引入信源的信息度量——信息熵(即平均自信息),采用自信息量的平均值表示信源的平均不确定性。然后介绍了单个事件经信道传输的信息度量——互信息,并引入信源(多个事件)在信道传输的信息度量——平均互信息。最后分析了各种信息度量之间的关系和连续随机变量的信息度量。

2.1 自信息

2.1.1 自信息概述

香农把信息定义为用来消除不定性的东西,而某一事物的不确定性大小是与该事物可能出现的不同状态的概率有关的。根据人们的一般经验可知,事件发生的概率越小,不确定性就越大;事件发生的概率越大,不确定性就越小。对于发生概率等于 1 的必然事件,就不存在不确定性。因此可以推断,某事件发生所含有的信息量是该事件发生的概率的函数,即

$$I(x_i) = f[p(x_i)]$$

式中,$p(x_i)$ 是事件 x_i 发生的概率,而 $I(x_i)$ 表示事件 x_i 发生所含有的信息量。

其中,函数 $f[p(x_i)]$ 应满足以下条件:

(1)$I(x_i) = f[p(x_i)]$ 应是概率 $p(x_i)$ 的单调递减函数。$p(x_i)$ 越大,$I(x_i)$ 越小;$p(x_i)$ 越小,$I(x_i)$ 越大。

(2)当 $p(x_i) = 1$ 时,$I(x_i) = 0$;当 $p(x_i) = 0$ 时,$I(x_i) = \infty$。

(3)统计独立信源的信息量等于它们分别的信息量之和。即

$$f[p(x_1)p(x_2)p(x_3)\cdots] = f[p(x_1)] + f[p(x_2)] + f[p(x_3)] + \cdots$$

根据泛函分析理论,满足上述条件的这种函数形式是对数形式,即 $I(x_i) = K\log_r \dfrac{1}{p(x_i)}$。

【定义 2 - 1】对概率空间 X,其消息(符号,事件)x_i 的自信息定义为

$$I(x_i) = \log_r \frac{1}{p(x_i)} = -\log_r p(x_i) \qquad (2-1)$$

自信息量 $I(x_i)$ 的含义可以从以下角度来理解。

(1)当事件 x_i 发生以前,自信息量表示事件 x_i 是否发生的不确定性大小。

(2)当事件 x_i 发生以后,自信息量表示事件 x_i 所含有(或所提供)的信息量大小。一旦 x_i 发生,就消除了这种不确定性,带来了信息量。

(3)自信息量表示确定一个事件是否发生,所需的信息量的大小。

当对数的底取 $r = 2$ 时,$I(x_i)$ 的单位为比特(bit);当底取 e 时,$I(x_i)$ 的单位为奈特(nat);当底取 10 时,$I(x_i)$ 的单位为哈特(hart)。

根据对数换底关系 $\log_a X = \dfrac{\log_b X}{\log_b a}$,有 1 奈特 = 1.44 比特,1 哈特 = 3.322 比特。本书默认采用以 2 为底的对数,并且为了书写简洁,把底数"2"省略不写。

【例 2 - 1】"某地区发生雾霾"这个事件的概率是 16%,"某地区发生地震"这个事件的概率是 0.000 1%,分别求这两个事件的自信息量。

解　设"某地区发生雾霾"为事件 x，"某地区发生地震"为事件 y，则 $p(x) = 16\%$，$p(y) = 0.000\,1\%$，所以

$$I(x) = -\log p(x) = 2.644 \text{ 比特}$$

$$I(y) = -\log p(y) = 19.932 \text{ 比特}$$

从上面的结果可以看出，y 事件的发生比 x 事件的发生带给我们的信息量更大。所以，当我们听说"某地区发生地震"时感到很吃惊，而听说"某地区发生雾霾"时，并不会感到大惊小怪。

2.1.2　条件自信息

【定义 2 - 2】在事件 y_j 给定的条件下，事件 x_i 的条件自信息量为

$$I(x_i \mid y_j) = -\log p(x_i \mid y_j) \tag{2-2}$$

条件自信息量的意义：知道事件 y_j 后，事件 x_i 仍然具有的不确定性大小。

【例 2 - 2】在一个正方形平面上画 64 个格子，8 行 ×8 列，将一粒棋子随意地放入一个格子。若已知棋子所在的行号，猜测棋子所在位置产生的信息量？

解　在二维联合符号集 XY 中，元素 x_i 和 y_j 的条件信息量为

$$I(x_i \mid y_j) \equiv -\log p(x_i \mid y_j) = -\log_2 \frac{p(x_i, y_j)}{p(y_j)} = -\log_2 \frac{\frac{1}{64}}{\frac{1}{8}} = 3 \text{ 比特}$$

2.2　信息熵

1928 年，哈特利(R. V. H. Hartley)考虑到从 D 个彼此不同的符号中取出 N 个符号并且组成一个"词"的问题。如果各个符号出现的概率相同，并且是完全随机选取的，就可以得到 D^N 个不同的词。从这些词里取了特定的一个就对应一个信息量 I。哈特利建议用 $N\log D$ 这个量表示信息量，即 $I = N\log D$。这里的 log 表示以 10 为底的对数。

1948 年，香农长达数十页的论文《通信的数学理论》成了信息论正式诞生的里程碑。在他的通信数学模型中，清楚地提出信息的度量问题，他把哈特利的公式扩大到概率 p_i 不同的情况，得到了著名的计算信息熵 H 的公式，解决了对信息的量化度量问题。

熵的概念最早源于物理学中德国人克劳休斯(Clausius)提出的热力学第二定理，它被用于度量热学系统的紊乱程度。胡刚复先生(1923 年在南京高等师范大学物理系任教授兼系主任)将"Entropy"一词译成中文"熵"。熵字左边的"火"字与中国古代的五行学说相对应，表示与热有关；右边的"商"字是表示与热有关的两个基本属性 Q 和 T 的相除关系。

2.2.1　熵的定义

下面将以简单离散信源为对象,从自信息量入手,分析信息熵的定义及含义。

若信源输出的消息是有限可数的,且每次只输出其中一个消息,则可以用随机变量 X 来描述这个信源输出的消息。

【例 2 - 3】扔一颗均匀的骰子,分析骰子下落后朝上一面的点数。

实验结果输出的消息是"朝上一面是 1 点""朝上一面是 2 点"……"朝上一面是 6 点"等六个不同的消息。在每次实验中,出现哪一种消息都是随机的,但是一定出现这六个消息中的某一个消息,可用符号 $a_i(i = 1,\cdots,6)$ 来表示这些消息。另外在理想情况下,各消息都是等概率出现的,即都等于 1/6。于是,可以用随机变量 X 来描述这个信源输出的消息。这样,这个信源抽象后得到的数学模型为

$$\begin{bmatrix} X \\ p(x) \end{bmatrix} = \begin{bmatrix} a_1 & a_2 & a_3 & a_4 & a_5 & a_6 \\ \dfrac{1}{6} & \dfrac{1}{6} & \dfrac{1}{6} & \dfrac{1}{6} & \dfrac{1}{6} & \dfrac{1}{6} \end{bmatrix}$$

并且各事件的出现概率满足 $\sum\limits_{i=1}^{6} p(a_i) = 1, p(a_i) \geqslant 0, i = 1,2,\cdots,6$。

【定义 2 - 3】若信源输出的消息数是有限的或可数的,并且每次只输出符号集中的一个消息,这样的信源称为简单的离散信源。

这种信源可用一维离散型随机变量来描述这些消息,其数学模型就是离散型的概率空间,即

$$\begin{bmatrix} X \\ p(x) \end{bmatrix} = \begin{bmatrix} a_1 & a_2 & \cdots & a_q \\ p(a_1) & p(a_2) & \cdots & p(a_q) \end{bmatrix}$$

并满足 $\sum\limits_{i=1}^{q} p(a_i) = 1, p(a_i) \geqslant 0, i = 1,2,\cdots,q$。

此式表示信源可能取的消息(符号)只有 q 个:$\{a_1,a_2,\cdots,a_q\}$,并且每次必定取其中一个,简单离散信源中每个事件(消息)都有自己的自信息量。可见,若信源给定,其相应的概率空间就已给定;反之,若概率空间给定,也就表示相应的信源给定。所以,概率空间能够表征离散信源的统计特性。

【例 2 - 4】设离散无记忆信源 X 的信源空间为

$$\begin{pmatrix} X \\ P(x) \end{pmatrix} = \begin{bmatrix} a_1 = 0 & a_2 = 1 & a_3 = 2 & a_4 = 3 \\ 3/8 & 1/4 & 1/4 & 1/8 \end{bmatrix}$$

其发出的消息为(202120130213001203210110321010021032011223210),求此消息的信息量。

解　先求信源中单个符号的自信息量:

$$I(a_1 = 0) = -\log\frac{3}{8} = 1.415 \text{ 比特}$$

$$I(a_2 = 1) = I(a_3 = 2) = -\log\frac{1}{4} = 2 \text{ 比特}$$

$$I(a_3 = 3) = -\log\frac{1}{8} = 3 \text{ 比特}$$

此消息共有 14 个"0",13 个"1",12 个"2",6 个"3",所以

$$I = 14I(a_1 = 0) + 13I(a_2 = 1) + 12I(a_3 = 2) + 6I(a_4 = 3)$$
$$= 14 \times 1.415 + 13 \times 2 + 12 \times 2 + 6 \times 3$$
$$= 87.81 \text{ 比特}$$

可以看出,求消息(202120130213001203210110321010021032011223210)的信息量需要先求出消息中各个符号的自信息量和个数。这在消息的长度不是太长(此消息共有 45 个符号)的情况下勉强可以接受。如果消息的长度成千上万,这种计算方法显然不可行。

能不能先求出信源中平均每个符号的信息量,然后再乘以符号的个数(即消息长度)呢?这样就不用去关心消息中出现了什么符号,只是从统计的角度去考察单个符号的平均信息量。

【定义 2 - 4】自信息的数学期望为信源的平均自信息量,也称为信息熵,即

$$H(X) = E\left[\log\frac{1}{p(a_i)}\right] = -\sum_{i=1}^{q} p(a_i)\log p(a_i) \qquad (2-3)$$

信源的信息熵 $H(X)$ 是从整个信源 X 的统计特性来考虑的,它从平均意义上表征了信源的总体特性。对于某给定的信源(即概率空间给定),其信息熵是一个确定的数值。

【例 2 - 5】下面还是通过例 2 - 4 的进一步分析来说明信息熵的含义。

(1) 求例 2 - 4 的消息中平均每个符号携带的信息量是多少?

(2) 求例 2 - 4 中信源的熵。

解 (1) 此消息共有 45 个符号,平均每个符号携带的信息量为

$$I_2 = 87.81/45 = 1.95 \text{ 比特}$$

(2) 例 2 - 4 中信源的熵为

$$H(X) = -\sum_{i=1}^{4} P(a_i)\log P(a_i) = -\frac{3}{8}\log\frac{3}{8} - \frac{1}{4}\log\frac{1}{4} - \frac{1}{4}\log\frac{1}{4} - \frac{1}{8}\log\frac{1}{8}$$
$$= 1.91(\text{比特}/\text{符号})$$

比较(1)(2)的结果,$H(X)$ 与 I_2 只是数值上近似相等,不完全等同。因为 I_2 只是在特定的消息中求得,不完全满足信源的概率分布。信息熵是一个统计量,是大量统计的结果,是表征信源的总体信息测度的。我们再重新计算例 2 - 4,$I = NH(X) = 45 \times 1.91 = 85.95$ 比特,这样就方便多了。

可见,信息熵是从平均意义上来表征信源的总体特性的一个量。信息熵具有以下物理含义:

(1) 信息熵 $H(X)$ 是表示信源输出后,每个符号所提供的平均信息量。

（2）信息熵 $H(X)$ 是表示信源输出前,信源的平均不确定性。

【例 2 – 6】有两个信源,其概率空间分别为

$$\begin{bmatrix} X \\ p(x) \end{bmatrix} = \begin{bmatrix} a_1 & a_2 \\ 0.88 & 0.12 \end{bmatrix}, \begin{bmatrix} Y \\ p(y) \end{bmatrix} = \begin{bmatrix} b_1 & b_2 \\ 0.5 & 0.5 \end{bmatrix},$$ 分别求两信源的信息熵。

解　两信源的信息熵分别为

$H(X) = - 0.88\log 0.88 - 0.12\log 0.12 = 0.529($比特 / 符号$)$

$H(Y) = - 0.5\log 0.5 - 0.5\log 0.5 = 1($比特 / 符号$)$

可见,$H(Y) > H(X)$。

信源 Y 比信源 X 的平均不确定性要大。观察信源 Y,它的两个输出消息是等可能性的,所以在信源没有输出消息以前,事先猜测哪一个消息出现的不确定性要大(等概率分布时,熵达到极大值。这个性质将在后续章节中给予证明)。对于信源 X,它的两个输出消息不是等概率的,事先猜测 a_1 和 a_2 哪一个出现,虽然具有不确定性,由于 a_1 出现的概率大,所以猜测 a_1 会出现容易对,所以信源 X 的不确定性要小。因此,信息熵正好反映了输出前信源平均不确定程度的大小。

2.2.2　熵的性质

1. 非负性

$$H(X) \geqslant 0$$

随机变量 X 的所有取值的概率分布满足 $0 < p_i < 1$,当取对数的底大于 1 时,$\log p_i < 0$,而 $- p_i \log p_i > 0$,则得到的熵是正值。只有当随机变量 X 为确定事件,即某一事件 a_i 出现概率为 1 时,等号才成立。

因为信息熵反映了输出前信源平均不确定程度的大小。信源符号集合中存在必然事件时,信源不具有不确定性。否则,信源总会存在一定的不确定性。所以,信息熵是非负的。

这种非负性对于离散信源的熵而言是正确的,对连续信源来说这一性质并不存在。由于连续信源定义为相对熵,可能出现负值。

2. 对称性

当变量 $p_1, p_2, \cdots, p_q$ 的顺序任意互换时,熵函数的值不变,即

$$H(p_1, p_2, \cdots, p_q) = H(p_2, p_3, \cdots, p_q, p_1) = \cdots = H(p_q, p_1, \cdots, p_{q-1})$$

该性质说明:熵只与信源的总体统计特性有关。若某些信源的统计特性相同(含有的符号数和概率分布相同),那么,这些信源的熵就相同。

【例 2 – 7】设有 X、Y、Z 三个信源,分别代表三个地区的基本天气情况,基本天气分为晴、阴、雨,分别用 $X = [a_1, a_2, a_3]$,$Y = [b_1, b_2, b_3]$,$Z = [c_1, c_2, c_3]$ 表示,它们的概率空间分别为

$$\begin{bmatrix} X \\ p(x) \end{bmatrix} = \begin{bmatrix} a_1, & a_2, & a_3 \\ \frac{1}{3}, & \frac{1}{6}, & \frac{1}{2} \end{bmatrix}, \begin{bmatrix} Y \\ p(y) \end{bmatrix} = \begin{bmatrix} b_1, & b_2, & b_3 \\ \frac{1}{6}, & \frac{1}{2}, & \frac{1}{3} \end{bmatrix}, \begin{bmatrix} Z \\ p(z) \end{bmatrix} = \begin{bmatrix} c_1, & c_2, & c_3 \\ \frac{1}{3}, & \frac{1}{2}, & \frac{1}{6} \end{bmatrix}$$

其信息熵为

$$H(X) = H(Y) = H(Z) = -\frac{1}{3}\log\frac{1}{3} - \frac{1}{6}\log\frac{1}{6} - \frac{1}{2}\log\frac{1}{2}（比特／符号）$$

可见,这三地天气的熵是相同的,表示三个信源总的统计特性是相同的。这三者反映的内容及可能产生的影响大相径庭,反过来说,这也说明了熵有它的局限性,它不能描述事件本身的具体含义和主观价值等,它反映不了 X 地雨天较多,Y 地、Z 地阴天较多对天气的影响。

回过头来再分析一下信息熵的定义:

$$H(X) = E\left[\log\frac{1}{p(a_i)}\right] = -\sum_{i=1}^{q} p(a_i)\log p(a_i) = \sum_{i=1}^{q} p(a_i)I(a_i)$$

实际上,信息熵是通过信源中每个事件的自信息量的加权求和得到的,所附权重就是每个事件出现的概率。要解决信息熵不能反映事件本身意义的缺陷,可以引入加权熵。即通过给信源中每个事件再引入一个权重,来度量事件的重要性或主观价值,这种思想在多指标评价问题中广泛使用。加权熵的一般形式为

$$H_\omega(X) = \sum_{i=1}^{q} \omega_i p(a_i)I(a_i)$$

3. 确定性

$$H(1,0) = H(1,0,0) = H(1,0,0,0) = \cdots = H(1,0,\cdots,0) = 0$$

由于在概率矢量 $\boldsymbol{P} = (p_1, p_2, \cdots, p_q)$ 中,当某分量 $p_i = 1$ 时,则 $p_i\log p_i = 0$;而其余分量 $p_j = 0(j \neq i)$,$\lim_{p_j \to 0} p_j\log p_j = 0$,所以信源的熵等于零。

此性质说明:若信源只有一个符号必然出现,而其他符号都不可能出现,那么这个信源是一个确定信源,信源具有确定性,其熵等于零。

4. 扩展性

$$\lim_{\varepsilon \to 0} H_{q+1}(p_1, p_2, \cdots, p_q - \varepsilon, \varepsilon) = H_q(p_1, p_2, \cdots, p_q)$$

由于 $\lim_{\varepsilon \to 0}\varepsilon\log\varepsilon = 0$,此性质不难证明。

此性质说明:当信源中增加小概率事件后(接近于零),虽然小概率事件本身的自信息量很大,但是对于信源总的平均不确定性几乎没有影响。这也正是熵概念的总体平均性的一种体现。

5. 可加性

两个信源 X 和 Y 的联合熵等于信源 X 的熵加上在 X 已知条件下信源 Y 的条件熵,或者等于 Y 的熵加上在 Y 已知条件下信源 X 的条件熵,即

$$H(X,Y) = H(X) + H(Y/X) = H(Y) + H(X/Y)$$

式中,$H(X,Y)$ 称为联合熵,$H(X/Y)$、$H(Y/X)$ 称为条件熵。联合熵、条件熵的定义放在稍后的章节中。

对于两个统计独立信源 X 和 Y,则其联合熵等于分别熵之和,即

$$H(X,Y) = H(X) + H(Y)$$

6. 递增性

$$H_{n+m-1}(p_1,p_2,\cdots,p_{n-1},q_1,q_2,\cdots,q_m) = = H_n(p_1,p_2,\cdots,p_{n-1},p_n) + p_nH_m\left(\frac{q_1}{p_n},\frac{q_2}{p_n},\cdots,\frac{q_m}{p_n}\right)$$

式中,$\sum\limits_{i=1}^{n} p_i = 1$,$\sum\limits_{j=1}^{m} q_j = p_n$。

此性质说明:若原信源 X(n 个符号的概率分布为 $p_1,p_2,\cdots,p_n$)中有一个符号元素划分(或分割)成 m 个符号元素,这 m 个符号元素的概率之和等于被分割符号元素的概率,则新信源的熵增加。这是由于划分而产生的不确定性而导致熵的增加,其增加量为 $p_nH_m\left(\frac{q_1}{p_n},\right.$ $\left.\frac{q_2}{p_n},\cdots,\frac{q_m}{p_n}\right)$。

【例 2 - 8】 运用熵函数的递增性,计算熵函数 $H\left(\frac{1}{3},\frac{1}{3},\frac{1}{6},\frac{1}{6}\right)$ 的数值。

解 根据熵函数的递增性,可得

$$H\left(\frac{1}{3},\frac{1}{3},\frac{1}{6},\frac{1}{6}\right) = H\left(\frac{1}{3},\frac{2}{3}\right) + \frac{2}{3}H\left(\frac{1}{2},\frac{1}{2}\right) + \frac{1}{3}H\left(\frac{1}{2},\frac{1}{2}\right)$$

$$= H\left(\frac{1}{3},\frac{2}{3}\right) + H\left(\frac{1}{2},\frac{1}{2}\right) = 1.918(\text{比特／符号})$$

7. 极值性

$$H(p_1,p_2,\cdots,p_q) \leqslant H\left(\frac{1}{q},\frac{1}{q},\cdots,\frac{1}{q}\right) = \log q$$

此性质说明:当信源中各事件的出现概率趋于均等时,即没有任何事件占有更大的确定性时,信源具有最大熵,即其平均不确定性最大。也就是说,等概率分布时,熵达到最大值。

这是一个很重要的结论,称为最大离散熵定理。该性质表明,对于具有 q 个符号的离散信源,只有在 q 个信源符号等可能出现的情况下,信息熵才能达到最大值。

二元信源是离散信源的一个特例。该信源符号只有两个,设为 0 和 1。信源的概率空间为 $\begin{bmatrix} X \\ p(x) \end{bmatrix} = \begin{bmatrix} 0, & 1 \\ \omega, & \varpi \end{bmatrix}$,根据信息熵的定义可求得二元信源的熵:

$$H(X) = -[\omega\log\omega + \varpi\log\varpi] = H(\omega)$$

可见,信息熵 $H(X)$ 是 ω 的函数,可用 $H(\omega)$ 表示。ω 取值于$[0,1]$ 区间,可画出熵函数 $H(\omega)$ 的曲线,如图 2 - 1 所示。

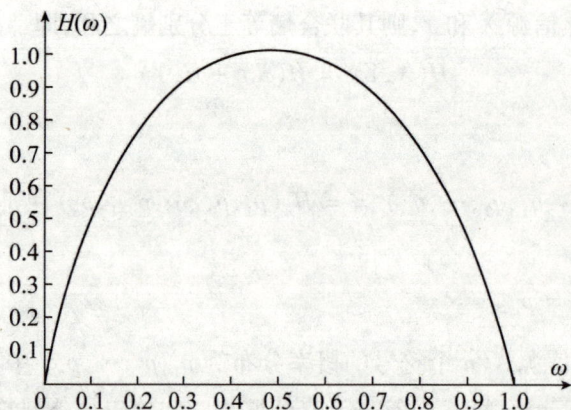

图 2 - 1　二元信源的熵函数 $H(\omega)$

从图 2 - 1 中可以看出:若二元信源的输出是确定的 ($\varpi = 1$ 或 $\omega = 1$),则该信源不提供任何信息。反之,当二元信源符号 0 和 1 等概率发生时 ($\varpi = 0.5$ 或 $\omega = 0.5$),信源的熵达到最大值,等于 1 比特信息量。这就分别验证了信息熵的极值性和确定性。

2.2.3　联合熵

前面讨论的是单个离散信源的平均信息含量,即信息熵。在实际应用中,常常需要考虑两个或两个以上的概率空间之间的相互关系。

【定义 2 - 5】在联合集 (X, Y) 上,把每对元素 a_i, b_j 的联合自信息量的概率加权平均值定义为联合熵,又称为共熵。其定义式为

$$H(X, Y) = \sum_{i=1}^{q} \sum_{j=1}^{m} p(a_i, b_j) I(a_i, b_j) \qquad (2-4)$$

共熵的含义:集合 X 和 Y 中的事件同时发生的平均不确定性。

【例 2 - 9】若有 6 行 8 列的棋型方格盘,若有两个质点 A 和 B,分别以等概率落入任一方格内,且它们的坐标分别为 $a_i = [x_i, y_i], b_j = [x_j, y_j]$,但 A, B 不能落入同一方格内。若 A, B 是可分辨的,求 A, B 同时都落入方格盘的平均自信息量。

解　由于有 6 行 8 列的棋型方格,共有 48 格。若仅有质点 A,A 落入任一格内的概率为 $p_A(a_i) = \dfrac{1}{48}$,即仅有质点 A 落入,其信源的概率空间为

$$\begin{bmatrix} X_A \\ p_A(a_i) \end{bmatrix} = \begin{bmatrix} a_1 & a_2 & a_3 & \cdots & a_{48} \\ 1/48 & 1/48 & 1/48 & \cdots & 1/48 \end{bmatrix}$$

又由于 A, B 不能落入同一方格内,所以当已知质点 A 已落入,质点 B 再落入时,它只可能落入其中 47 个方格内。而质点 B 落入 47 个方格中任一格都是等概率的,所以得其概率空间为

$$\begin{bmatrix} Y \\ p_B(b_j/a_i) \end{bmatrix} = \begin{bmatrix} b_1 & b_2 & b_3 & \cdots & b_{47} \\ 1/47 & 1/47 & 1/47 & \cdots & 1/47 \end{bmatrix}$$

由于质点A,B是可分辨的,但不能落入同一方格内,那么当质点A,B同时都落入的情况相当于质点A先落入48格中的任一格后,质点B再落入其余47格中任一格的情况。于是求A,B同时都落入方格盘的平均自信息量,即为求联合熵:

$$H(X,Y) = -\sum_{i=1}^{48}\sum_{j=1}^{47} p(a_i,b_j)\log p(a_i,b_j)$$

$$= -\sum_{i=1}^{48}\sum_{j=1}^{47} p_A(a_i)p_B(b_j/a_i)\log p_A(a_i)p_B(b_j/a_i)$$

$$= -\log p_A(a_i)p_B(b_j/a_i)$$

$$= \log 48 + \log 47$$

$$\approx 11.14(比特／符号)$$

2.2.4 条件熵

假设有如下两个离散信源集合X,Y:

$$\begin{bmatrix} X \\ p(x) \end{bmatrix} = \begin{bmatrix} a_1 & a_2 & \cdots & a_q \\ p(a_1) & p(a_2) & \cdots & p(a_q) \end{bmatrix}, \quad [Y] = [b_1, \quad b_2, \quad \cdots, \quad b_m],$$

条件概率矩阵:$$[p(y/x)] = \begin{bmatrix} p(b_1/a_1) & p(b_2/a_1) & \cdots & p(b_m/a_1) \\ p(b_1/a_2) & p(b_2/a_2) & \cdots & p(b_m/a_2) \\ \cdots & \cdots & & \cdots \\ p(b_1/a_q) & p(b_2/a_q) & \cdots & p(b_m/a_q) \end{bmatrix}$$

且满足:$\sum_{i=1}^{q} p(a_i) = 1, \sum_{j=1}^{m} p(b_j/a_i) = 1$

【定义2-6】在联合集(X,Y)上,把条件自信息量$I(b_j/a_i)$的概率加权平均值定义为条件熵。其定义式为

$$H(Y/X) = \sum_{i=1}^{q}\sum_{j=1}^{m} p(a_i,b_j)I(b_j/a_i) \tag{2-5}$$

条件熵的含义:在已知集合X的条件下,集合Y具有的平均不确定性。

【例2-10】求例2-9中A先落入方格盘后,B落入方格盘的平均条件自信息量。

解 根据条件熵的定义有

$$H(Y/X) = -\sum_{i=1}^{48}\sum_{j=1}^{47} p(a_i,b_j)\log p_B(b_j/a_i)$$

$$= -\sum_{i=1}^{48}\sum_{j=1}^{47} p_A(a_i)p_B(b_j/a_i)\log p_B(b_j/a_i)$$

$$= \log 47 \approx 5.5547(比特／符号)$$

从例2-9与例2-10的结果还可以验证,$H(X,Y) = H(X) + H(Y/X)$。

2.3 互信息

2.3.1 互信息的定义

设有两个离散的符号 x_i 和 y_i，x_i 表示信源发出的符号，y_i 表示信宿接收到的符号，如图 2－2 所示。对于信息流 $x_i \rightarrow y_i$，当接收到事件 y_i 之后，重新估计给出关于事件 x_i 的概率，则需要估计条件概率 $p(x_i \mid y_i)$，其信息度量即为互信息。

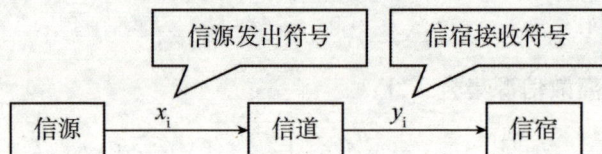

信源发出符号　　信宿接收符号

信源 —x_i→ 信道 —y_i→ 信宿

图 2－2　信源到信宿的映射

【定义 2－7】两个离散随机事件 x_i 和 y_j，事件 y_j 的出现给出关于事件 x_i 的信息量定义为互信息量，即

$$I(x_i;y_j) = \log \frac{p(x_i \mid y_j)}{p(x_i)} = \log \frac{1}{p(x_i)} - \log \frac{1}{p(x_i \mid y_j)} = I(x_i) - I(x_i \mid y_j) \quad (2-6)$$

此式表示：互信息量 = 事件 x_i 先验的不确定性 − 事件 y_j 发生后 x_i 尚存的不确定性 = 自信息 − 条件自信息。如果事件 y_j 和事件 x_i 有紧密的关系，那么事件 y_j 发生后 x_i 尚存的不确定性就会很小，互信息量就较大。所以，互信息衡量了事件之间的关联程度。

【例 2－11】某人 A 预先得知今晚他的三个朋友 B,C,D 中有一人来访，并且三人来的可能性相同，即先验概率为 $p(B) = p(C) = p(D) = 1/3$。上午 A 接到 D 的电话，说有事不来了，即发生了事件 X，试求朋友 B 来访和事件 X 的互信息量 $I(B;X)$。

解　三人中有一人来，每一个人来访的自信息量：

$$I(B) = I(C) = I(D) = \log_2 3 = 1.585 \text{ 比特}$$

发生了事件 X 后，只有朋友 B,C 之一来访，得后验概率 $p(D/X) = 0$，$p(B/X) = p(C/X) = 1/2$。

此时朋友 B 来访和事件 X 的互信息量为

$$I(B;X) \equiv \log \frac{p(B \mid X)}{p(B)} = \log_2 \frac{\frac{1}{2}}{\frac{1}{3}} = \log \frac{1}{2} - \log \frac{1}{3} = 0.585 \text{ 比特}$$

这说明："朋友 D 不来"这件事的发生，部分消除了"朋友 B 来访"这件事的不确定性，消除的不确定大小即为互信息量 $I(B;X)$。

2.3.2 互信息的性质

互信息量具有如下性质。

1. 互易性

$$I(x_i;y_j) = I(y_j;x_i)$$

证明：

$$I(x_i;y_j) = \log\frac{p(x_i \mid y_j)}{p(x_i)} = \log\frac{p(x_i \mid y_j)p(y_j)}{p(x_i)p(y_j)} = = \log\frac{\frac{p(x_i;y_j)}{p(x_i)}}{p(y_j)} = \log\frac{p(y_j \mid x_i)}{p(y_j)} = I(y_j;x_i)$$

含义：表示事件 y_j 的出现所提供关于事件 x_i 的信息量等于事件 x_i 的出现所提供关于事件 y_j 的信息量。

2. 当事件统计独立时，互信息量为零

证明：因为 x_i,y_j 统计独立，则有 $p(x_i,y_j) = p(x_i)p(y_j)$

$$I(x_i;y_j) = \log\frac{p(x_i \mid y_j)}{p(x_i)} = \log\frac{p(x_i,y_j)}{p(x_i)p(y_j)} = \log 1 = 0$$

含义：表示事件 y_j 的出现和事件 x_i 的出现没有任何影响。

3. 互信息可正可负

当自信息量大于条件自信息量时，互信息量为正，表示事件 y_j 的出现有助于肯定事件 x_i 的出现；反之，则为不利于肯定事件 x_i 的出现。

4. 任何两个事件之间的互信息量不可能大于其中任一事件的自信息量

证明：因为 $p(x_i \mid y_j) \leq 1$，所以

$$I(x_i;y_j) = \log\frac{p(x_i \mid y_j)}{p(x_i)} \leq \log\frac{1}{p(x_i)} = I(x_i)$$

同理有
$$I(x_i;y_j) \leq \log\frac{1}{p(y_j)} = I(y_j)$$

2.4 平均互信息

互信息表述了两个事件之间的关联程度，两个集合之间的关联程度则用平均互信息表述。设离散信道输入符号集为 X，输出符号集为 Y，则

$$\binom{X}{P} = \begin{bmatrix} x_1 & x_2 & \cdots \\ p(x_1) & p(x_2) & \cdots \end{bmatrix}, \binom{Y}{P} = \begin{bmatrix} y_1 & y_2 & \cdots \\ p(y_1) & p(y_2) & \cdots \end{bmatrix}$$

对于信息流 $X \rightarrow Y$，当接收到符号集 Y 之后，重新估计给出关于符号集 X 的概率，其信息度量即为平均互信息。信源到信宿的映射，如图 $2-3$ 所示。

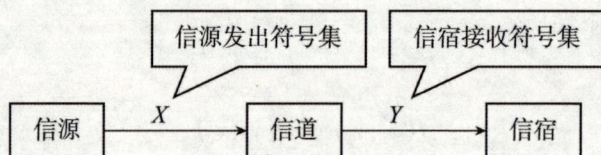

图 $2-3$ 信源到信宿的映射

2.4.1 平均互信息的定义

【定义 $2-8$】在联合集 (X,Y) 上，把互信息量 $I(a_i;b_j)$ 的概率加权平均值定义为平均互信息量，其定义式为

$$I(X;Y) = \sum_{i=1}^{q} \sum_{j=1}^{m} p(a_i,b_j) I(a_i;b_j)$$

$$\Leftrightarrow I(X;Y) = H(X) - H(X/Y)$$

$(2-7)$

平均互信息表征了两个集合之间的关联程度。

平均互信息具有如下物理含义：

（1）平均互信息 = 先验的平均不确定性 – 观察到 Y 后 X 保留的平均不确定性；

（2）平均互信息 = 接收到 Y 后 X 平均不确定性消除的程度；

（3）平均互信息 = 接收到 Y 后获得关于 X 的平均信息量。

【例 $2-12$】求例 $2-9$ 中 A 和 B 落入方格盘后的位置的平均互信息量。

解

$$I(X;Y) = H(X) - H(X \mid Y)$$

$= A$ 的位置先验的平均不确定性 – 观察到 B 后 A 仍具有的平均不确定性

$= \log 48 - \log 47 = 0.03$（比特／符号）

这个互信息量反映了 A,B 两个质点在方格盘上的位置关联关系很小，唯一的限制是它们不能落入同一个方格里，所以互信息量很小。

2.4.2 平均互信息的性质

平均互信息 $I(X;Y)$ 具有如下重要性质。

1. 非负性

$I(X;Y) \geq 0$，当 X 和 Y 统计独立时，等式成立。

证明：因为 $I(X;Y) = H(X) - H(X/Y) = \sum_{XY} p(x,y) \log \dfrac{p(x,y)}{p(x)p(y)}$

又由于 $\log x$ 是严格 $\cap$ 型凸函数。于是，直接应用詹森不等式可得

$$- I(X;Y) = \sum_{XY} p(x,y) \log \frac{p(x)p(y)}{p(x,y)} \leqslant \log \sum_{XY} p(xy) \frac{p(x)p(y)}{p(x,y)} = \log 1 = 0$$

所以

$$I(X;Y) \geqslant 0$$

可见，只有当对所有 x 和 y 都有 $p(x,y) = p(x)p(y)$ 时等式才成立，即只有 X 和 Y 统计独立时平均互信息才等于零。

该性质说明：平均互信息表征了两个集合之间的关联程度，最差的情况就是毫无关联，否则总是具有一定的关联性。观察一个信道的输出，从平均的角度来看总能消除一些不确定性，接收到一定的信息。只有在信道输入和输出是统计独立时，才接收不到任何信息。

2. 极值性

$$I(X;Y) \leqslant H(X)$$

证明：由于 $\log \frac{1}{p(x/y)} \geqslant 0$，$H(X/Y)$ 是对 $\log \frac{1}{p(x/y)}$ 求统计平均，即 $H(X/Y) = \sum_{XY} p(x, y) \log \frac{1}{p(x/y)}$，因此有 $H(X/Y) \geqslant 0$。所以

$$I(X;Y) = H(X) - H(X/Y) \leqslant H(X)$$

该性质的直观含义为：接收者通过信道获得的信息量不可能超过信源本身固有的信息量。只有当 $H(X/Y) = 0$，即信道中传输信息无损失时，接收到 Y 后获得关于 X 的信息量才等于符号集 X 中平均每个符号所含有的信息量。

3. 对称性

$$I(X;Y) = I(Y;X)$$

证明：由于 $p(x,y) = p(y,x)$，可得

$$I(X;Y) = \sum_{XY} p(x,y) \log \frac{p(x,y)}{p(x)p(y)} = \sum_{XY} p(y,x) \log \frac{p(y,x)}{p(y)p(x)} = I(Y;X)$$

$I(X;Y)$ 表示接收到 Y 后获得的关于 X 的信息量；而 $I(X;Y)$ 为发出 X 后得到的关于 Y 的信息量，它们总是相等的。这是一个很重要的结果。当 X 和 Y 统计独立时，就不可能从一个随机变量获得关于另一个随机变量的信息，所以 $I(X;Y) = I(Y;X) = 0$。而当两个随机变量 X 和 Y 一一对应时，从一个变量就可以充分获得关于另一个变量的信息，即 $I(X;Y) = I(Y;X) = H(X) = H(Y)$。

4. $I(X;Y)$ 的凸函数性

由 $I(X;Y)$ 的定义式，可得

$$I(X;Y) = \sum_{XY} p(x,y) \log \frac{p(y/x)}{p(y)} \quad \text{和} \quad p(y) = \sum_{X} p(x)p(y/x)$$

于是

$$I(X;Y) = \sum_{XY} p(x)p(y/x) \log \frac{p(y/x)}{\sum_{X} p(x)p(y/x)} \cong f[p(x), p(y/x)]$$

由此可知,平均互信息 $I(X;Y)$ 是输入信源 X 的概率分布 $p(x)$ 和信道转移概率 $p(y/x)$ 的函数。即平均互信息只与信源的概率分布和信道转移概率有关,因此对于不同信源和不同信道得到的平均互信息是不同的。

【定理 2 – 1】在信道转移概率 $p(y/x)$ 给定的条件下,平均互信息 $I(X;Y)$ 是输入信源概率分布 $p(x)$ 的 $\cap$ 型凸函数。

证明:根据 $\cap$ 型凸函数的定义来进行证明。

由于信道转移概率 $p(y/x)$ 是固定的。于是,平均互信息 $I(X;Y)$ 将只是 $p(x)$ 的函数,即 $I(X;Y) = I[p(x)]$。

现任选输入信源 X 的两个输入概率分布 $p_1(x)$、$p_2(x)$,可得信道输出端的平均互信息分别为 $I[p_1(x)]$、$I[p_2(x)]$。再选择输入变量 X 的另一个概率分布 $p(x)$,令 $0 < t < 1$,而 $p(x) = tp_1(x) + (1-t)p_2(x)$,因而得其相应的平均互信息为 $I[p(x)]$。

从而可得,对应的联合概率分布为

$$p_1(x,y) = p_1(x)p(y/x)$$
$$p_2(x,y) = p_2(x)p(y/x)$$
$$p(x,y) = p(x)p(y/x)$$

根据平均互信息的定义得

$$tI[p_1(x)] + (1-t)I[p_2(x)] - I[p(x)]$$

$$= \sum_{XY} tp_1(x,y)\log\frac{p(y/x)}{p_1(y)} + \sum_{XY}(1-t)p_2(x,y)\log\frac{p(y/x)}{p_2(y)} - \sum_{XY}p(x,y)\log\frac{p(y/x)}{p(y)}$$

$$= \sum_{XY} tp_1(x,y)\log\frac{p(y/x)}{p_1(y)} + \sum_{XY}(1-t)p_2(x,y)\log\frac{p(y/x)}{p_2(y)}$$
$$- \sum_{XY}[tp_1(x,y) + (1-t)p_2(x,y)]\log\frac{p(y/x)}{p(y)}$$

式中是根据概率关系

$$p(x,y) = p(x) \cdot p(y/x) = tp_1(x)p(y/x) + (1-t)p_2(x)p(y/x)$$
$$= tp_1(x,y) + (1-t)p_2(x,y)$$

所以有

$$tI[p_1(x)] + (1-t)I[p_2(x)] - I[p(x)]$$

$$= t\sum_{XY}p_1(x,y)\log\frac{p(y)}{p_1(y)} + (1-t)\sum_{XY}p_2(x,y)\log\frac{p(y)}{p_2(y)}$$

因为 $f = \log x$ 是 $\cap$ 型凸函数,根据詹森不等式可得

$$\sum_{XY}p_1(x,y)\log\frac{p(y)}{p_1(y)} \leq \log\sum_{XY}p_1(x,y)\frac{p(y)}{p_1(y)}$$

$$= \log\sum_Y\frac{p(y)}{p_1(y)}\sum_X p_1(x,y)$$

$$= \log\sum_Y\frac{p(y)}{p_1(y)}p_1(y)$$

$$= \log \sum_Y P(y) = 0$$

同理
$$\sum_{XY} p_2(x,y) \log \frac{p(y)}{p_2(y)} \leqslant 0$$

又因 t 是小于 1 而大于 0 的正数,所以可得

$$t \sum_{XY} p_1(x,y) \log \frac{p(y)}{p_1(y)} + (1-t) \sum_{XY} p_2(x,y) \log \frac{p(y)}{p_2(y)} \leqslant 0$$

即
$$tI[p_1(x)] + (1-t)I[p_2(x)] - I[p(x)] \leqslant 0$$

于是可得 $I[tp_1(x) + (1-t)p_2(x)] \geqslant tI[p_1(x)] + (1-t)I[p_2(x)]$

根据凸函数定义可知,$I(X;Y)$ 是输入信源的概率分布 $p(x)$ 的 ∩ 型凸函数。

定理 2 − 1 意味着,当固定某信道时,选择不同的信源(其概率分布不同),在信道输出端接收到每个符号后获得的信息量是不同的。并且对于每一个固定信道,一定存在有一种信源[某一种概率分布 $p(x)$],使输出端获得的平均信息量为最大(∩ 型凸函数存在极大值)。定理 2 − 1 是信道容量公式的理论基础。

【定理 2 − 2】在输入信源概率分布 $p(x)$ 给定的条件下,平均互信息 $I(X;Y)$ 是信道转移概率 $p(y/x)$ 的 ∪ 形凸函数。

证明:根据 ∪ 形凸函数的定义来进行证明。

由于输入信源概率分布 $p(x)$ 是固定的。于是,平均互信息 $I(X;Y)$ 将只是 $p(y/x)$ 的函数,即 $I(X;Y) = I[p(y/x)]$。

选择两个已知信道与信源连接,它们的转移概率分别为 $p_1(y/x)$、$p_2(y/x)$,对应于两个信道输出端的平均互信息分别为 $I[p_1(y/x)]$、$I[p_2(y/x)]$。设另外选择的第三个信道的转移概率满足 $p(y \mid x) = tp_1(y/x) + (1-t)p_2(y/x)$,其中 $0 < t < 1$,则其对应输出端的平均互信息为 $I[p(y/x)]$。

根据平均互信息的定义,可求得

$$I[p(y/x)] - tI[p_1(y/x)] - (1-t)I[p_2(y/x)]$$

$$= \sum_{XY} [tp_1(x,y) + (1-t)p_2(x,y)] \log \frac{p(x/y)}{p(x)}$$

$$- \sum_{XY} tp_1(x,y) \log \frac{p_1(x/y)}{p(x)} - \sum_{XY} (1-t)p_2(x,y) \log \frac{p_2(x/y)}{p(x)}$$

$$= t \sum_{XY} p_1(x,y) \log \frac{p(x/y)}{p_1(x/y)} + (1-t) \sum_{XY} p_2(x,y) \log \frac{p(x/y)}{p_2(x/y)}$$

因为 $f = \log x$ 是 ∩ 型凸函数,根据詹森不等式得

$$t \sum_{XY} p_1(x,y) \log \frac{p(x/y)}{p_1(x/y)} \leqslant t \log \left[\sum_{XY} p_1(x,y) \frac{p(x/y)}{p_1(x/y)} \right]$$

$$= t \log \left[\sum_{XY} p_1(y) p(x/y) \right]$$

$$= t \log \sum_Y p_1(y) \sum_X p(x/y)$$

$$= t\log \sum_Y p_1(y) = t\log 1 = 0$$

同理可得

$$(1 - t) \sum_{XY} p_2(x,y) \log \frac{p(x/y)}{p_2(x/y)} \leqslant 0$$

所以得

$$I[p(y/x)] - tI[p_1(y/x)] - (1 - t)[p_2(y/x)] \leqslant 0$$

$$I[p(y/x)] \leqslant tI[p_1(y/x) + (1 - t)[p_2(y/x)]]$$

即

$$I[tp_1(y/x) + (1 - t)p_2(y/x)] \leqslant tI[p_1(y/x)] + (1 - t)I[p_2(y/x)]$$

根据凸函数的定义证得,$I(X;Y)$ 是转移概率 $p(y/x)$ 的 $\cup$ 形凸函数。

定理 2 - 2 说明当信源固定后,选择不同信道来传输同一信源符号时,在信道的输出端获得关于信源的信息量是不同的。信道输出端获得关于信源的信息量是信道转移概率的 $\cup$ 形凸函数。也就是说,对每一种信源都存在一种最差的信道,此信道的噪声熵最大,而输出端获得的信息量最小。定理 2 - 2 是信息压缩理论的理论基础。

2.5　各种信息度量之间的关系

下面将信息熵、条件熵、联合熵和平均互信息量(交互熵)的表达式汇总如下,并讨论它们之间的关系。

(1) 信息熵:$H(X) = \sum_X p(x) \log \frac{1}{p(x)}, H(Y) = \sum_Y p(y) \log \frac{1}{p(y)}$;

(2) 条件熵:$H(Y/X) = \sum_{XY} p(x,y) \log \frac{1}{p(y/x)}, H(X/Y) = \sum_{XY} p(x,y) \log \frac{1}{p(x/y)}$;

(3) 联合熵:$H(X,Y) = \sum_{XY} p(x,y) \log \frac{1}{p(x,y)}$;

(4) 交互熵:$I(X;Y) = \sum_{XY} p(x,y) \log \frac{p(x/y)}{p(x)} = \sum_{XY} p(x,y) \log \frac{p(y/x)}{p(y)}$。

用维拉图可以清晰、形象地表示离散信源的信息熵、条件熵、联合熵和交互熵之间的关系(表 2 - 1),阴影部分为相应的"符号"列所对应的值。

表 2 - 1　各类熵之间的关系

名称	符号	关系	图示
信息熵	$H(X)$	$H(X) = H(X/Y) + I(X;Y) \geqslant H(X/Y)$ $H(X) = H(X,Y) - H(Y/X)$	
	$H(Y)$	$H(Y) = H(Y/X) + I(X;Y) \geqslant H(Y/X)$ $H(Y) = H(X,Y) - H(X/Y)$	

名称	符号	关系	图示
条件熵	$H(X/Y)$	$H(X/Y) = H(X,Y) - H(Y)$ $= H(X) - I(X;Y)$	
	$H(Y/X)$	$H(Y/X) = H(X,Y) - H(X)$ $= H(Y) - I(X;Y)$	
联合熵	$H(X,Y) = H(Y,X)$	$H(X,Y) = H(X) + H(Y/X)$ $= H(Y) + H(X/Y)$ $= H(X) + H(Y) - I(X;Y)$ $= H(X/Y) + H(Y/X) + I(X;Y)$	
交互熵	$I(X;Y) = I(Y;X)$	$I(X;Y) = H(X) - H(X/Y)$ $= H(Y) - H(Y/X)$ $= H(X,Y) - H(Y/X) - H(X/Y)$ $= H(X) + H(Y) - H(X,Y)$	

2.6 扩展信源的信息度量

前面讨论了单个消息(符号)的离散信源的熵,并讨论了它的性质。在很多情况下,实际信源输出的消息是时间或空间上的离散随机序列。消息序列可用基本信源的扩展来表示。

若有一个基本的离散信源 X,其样本空间为 $[a_1, a_2, \cdots, a_q]$,对它的输出消息序列,可用一组长度为 N 的消息序列来表示它,写成 $\boldsymbol{X} = (X_1, X_2, \cdots, X_N)$,其中每个分量 $X_i(i = 1, 2, \cdots, N)$ 都是随机变量,它们都取于同一信源 X,则由随机矢量 $\boldsymbol{X}$ 组成的新信源称为离散信源 X 的 N 次扩展信源。

下面用 N 重概率空间来描述它。

设有一个离散信源的概率空间为

$$\begin{bmatrix} X \\ p(x) \end{bmatrix} = \begin{bmatrix} a_1 & a_2 & \cdots & a_q \\ p_1 & p_2 & \cdots & p_q \end{bmatrix} \quad , \quad \sum_{i=1}^{q} p_i = 1$$

则信源 X 的 N 次扩展信源 X^N 是具有 q^N 个消息(符号)的离散信源,其 N 重概率空间为

$$\begin{bmatrix} X^N \\ p(\alpha_i) \end{bmatrix} = \begin{bmatrix} \alpha_1 & \alpha_2 & \cdots & \alpha_{q^N} \\ p(\alpha_1) & p(\alpha_2) & \cdots & p(\alpha_{q^N}) \end{bmatrix}, \text{且} \quad \sum_{i=1}^{q^N} p(\alpha_i) = 1$$

N 次扩展信源 X^N 中共有 $\alpha_1, \alpha_2, \cdots, \alpha_{q^N}$ 等 q^N 个消息(符号),每个符号 α_i 都代表 X 的一

个 N 重序列 $(a_{i_1}, a_{i_2}, \cdots, a_{i_N})$,其中 $i_1, i_2, \cdots, i_N = 1, 2, \cdots, q$。

(1) 消息序列的自信息量:

$$I(\alpha_i) = -\log p(\alpha_i) = -\log p(a_{i_1}, a_{i_2}, \cdots, a_{i_N}) \quad\quad (2-8)$$

(2) 消息序列的熵:

$$H(X) = H(X^N) = H(X_1, X_2, \cdots, X_N)$$

$$= -\sum_{i=1}^{q^N} p(\alpha_i) \log p(\alpha_i)$$

$$= -\sum_{i_1=1}^{q} \cdots \sum_{i_N=1}^{q} p(a_{i_1}, a_{i_2}, \cdots, a_{i_N}) \log p(a_{i_1}, a_{i_2}, \cdots, a_{i_N}) \quad\quad (2-9)$$

【例 2 - 13】离散无记忆信源输出的消息序列中符号之间是统计独立的,并且随机矢量的联合概率分布等于随机矢量中各个随机变量的概率乘积,于是可知输出的单个消息的自信息量就等于消息中各个符号的自信息量之和。设有一离散无记忆信源 X,其概率空间为

$$\begin{bmatrix} X \\ p(x) \end{bmatrix} = \begin{bmatrix} a_1 & a_2 & a_3 \\ \dfrac{1}{2} & \dfrac{1}{4} & \dfrac{1}{4} \end{bmatrix}, 满足 \sum_{i=1}^{3} p(a_i) = 1, 试求 H(X) 和 H(X^2)。$$

解   根据已知,离散无记忆信源 X 的信息熵为

$$H(X) = -\sum_{i=1}^{3} p(a_i) \log p(a_i) = \frac{1}{2} \log 2 + 2 \times \frac{1}{4} \log 4 = 1.5 (比特 / 符号)$$

(注意:此处单位中的"符号"是指 X 信源的输出符号 a_i)

由于信源 X 共有 3 个不同的消息符号,所以信源 X 中每两个符号组成的不同排列共有 $3^2 = 9$ 种,可得二次扩展信源共有 9 个不同的符号。又因为信源 X 是无记忆的,则二次扩展信源的概率空间为

$$\begin{bmatrix} X^2 \\ p(x^2) \end{bmatrix} = \begin{bmatrix} a_1a_1 & a_1a_2 & a_1a_3 & a_2a_1 & a_2a_2 & a_2a_3 & a_3a_1 & a_3a_2 & a_3a_3 \\ \dfrac{1}{4} & \dfrac{1}{8} & \dfrac{1}{8} & \dfrac{1}{8} & \dfrac{1}{16} & \dfrac{1}{16} & \dfrac{1}{8} & \dfrac{1}{16} & \dfrac{1}{16} \end{bmatrix}$$

则有

$$H(X^2) = -\sum_{i=1}^{q^n} p(\alpha_i) \log p(\alpha_i) = -\sum_{i_1=1}^{3} \sum_{i=2}^{3} p(a_{i_1}) p(a_{i_2}) \log p(a_{i_1}) p(a_{i_2})$$

$$= \frac{1}{4} \log 4 + 4 \times \frac{1}{8} \log 8 + 4 \times \frac{1}{16} \log 16 = 3 (比特 / 符号)$$

(注意:此处单位中的"符号"是指扩展信源的输出符号 α_i,它是由两个 a_i 组成)。

可以看出

$$H(X^2) = 2H(X)$$

所以,离散无记忆信源 X 的 N 次扩展信源的熵等于离散信源 X 的熵的 N 倍,即 $H(X^N) = NH(X)$。

2.7 连续随机变量的信息度量

先讨论一个变量的单维连续信源的信息度量。单维连续信源输出是取值连续的单个随机变量。可用变量的概率密度、变量间的条件概率密度和联合概率密度来描述。

变量的一维概率密度函数为

$$p_X(x) = \frac{\mathrm{d}F(x)}{\mathrm{d}x}, p_Y(y) = \frac{\mathrm{d}F(y)}{\mathrm{d}y}$$

一维概率分布函数为

$$F(x_1) = p[X \leqslant x_1] = \int_{-\infty}^{x_1} p_X(x)\,\mathrm{d}x$$

条件概率密度函数为

$$p_{Y/X}(y/x), p_{X/Y}(x/y)$$

联合概率密度函数为

$$p_{XY}(x_1 y_1) = \frac{\partial^2 F(x_1, y_1)}{\partial x_1 \partial y_1}$$

它们之间的关系为

$$p_{XY}(xy) = p_X(x)p_{Y/X}(y/x) = p_Y(y)p_{X/Y}(x/y)$$

单维连续信源的数学模型为

$$X = \begin{bmatrix} R \\ p(x) \end{bmatrix} \quad \text{并满足} \int_R p(x)\,\mathrm{d}x = 1$$

式中, R 是全实数集, 是连续变量 X 的取值范围。

连续变量的信息测度可以用离散变量的信息测度来逼近。假设连续信源 X 的概率密度函数 $p(x)$ 如图 2 - 4 所示。

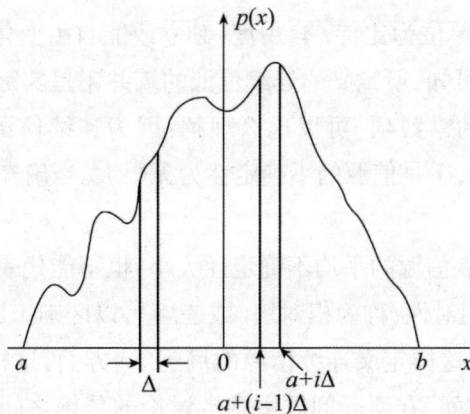

图 2 - 4   概率密度分布

把取值区间 $[a,b]$ 分割成 n 个小区间,各小区间设为等宽 $\Delta = \left(\dfrac{b-a}{n}\right)$。那么,$X$ 处于第 i 区间的概率 p_i 是

$$p_i = p\{a + (i-1)\Delta \leqslant x \leqslant a + i\Delta\}$$

$$= \int_{a+(i-1)\Delta}^{a+i\Delta} p(x)\mathrm{d}x = p(x_i)\Delta, i = 1,2,\cdots,n$$

其中,x_i 是 $a + (i-1)\Delta$ 到 $a + i\Delta$ 之间的某一值。当 $p(x)$ 是 x 的连续函数时,由积分中值定理可知,必存在一个 x_i 使上式成立。这样,连续变量 X 就可用取值为 $x_i(i = 1,2,\cdots,n)$ 的离散变量 X_n 来近似,连续信源 X 就被量化成离散信源。

$$\begin{bmatrix} X_n \\ P \end{bmatrix} = \begin{bmatrix} x_1 & x_2 & \cdots & x_n \\ p(x_1)\Delta & p(x_2)\Delta & \cdots & p(x_n)\Delta \end{bmatrix}$$

且

$$\sum_{i=1}^{n} p(x_i)\Delta = \sum_{i=1}^{n} \int_{a+(i-1)\Delta}^{a+i\Delta} p(x)\mathrm{d}x = \int_{a}^{b} p(x)\mathrm{d}x = 1$$

这时,离散信源 X_n 的熵是

$$H(X_n) = -\sum_i p_i \log p_i = -\sum_i p(x_i)\Delta \log[p(x_i)\Delta]$$

$$= -\sum_i p(x_i)\Delta \log p(x_i) - \sum_i p(x_i)\Delta \log\Delta$$

当 $n \to \infty$,$\Delta \to 0$,离散随机变量 X_n 趋于连续随机变量 X,而离散信源 X_n 的熵 $H(X_n)$ 的极限值就是连续信源的信息熵。

$$H(X) = \lim_{n\to\infty} H(X_n) = \lim_{\Delta\to 0} -\sum p(x_i)\Delta \log p(x_i) - \lim_{\Delta\to 0}(\log\Delta)\sum_i p(x_i)\Delta$$

$$= -\int_{a}^{b} p(x)\log p(x)\mathrm{d}x - \lim_{\Delta\to 0}\log\Delta$$

当 $\Delta \to 0$ 时,第二项是趋于无限大的数。

【定义 2 - 9】连续信源的熵定义为

$$h(X) = -\int_R p(x)\log p(x)\mathrm{d}x \tag{2 - 10}$$

当取对数以2为底时,单位为比特/自由度(独立或能自由变化的自变量的个数,称为该统计量的自由度)。从上式可知,所定义的连续信源的熵并不是实际信源输出的绝对熵,而是绝对熵丢弃了一个无限大的常数项。可以这么理解:因为连续信源的可能取值数是无限多个,若设取值是等概率分布,于是信源的不确定性为无限大。当确知输出为某值后,所获得的信息量也将为无限大。

可见,$h(X)$ 已不能代表信源的平均不确定性大小,也不能代表连续信源输出的信息量。连续信源的熵 $h(X)$ 具有相对性,称为相对熵(或差熵),以区别于原来的绝对熵。

既然如此,为什么还要这样定义连续信源的熵呢?一方面,这样定义可与离散信源的熵在形式上统一起来;另一方面,在实际问题中常常讨论的是熵之间差值的问题,如平均互信息等。在讨论熵之间的差时,每个熵都存在无限大的常数项,只要两者离散逼近时所取的间

隔Δ一致,这两个无限大项将互相抵消掉。因此在任何包含有熵差的问题中,如此定义的连续信源的熵就具有信息的特征。

【定义 2 – 10】两个连续变量 X,Y 的联合熵和条件熵定义为

$$h(XY) = -\iint_R p(xy)\log p(xy)\,\mathrm{d}x\mathrm{d}y$$

$$h(Y/X) = -\iint_R p(x)p(y/x)\log p(y/x)\,\mathrm{d}x\mathrm{d}y \qquad (2-11)$$

$$h(X/Y) = -\iint_R p(x)p(y/x)\log p(x/y)\,\mathrm{d}x\mathrm{d}y$$

连续信源的各种熵虽然在形式上和离散信源的熵相似,但是连续信源的差熵只具有熵的部分含义和性质。

连续信源差熵的性质如下。

（1）可加性:

$$h(XY) = h(X) + h(Y/X) = h(Y) + h(X/Y)$$

（2）凸状性和极值性:差熵 $h(X)$ 是输入概率密度函数 $p(x)$ 的上凸函数。于是,对于某一概率密度函数,可以得到差熵的最大值。

（3）差熵可为负值:在某些情况下,差熵可得出为负值。例如,若概率密度函数为

$$p(x) = \begin{cases} \dfrac{1}{b-a}, & a \leqslant x \leqslant b \\ 0, & x > b, x < a \end{cases}$$

则

$$h(X) = -\int_a^b \frac{1}{b-a}\log\frac{1}{b-a}\,\mathrm{d}x = \log(b-a)$$

若 $(b-a) < 1$,则得熵 $h(X) < 0$,为负值。

【定义 2 – 11】两个连续变量 X,Y 的平均互信息可以定义为

$$I(X;Y) = \int\int_{-\infty}^{\infty} p(xy)\log\frac{p(xy)}{p(x)p(y)}\,\mathrm{d}x\mathrm{d}y = H(X) - H(X/Y) \qquad (2-12)$$

由于平均互信息量是求两个熵的差,此时两个无穷大项就抵消了。因此,连续变量与离散变量的平均互信息量一样具有了绝对意义。

习题

一、填空题

1. 某事件发生所含有的信息量是该事件_____ 的函数。

2. 事件发生的概率越小,信息量就_____。

3. _____,也称为信息熵。

4. 各个符号_____的情况下,独立信源的熵达到最大值。

5. 在信道转移概率 $p(y|x)$ 给定的条件下,平均互信息 $I(X;Y)$ 是_____的 ∩ 形凸函数。

6. 在输入信源概率分布 $p(x)$ 给定的条件下,平均互信息 $I(X;Y)$ 是_____的 ∪ 形凸函数。

7. 离散无记忆信源 X 的 N 次扩展信源的熵等于离散信源 X 的熵的_____倍。

8. 连续信源的熵并不是实际信源输出的绝对熵,而是绝对熵丢弃了一个无限大的常数项,称为_____。

9. 若序列的统计性质与时间的推移无关,则该序列是_____的随机序列。

10. 信源先后发出的符号之间是互相依赖、存在着相关性的,则该信源是_____信源。

11. 信源每次发出的符号只与前 m 个符号有关,与更前面的符号无关,称这种有记忆信源为_____。

12. 若马尔可夫信源的转移概率与起始时刻无关,则称为_____。

13. 齐次马尔可夫链常用_____、_____和_____来描述。

14. 信源符号间的依赖关系使信源的熵_____。若它们的前后依赖关系越长,则信源的熵_____。

15. 仅当信源符号间_____、_____时,信源的熵才最大。

16. 事件发生的概率越大,信息量就_____。

17. 对于发生概率等于 1 的必然事件,信息量为_____。

18. 信息熵只与信源的_____有关。

19. 若某些信源的统计特性相同(含有的符号数和概率分布相同),那么,这些信源的熵就_____。

20. 确定性信源(其中某个符号出现概率为 1) 的信息熵为_____。

21. 当信源中增加小概率事件后(接近于零),虽然小概率事件本身的自信息量很大,但是信源的熵_____。

22. 如果事件 y_j 和事件 x_i 有紧密的关系,那么事件 y_j 发生后 x_i 尚存的不确定性就会_____,互信息量就_____。

23. 互信息衡量了事件之间的_____。

24. 当事件统计独立时,互信息量为_____。

25. 平均互信息只与_____和_____有关。

26. 对于每一个固定信道,一定存在有一种信源(某一种概率分布),使输出端获得的平均信息量为_____。

27. 连续信源的熵具有相对性,称为_____。

28. _____是产生消息的来源,可以是人、机器、自然界的物体等。

29. 信源的最基本的特性是具有_____,它可用概率统计特性来描述。

30. 无记忆离散信源发出的各个符号是_____。

31. 离散消息的输出可用_____来描述。

32. 离散序列的输出可用_____来描述。

33. 波形信源的输出可用_____来描述。

34. 马尔可夫信源"未来"的状态只与"现在"_____，跟"过去"_____。

二、简答题

$p_1, p_2, \cdots, p_q$ 的顺序任意互换时，熵函数的值不变，即 $H(p_1, p_2, \cdots, p_q) = H(p_2, p_3, \cdots, p_q, p_1) = \cdots = H(p_q, p_1, \cdots, p_{q-1})$。该性质说明什么？如何改进熵的局限性？

三、证明题

1. 证明：若 $\sum\limits_{i=1}^{L} p_i = 1$，$\sum\limits_{j=1}^{m} q_j = p_L$，则 $H(p_1, p_2, \cdots, p_{L-1}, q_1, q_2, \cdots, q_m) = H(p_1, p_2, \cdots, p_{L-1}, p_L) + p_L H\left(\dfrac{q_1}{p_L}, \dfrac{q_2}{p_L}, \cdots, \dfrac{q_n}{p_L}\right)$，并说明等式的物理意义。

2. 对于黑白电视，为了使电视图像获得良好的清晰度和规定的适当的对比度，需要每个像素的亮度值分成 10 个不同的亮度电平，所有亮度电平是等概率出现。对于彩色电视，除了满足对于黑白电视系统的要求外，还必须有 30 个不同的色彩度，每个像素的色彩度是等概率出现，试证明传输这彩色电视的信息率要比黑白电视的信息率约大 2.5 倍。

3. 令 X, Y, Z 是三个概率空间，试证明 $H(YZ \mid X) = H(Y \mid X) + H(Z \mid XY)$。

4. 证明：若 (X, Y, Z) 是马氏链，则 (Z, Y, X) 也是马氏链。

5. 证明：$\lim\limits_{\varepsilon \to 0} H_{q+1}(p_1, p_2, \cdots, p_q - \varepsilon, \varepsilon) = H_q(p_1, p_2, \cdots, p_q)$。

6. 对于互信息量，试证明：$I(x_i; y_j) = I(y_j; x_i)$。

7. 事件统计独立时，试证明：互信息量 $I(x_i; y_j) = 0$ 为零。

8. 试证明：任何两个事件之间的互信息量不可能大于其中任一事件的自信息量，即 $I(x_i; y_j) \leqslant I(x_i)$ 或者 $I(x_i; y_j) \leqslant I(y_j)$。

9. 对于互信息熵，证明：$I(X; Y) = I(Y; X)$。

10. 有两个信道的信道矩阵分别为 $\begin{bmatrix} \dfrac{1}{3} & \dfrac{1}{3} & \dfrac{1}{3} \\ 0 & \dfrac{1}{2} & \dfrac{1}{2} \end{bmatrix}$ 和 $\begin{bmatrix} 1 & 0 & 0 \\ 0 & \dfrac{2}{3} & \dfrac{1}{3} \\ 0 & \dfrac{1}{3} & \dfrac{2}{3} \end{bmatrix}$ 它们的串联信道如图 2-5 所示。求证：$I(X; Z) = I(X; Y)$。

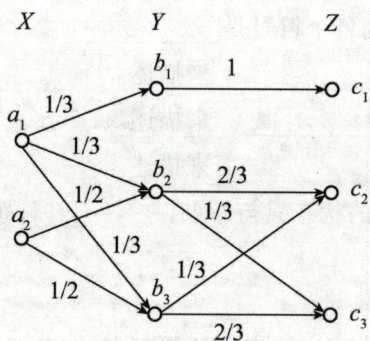

图 2 - 5　第 10 题图

四、计算题

1. 居住某地区的女孩中有25%是大学生,在女大学生中有75%是身高1.6米以上的,而女孩中身高1.6米以上的占总数一半。假如我们得知"身高1.6米以上的某女孩是大学生"的消息,问获得多少信息量?

2. 设离散无记忆信源

$$\begin{bmatrix} X \\ P(x) \end{bmatrix} = \begin{bmatrix} a_1 = 0 & a_2 = 1 & a_3 = 2 & a_4 = 3 \\ 3/8 & 1/4 & 1/4 & 1/8 \end{bmatrix}$$

发生的消息为(202120130213001203210110321010021032011223210),求:

(1) 此消息的自信息是多少?

(2) 在此消息中,平均每个符号携带的信息量是多少?

3. 已知有6行8列的棋型方格,若有两个质点 A 和 B,分别以等概率落入任一方格内,且它们的坐标分别为 (X_A, Y_A),(X_B, Y_B),但 A,B 不能落入同一方格内。

(1) 若仅有质点 A,求 A 落入任一个格的平均自信息量是多少?

(2) 若已知 A 已落入,求 B 落入的平均自信息量。

(3) 若 A,B 是可分辨的,但不能落入同一方格内,求 A,B 同时都落入棋型方格的平均自信息量。

4. 从大量统计资料知道,男性中红绿色盲的发病率为7%,女性发病率为0.5%,如果你问一位男性:"你是不是红绿色盲?"他的回答可能是"是",也可能是"否",问这两个回答中各含有多少信息量?平均每个回答中含有多少信息量?如果你问一位女性,则答案中含有的平均自信息量是多少?

5. 设信源 $\begin{bmatrix} X \\ P(x) \end{bmatrix} = \begin{bmatrix} a_1, & a_2, & a_3, & a_4, & a_5, & a_6 \\ 0.2, & 0.19, & 0.18, & 0.17, & 0.16, & 0.17 \end{bmatrix}$,求这信源的熵,并解释为什么 $H(X) > \log 6$,不满足信源熵的极值性。

6. 设有一个信源,它产生0,1序列的消息。信源发出的序列之间也是彼此无依赖的,它在任意时间且不论以前发出过什么符号,均按 $P(0) = 0.4$,$P(1) = 0.6$ 的概率发出符号。试

计算 $H(X^2)$，$H(X_3 \mid X_1 X_2)$ 及 $\lim\limits_{n \to \infty} H_N(X)$。

7. 设有一个信源，它产生 0,1 序列的消息。信源发出的序列之间也是彼此无依赖的，它在任意时间且不论以前发出过什么符号，均按 $P(0) = 0.4$，$P(1) = 0.6$ 的概率发出符号。试计算 $H(X^4)$ 并写出 X^4 信源中可能有的所有符号。

8. 设有一信源，它在开始时以 $P(a) = 0.6$，$P(b) = 0.3$，$P(c) = 0.1$ 的概率发出 X_1。如果 X_1 为 a 时，则 X_2 为 a,b,c 的概率为 $\dfrac{1}{3}$；如果 X_1 为 b 时，则 X_2 为 a,b,c 的概率为 $\dfrac{1}{3}$；如果 X_1 为 c 时，则 X_2 为 a,b 的概率为 $\dfrac{1}{2}$，为 c 的概率为 0。并且，后面发出 X_i 的概率只与 X_{i-1} 有关，又 $P(X_i \mid X_{i-1}) = P(X_2 \mid X_1) i \geqslant 3$。试利用马尔可夫信源的图示法画出状态转移图和一步转移概率矩阵。

9. 设有一信源，它在开始时以 $P(a) = 0.6$，$P(b) = 0.3$，$P(c) = 0.1$ 的概率发出 X_1。如果 X_1 为 a 时，则 X_2 为 a,b,c 的概率为 $\dfrac{1}{3}$；如果 X_1 为 b 时，则 X_2 为 a,b,c 的概率为 $\dfrac{1}{3}$；如果 X_1 为 c 时，则 X_2 为 a,b 的概率为 $\dfrac{1}{2}$，为 c 的概率为 0。并且，后面发出 X_i 的概率只与 X_{i-1} 有关，又 $P(X_i \mid X_{i-1}) = P(X_2 \mid X_1) i \geqslant 3$。试计算马尔可夫信源的信源熵 H_∞。

10. 一阶马尔可夫信源的状态图如图 2 – 6 所示。

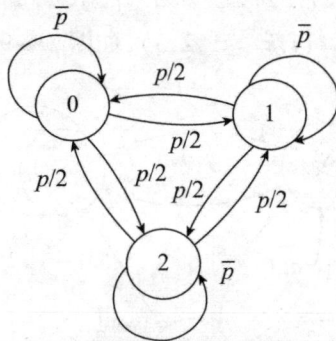

图 2 – 6   第 10 题图

信源 X 的符号集为 $\{0,1,2\}$，并定义 $\bar{p} = 1 - p$。求此信源平稳后的概率分布 $P(0)$，$P(1)$ 和 $P(2)$，以及信源的熵。

11. 一阶马尔可夫信源的状态图如图 2 – 7 所示。

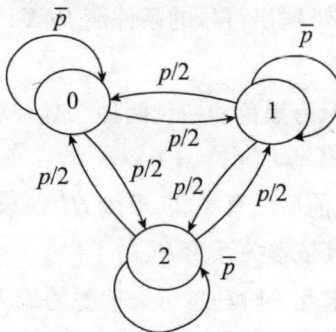

图 2 – 7   第 11 题图

信源 X 的符号集为 $\{0,1,2\}$，并定义 $\bar{p} = 1 - p$。求该一阶马尔可夫信源 p 取何值时，H_∞ 有最大值？

12. 一阶马尔可夫信源的状态图如图 2 - 8 所示。

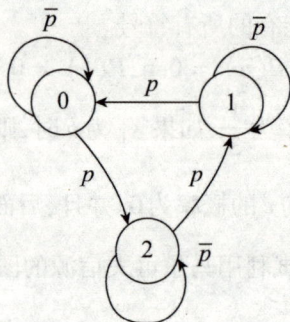

图 2 - 8　第 12 题图

信源 X 的符号集为 $\{0,1,2\}$。

（1）求平稳后信源的概率分布。

（2）求信源的熵 H_∞。

（3）求当 $p = 0$ 和 $p = 1$ 时信源的熵，并说明其理由。

13. 设有一个马尔可夫信源，它的状态集为 $\{s_1, s_2, s_3\}$，符号集为 $\{a_1, a_2, a_3\}$，以及在某状态下发符号的概率为 $P(a_k \mid s_i)(i, k = 1,2,3)$，如图 2 - 9 所示。

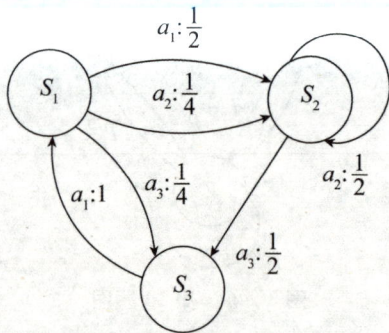

图 2 - 9　第 13 题图

（1）求出图中马尔可夫信源的状态极限概率并找出符号的极限概率。

（2）计算信源处在某一状态下输出符号的条件熵 $H(X \mid s_i)(j = 1,2,3)$。

（3）求出马尔可夫信源熵 H_∞。

14. 黑白气象传真图的消息只有黑色和白色两种，即信源 $X = \{$黑，白$\}$，设黑色出现的概率为 $P($黑$) = 0.3$，白色的出现概率 $P($白$) = 0.7$。

（1）假设图上黑白消息出现前后没有关联，求熵 $H(X)$。

（2）假设消息前后有关联，其依赖关系为 $P($白$\mid$白$) = 0.9$，$P($黑$\mid$白$) = 0.1$，$P($白$\mid$黑$) = 0.2$，$P($黑$\mid$黑$) = 0.8$，求此一阶马尔可夫信源的熵 H_2。

（3）分别求上述两种信源的剩余度，并比较 $H(X)$ 和 H_2 的大小，并说明其物理意义。

15. 同时扔两个正常的骰子，也就是各面呈现的概率都是 1/6，求"3 和 5 同时出现"这个事件的自信息量。

16. 同时扔两个正常的骰子，也就是各面呈现的概率都是 1/6，求"两个 1 同时出现"这个事件的自信息量。

17. 同时扔两个正常的骰子，也就是各面呈现的概率都是 1/6，求两个点数之和（即 2，3，…，12）构成的符号集的熵。

18. 设有一非均匀骰子，若其任一面出现的概率与该面上的点数成正比，试求各点出现时所给出的信息量，并求扔一次平均得到的信息量。

19. 某校入学考试中有 1/4 考生被录取，3/4 考生未被录取。被录取的考生中有 50% 来自本市，而落榜考生中有 10% 来自本市。所有本市的考生都学过英语，而外地落榜考生以及被录取的外地考生中都有 40% 学过英语。设 X 表示是否落榜，其取值为 $\{a_1 = $ 被录取，$a_2 = $ 落榜 $\}$；Y 表示学生所属城市，其取值为 $\{b_1 = $ 本市，$b_2 = $ 外地 $\}$；Z 表示是否学过英语，其取值为 $\{c_1 = $ 学过，$c_2 = $ 没学过 $\}$。试求 $H(X)$，$H(Y \mid X)$，$H(Z \mid XY)$。

20. 某校入学考试中有 1/4 考生被录取，3/4 考生未被录取。被录取的考生中有 50% 来自本市，而落榜考生中有 10% 来自本市。所有本市的考生都学过英语。而外地落榜考生以及被录取的外地考生中都有 40% 学过英语。设 X 表示是否落榜，其取值为 $\{a_1 = $ 被录取，$a_2 = $ 落榜 $\}$；Y 表示学生所属城市，其取值为 $\{b_1 = $ 本市，$b_2 = $ 外地 $\}$；Z 表示是否学过英语，其取值为 $\{c_1 = $ 学过，$c_2 = $ 没学过 $\}$。当已知考生来自本市时，给出"一个本市考生是否被录取"的答案的平均信息量是多少？

21. 某校入学考试中有 1/4 考生被录取，3/4 考生未被录取。被录取的考生中有 50% 来自本市，而落榜考生中有 10% 来自本市。所有本市的考生都学过英语。而外地落榜考生以及被录取的外地考生中都有 40% 学过英语。设 X 表示是否落榜，其取值为 $\{a_1 = $ 被录取，$a_2 = $ 落榜 $\}$；Y 表示学生所属城市，其取值为 $\{b_1 = $ 本市，$b_2 = $ 外地 $\}$；Z 表示是否学过英语，其取值为 $\{c_1 = $ 学过，$c_2 = $ 没学过 $\}$。当已知考生学过英语时，给出多少有关考生是否被录取的信息。

22. 设有一批电阻，按阻值分，70% 是 2kΩ，30% 是 5kΩ；按功耗分，64% 是 1/8W，其余 1/4W。现已知 2kΩ 阻值的电阻中 80% 是 1/8W。问通过测量阻值可以平均得到的关于瓦数的信息量是多少？

23. 一阶马尔可夫的状态转移图如图 2 - 10 所示，求：

（1）稳态下状态的概率分布；

（2）信源的熵。

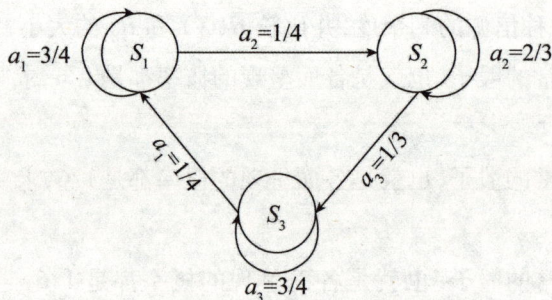

图 2 - 10　第 23 题图

24. 设信源 X 的信源空间为

$$\begin{pmatrix} X \\ P(x) \end{pmatrix} = \begin{bmatrix} x_1 & x_2 & x_3 & x_4 & x_5 & x_6 \\ 0.17 & 0.19 & 0.18 & 0.17 & 0.18 & 0.3 \end{bmatrix}$$

（1）求信源熵；

（2）在什么情况下信源熵达到极值，为多少？

（3）比较（1）（2）的结果，试分析之。

25. 已知一个时齐马尔可夫链的网格图如图 2 - 11 所示。

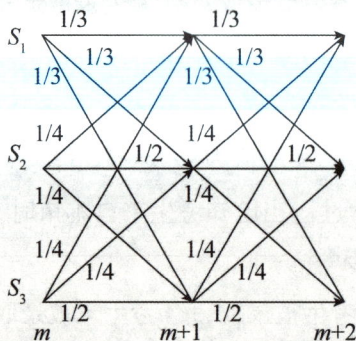

图 2 - 11　第 25 题图

画出此时齐马尔可夫链概率转移矩阵和状态转移图，并求从状态 3 转移到状态 2 的 2 步转移概率。

26. 设离散无记忆信源

$$\begin{pmatrix} X \\ P(x) \end{pmatrix} = \begin{bmatrix} 0 & 1 & 2 & 3 \\ \dfrac{3}{8} & \dfrac{1}{4} & \dfrac{1}{4} & \dfrac{1}{8} \end{bmatrix}$$

发出的消息为（202120130213001203210110321010021032011223210），求：

（1）此消息的自信息量是多少？

（2）在此消息中平均每个符号携带的信息量是多少？

（3）求出该信源的熵，并将这个熵与（2）的结果进行比较，说明原因及二者之间的关系。

27. 设信源为

$$\binom{X}{P(x)} = \begin{bmatrix} x_1 & x_2 \\ 0.6 & 0.4 \end{bmatrix}$$

通过一干扰信道,接收符号集为 $y = \begin{bmatrix} y_1 & y_2 \end{bmatrix}$,信道转移概率如图 2 - 12 所示。

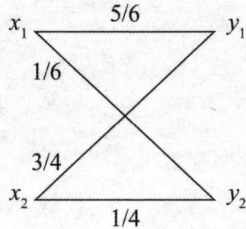

图 2 - 12　第 27 题图

求:

(1) 信源 X 中 x_1 与 x_2 的自信息量等于多少?

(2) 收到符号 $y_j(j = 1,2)$ 后,获得的关于 $x_i(i = 1,2)$ 的信息量等于多少?

(3) 信源 X 与 Y 的信息熵等于多少?

(4) 信道疑义度 $H(X \mid Y)$ 和噪声熵 $H(Y \mid X)$?

(5) 接收到 Y 后获得的平均互信息等于多少?

28. 设一个二阶马尔可夫信源,其符号集为(0,1),条件概率为

$$p(0 \mid 00) = p(1 \mid 11) = 0.8$$

$$p(1 \mid 00) = p(0 \mid 11) = 0.2$$

$$p(0 \mid 01) = p(0 \mid 10) = p(1 \mid 01) = p(1 \mid 10) = 0.5$$

因为只有两个符号,所以共有 4 种可能的状态,其状态转移图如图 2 - 13 所示。

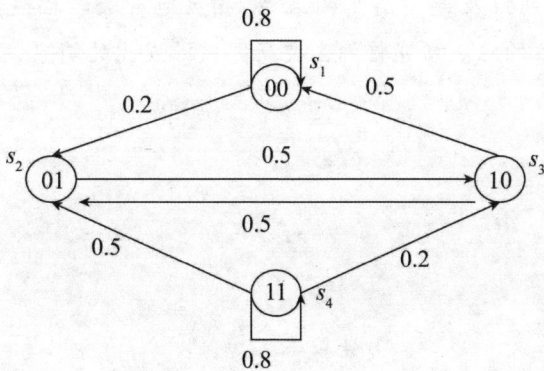

图 2 - 13　第 28 题图

信源的四个状态都是遍历的,求马尔可夫信源的熵。

第三章

信源

　　香农信息传播过程可以简单地描述为：信源→信道→信宿。通信的根本问题就是将信源的输出在接收端尽可能精确地再现，因此首先应该了解信源的基本情况，对信源的研究是信息论研究的主要组成部分。

　　信源是产生消息的来源，可以是人、机器、自然界的物体等，发出的消息可以是语言、文字、图像、数据等形式。对信源的研究内容包括：

　　（1）如何描述信源？即信源建模问题。

　　（2）如何表示信源？即信源编码问题，以最简洁的形式来表示信源发出的消息。

　　收信者在未收到消息以前，对信源发出什么消息是不确定的、随机的，所以，信源的最基本的特性是具有统计不确定性，它可用概率统计特性来描述。在信息论中，信源是产生消息（符号）、消息（符号）序列以及连续消息的来源，相应地在数学描述上，信源是产生随机变量、随机序列和随机过程的源。研究信源主要研究信源发出的消息，信源的类型实质就转化到了消息的类型。

3.1 信源的分类

任何分类都需要遵从一定的分类标准。根据不同的分类标准,信源可以分成不同的类型。

3.1.1 根据信源输出的消息在时间和幅度取值上的特性进行分类

时间和幅度的取值都可以有两种类型:离散和连续。由此可以组合成 4 种类型的信源,如图 3－1 所示。当时间连续时,可用离散随机过程和连续随机过程(波形信源)来描述;当时间离散时,可用离散信源和连续信源来描述。

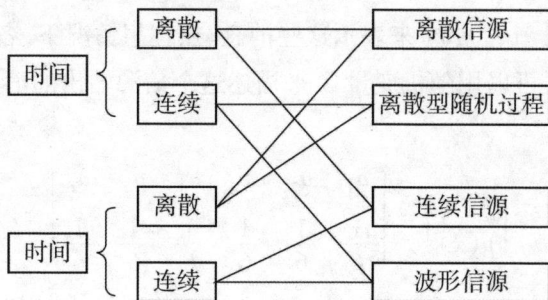

图 3－1 信源的类型

离散消息和连续消息主要差别体现在值域。离散消息的值域是离散可数的,连续消息的值域是连续不可数的。时间离散而取值连续的消息仍然是连续消息。

根据抽样定理,对于带宽有限的时间连续消息,可以通过抽样把时间离散化,所以我们主要讨论时间离散的消息。时间离散的消息信源可以分为离散信源和连续信源。

3.1.2 根据信源输出的消息间的关联性进行分类

对于离散信源,可分为无记忆离散信源和有记忆离散信源。无记忆离散信源发出的各个符号是相互独立的,符号之间没有关联;有记忆离散信源发出的符号有一定的关联性,一般情况下,信源输出符号之间的相关性可以追溯到最初的一个符号。在有记忆离散信源中,有一类信源发出的符号的概率只与前面已经发出的若干个符号有关,而与更前面发出的符号无关,这类信源就是后面要讨论的马尔可夫信源。

另外,还可从信源消息是模拟的还是数字的,将信源分为模拟信源和数字信源;数字信源又可分为二进制信源和多进制信源。从描述信源消息的随机过程的平稳性角度分,还可以分为平稳信源和非平稳信源。

3.2 信源的数学描述

信源的数学描述方法主要是对信源输出的消息进行数学建模。

3.2.1 用随机变量描述离散消息

离散信源输出的消息数是有限可数的,并且每次只输出其中一个消息。例如,扔一颗均匀的骰子,分析其下落后朝上一面的点数,其输出的消息是"朝上一面是1点""朝上一面是2点"……"朝上一面是6点"等六个不同的消息。每次实验中,出现哪一种消息都是随机的,但是一定会出现这六个消息中的某一个消息。这六种不同的消息构成两两互不相容的基本事件集合,可用符号 $a_i(i = 1, \cdots, 6)$ 来表示这些消息。在理想情况下,各消息都是等概率出现的,即都等于1/6。于是,可以用随机变量 X 来描述这个信源输出的消息。这个信源抽象后得到的数学模型为

$$\begin{bmatrix} X \\ p(x) \end{bmatrix} = \begin{bmatrix} a_1 & a_2 & a_3 & a_4 & a_5 & a_6 \\ \dfrac{1}{6} & \dfrac{1}{6} & \dfrac{1}{6} & \dfrac{1}{6} & \dfrac{1}{6} & \dfrac{1}{6} \end{bmatrix}$$

并且各事件的出现概率满足 $\sum\limits_{i=1}^{6} p(a_i) = 1$。

上式表示这个离散信源的概率空间是一个完备概率空间集,信源输出的消息必定是符号集 $\{a_1, a_2, a_3, \cdots, a_6\}$ 中的某一个。

【定义3-1】若信源输出的消息数是有限的或可数的,并且每次只输出符号集中的一个消息,这样的信源称为简单的离散信源。

离散信源可用一维离散型随机变量来描述,其数学模型就是离散型概率空间:

$$\begin{bmatrix} X \\ p(x) \end{bmatrix} = \begin{bmatrix} a_1 & a_2 & \cdots & a_q \\ p(a_1) & p(a_2) & \cdots & p(a_q) \end{bmatrix}, 并满足 \sum_{i=1}^{q} p(a_i) = 1。$$

可见,若信源给定,其相应的概率空间就已给定;反之,若概率空间给定,也就表示相应的信源给定。所以,概率空间能够表征离散信源的统计特性。

【定义3-2】若信源的输出是单个符号(代码)的消息,但是其可能出现的消息数是不可数的,即输出消息的取值是连续的,这样的信源称为简单的连续信源。

这种信源可用一维连续型随机变量来描述,其数学模型为连续型的概率空间:

$$\begin{bmatrix} X \\ p(x) \end{bmatrix} = \begin{bmatrix} (a, b) \\ p(x) \end{bmatrix}, 并满足 \int_a^b p(x)\,\mathrm{d}x = 1。$$

$p(x)$ 是随机变量 X 的概率密度函数。

现实中存在许多消息数是不可数的信源,如语音信号、遥控系统中测得的电压、温度、压力等连续数据。

上述信源是最简单的情况,信源只输出一个消息(符号),所以可用一维随机变量来描述。

3.2.2　用随机矢量描述离散序列

【定义 3 - 3】若离散信源输出的消息由 N 个符号组成,这样的信源称为 N 维离散信源。

这种信源可用 N 维随机矢量 $\boldsymbol{X} = (X_1, X_2, \cdots, X_N)$ 来描述。这 N 维随机矢量 $\boldsymbol{X}$ 也称为随机序列。

一般情况下,信源输出的随机序列的统计特性比较复杂,分析起来也比较困难。为了便于分析,假设信源输出的是平稳的随机序列,即序列的统计性质与时间的推移无关。

若信源输出的随机序列 $\boldsymbol{X} = (X_1, X_2, \cdots, X_N)$ 中,每个随机变量 $X_i(i = 1, 2, \cdots, N)$ 都是取值离散的离散型随机变量,即每个随机变量 X_i 的可能取值是有限的或可数的。并且随机矢量 $\boldsymbol{X}$ 的各维概率分布都与时间起点无关,也就是说,在任意两个不同时刻随机矢量 $\boldsymbol{X}$ 的各维概率分布都相同,这样的信源称为离散平稳信源。

可用 N 重离散概率空间来描述这类信源。若 N 维随机矢量 $\boldsymbol{X} = (X_1, X_2, \cdots, X_N) \in X^N$,$X_i$ 的取值 x_i 为 $x_i \in [a_1, a_2, \cdots, a_q](i = 1, 2, \cdots, N)$。

则信源的 N 重概率空间为

$$
\begin{bmatrix} X^N \\ p(\boldsymbol{X}) \end{bmatrix} = \begin{bmatrix} (\underbrace{a_1 a_1 \cdots a_1}_{N}), (a_1 a_1 \cdots a_2), & \cdots, & (a_q a_q \cdots a_q) \\ p(a_1 a_1 \cdots a_1), p(a_1 a_1 \cdots a_2), & \cdots, & p(a_q a_q \cdots a_q) \end{bmatrix}
$$

这个空间共有元素 q^N 个。

1. 离散无记忆信源

在某些简单的情况下,信源先后发出的一个个符号彼此是统计独立的,并且具有相同的概率分布,则 N 维随机矢量的联合概率分布满足

$$
p(\boldsymbol{X}) = \prod_{i=1}^{N} p(X_i = a_{k_i})
$$

式中,k_i 可取 $1, 2, \cdots, q$,即 N 维随机矢量的联合概率分布可用随机矢量中单个随机变量的概率乘积来表示。**这种信源称为离散无记忆信源。**

2. 离散有记忆信源

一般情况,信源先后发出的符号之间是互相依赖、存在着相关性的。例如,在汉字组成的中文序列中,只有根据中文的语法、习惯用语、修辞制约和表达实际意义的制约所构成的中文序列才是有意义的中文句子或文章。所以,在汉字序列中前后文字的出现是有依赖关系的,不能认为是彼此不相关的。这种信源称为离散有记忆信源。

有记忆信源又可分为有限记忆信源和无限记忆信源。实际信源的相关性一般随着符号间隔的增大而减弱,也就是说,信源发出的符号往往只与前若干个符号的依赖关系较强,而

与更前面的符号依赖关系就弱。因此,绝大部分有记忆信源都是有限记忆信源。对于有限记忆信源的研究需要引入条件概率分布来说明它们之间的关联。

当记忆长度为 $m+1$ 时,即这种信源每次发出的符号只与前 m 个符号有关,与更前面的符号无关,称这种有记忆信源为 m 阶马尔可夫信源。这时描述符号之间依赖关系的条件概率为 $p(x_i/x_{i-1}x_{i-2}x_{i-3}\cdots x_{i-m}\cdots) = p(x_i/x_{i-1}x_{i-2}\cdots x_{i-m})$ 。

【定义 3 - 4】若连续信源输出的消息是由一系列符号所组成的,这样的信源称为多维的连续信源,也可用 N 维随机矢量 $\boldsymbol{X} = (X_1, X_2, \cdots, X_N)$ 来描述。

若信源输出的 N 维随机矢量 $\boldsymbol{X} = (X_1, X_2, \cdots, X_N)$ 中,每个随机变量 $X_i(i = 1, 2, \cdots, N)$ 都是取值为连续的连续型随机变量,即每个随机变量 X_i 的可能取值是不可数的。并且随机矢量 $\boldsymbol{X}$ 的各维概率密度函数都与时间起点无关,也就是说,在任意两个不同时刻随机矢量 $\boldsymbol{X}$ 的各维概率密度函数都相同,这样的信源称为连续平稳信源。这种信源在时间上是离散的,但每个随机变量 X_i 的取值都是连续的。

3.2.3　用随机过程描述波形信源

一般来说,实际信源的输出常常是时间的连续函数,并且它们的取值又是连续的和随机的,这样的信源称为随机波形信源,可用随机过程来描述,如语言信号 $X(t)$、电视图像 $X(x_0, y_0, t)$ 等。

分析一般随机过程比较困难。但根据取样定理,只要是时间上或频率上为有限的过程,就可以把随机过程用一系列时间离散的取样值来表示,而每个取样值都是连续型随机变量。这样就可把随机过程转换成时间上离散的随机序列来处理,甚至在某种条件下可以转换成随机变量间统计独立的随机序列。若随机过程是平稳的随机过程,时间离散后可转换成平稳的随机序列,这样随机波形信源可以转换成连续平稳信源来处理。若再对每个取样值(连续型的)经过分层量化,就可将连续的取值转换成有限的或可数的离散值,也就是可以把连续信源转换成离散信源来处理。

综上所述,针对不同统计特性的信源可用随机变量、随机矢量以及随机过程来描述其输出的消息,它们能很好地反映出信源的随机性质。

3.3　马尔可夫信源

3.3.1　马尔可夫信源的定义

有记忆信源中有一类特殊信源 —— 马尔可夫信源,这类信源输出的符号序列中符号之间的依赖关系是有限的,满足马尔可夫链(即时间离散、状态也离散的马尔可夫过程)的性质,可用马尔可夫链来处理。

设有一离散信源 $X(t_i),t_iT,t_1 < t_2 < t_3 < \cdots < t_m < t_{m+1} < \cdots$,在 $t_1,t_2,t_3,\cdots,t_m,t_{m+1}\cdots$ 时刻信源发出的相应符号分别为 $x_1,x_2,x_3,\cdots,x_m,x_{m+1}\cdots$,若存在:

$$p(x_{i+m+1}/x_{i+m}x_{i+m-1}x_{i+m-2}\cdots x_{i+1}) = p(x_{i+m+1}/x_{i+m}x_{i+m-1}x_{i+m-2}\cdots x_{i+1})$$

任何时刻信源符号发生的概率只与前面已经发出的 m 个符号有关,而与更前面发出的符号无关,称这种有记忆信源为 m 阶马尔可夫信源。

3.3.2 状态转移概率及描述

"状态"是马尔可夫信源的一个重要概念,m 阶马尔可夫信源的状态由 m 个符号构成的序列的状态来确定。假设信源当前的状态为 $S_k = x_{i-1}x_{i-2}x_{i-3}\cdots x_{i-m}$,下一个符号 x_i 发出后,信源状态转化为 $S_{k+1} = x_i x_{i-1}x_{i-2}x_{i-3}\cdots x_{i-m+1}$,所以状态转移的概率为

$$p(S_{k+1}/S_k) = p(x_i/x_{i-1}x_{i-2}\cdots x_{i-m})$$

马尔可夫信源"未来"的状态只与"现在"有关,跟"过去"无关。

设信源在 m 时刻处在某一状态 S_i,在 n 时刻处在某一状态 S_j,可以用状态转移概率描述从 m 时刻的状态 S_i 转移到 n 时刻的状态 S_j 的概率:

$$p_{ij}(m,n) = p(x_n = s_j \mid x_m = s_i)$$

若用 $k = n - m$ 表示转移步数,即需要经过多少步完成转移,则可表示为

(1)k 步转移概率:$p_{ij}^{(k)}(m) = p(x_{m+k} = s_j \mid x_m = s_i)$;

(2)一步转移概率:$p_{ij}^{(1)}(m) = p(x_{m+1} = s_j \mid x_m = s_i) = p_{ij}(m)$;

(3)0 步转移概率:$p_{ij}^{(0)}(m) = \delta_{ij} = \begin{cases} 1, & i = j, \\ 0, & i \neq j。 \end{cases}$

0 步转移概率表明系统在任何时刻必处于 S 中的某一状态。

转移概率实际上是一条件概率,因此应该满足:$p_{ij}(m,n) \geq 0,\sum p_{ij}(m,n) = 1$。

若马尔可夫信源的转移概率与起始时刻无关,即对任意 m,有

$$p_{ij}(m) = p(x_{m+1} = s_j \mid x_m = s_i) = p_{ij}$$

则称为齐次马尔可夫链或具有平稳转移概率的马尔可夫链。

齐次马尔可夫链常用转移概率矩阵、状态转移图和网格图来描述。

1. 转移概率矩阵

$$\boldsymbol{P} = (p_{ij}) = \begin{bmatrix} p_{11} & p_{12} & \cdots & p_{1J} \\ p_{21} & p_{22} & \cdots & p_{2J} \\ \vdots & \vdots & & \vdots \\ p_{J1} & p_{J2} & \cdots & p_{JJ} \end{bmatrix} \qquad (3-1)$$

此为 $J \times J$ 矩阵,J 为总状态数;行标号表示转移前状态序号,列标号表示转移后的状态序号,p_{ij} 表示由状态 i 转移到状态 j 的概率;矩阵元素是非负的,且每行元素之和为 **1**。

2. 状态转移图

在状态转移图上,用圆圈代表某个状态,状态之间的有向线代表某一状态向另一状态的转移。有向线的一侧的符号和数字分别代表发出的某符号和条件概率。

3. 网格图

用代表不同时刻的网格节点代表齐次马尔可夫链的状态,用有向线段表示从 i 时刻到 j 时刻的转移。

下面通过具体实例来说明这三种表示方式。

【例 3 - 1】已知一个齐次马尔可夫链的转移概率矩阵为

$$P = \begin{bmatrix} \dfrac{1}{3} & \dfrac{1}{3} & \dfrac{1}{3} \\[2mm] \dfrac{1}{4} & \dfrac{1}{2} & \dfrac{1}{4} \\[2mm] \dfrac{1}{4} & \dfrac{1}{4} & \dfrac{1}{2} \end{bmatrix}$$

画出此齐次马尔可夫链的状态转移图和网格图。

解 相对应的状态转移图如图 3 - 2 所示。

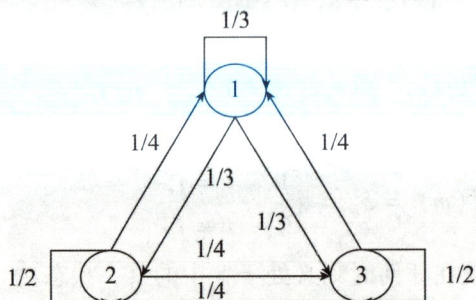

图 3 - 2 例 3 - 1 中的状态转移图

相对应的网格图如图 3 - 3 所示。

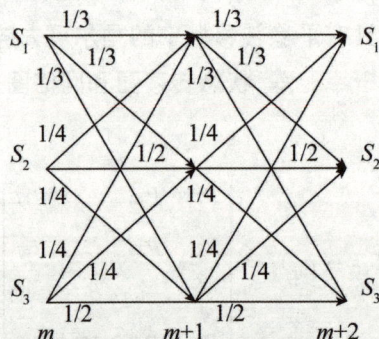

图 3 - 3 例 3 - 1 中的网格图

3.3.3 切普曼 — 柯尔莫戈洛夫方程

对于具有 $m+r$ 步转移概率的齐次马尔可夫链,存在

$$p_{ij}^{(m+r)} = \sum_k p_{ik}^{(m)} p_{kj}^{(r)} \qquad\qquad (3-2)$$

这就是切普曼 — 柯尔莫戈洛夫(Chapman – Kolmogorov)方程。

证明:利用全概率公式可以证明

$$
\begin{aligned}
p_{ij}^{(m+r)} &= p(x_{n+m+r} = s_j \mid x_n = s_i) \\
&= \frac{p(x_{n+m+r} = s_j, x_n = s_i)}{p(x_n = s_i)} \\
&= \sum_k \frac{p(x_{n+m+r} = s_j, x_{n+m} = s_k, x_n = s_i)}{p(x_{n+m} = s_k, x_n = s_j)} \cdot \frac{p(x_{n+m} = s_k, x_n = s_i)}{p(x_n = s_i)} \\
&= \sum_k p(x_{n+m+r} = s_j \mid x_{n+m} = s_k, x_n = s_i) \cdot p(x_{n+m} = s_k \mid x_n = s_i) \\
&= \sum_k p_{ik}^{(m)} p_{kj}^{(r)}
\end{aligned}
$$

【例 3 – 2】仍然使用例 3 – 1 的条件,求从状态 3 转移到状态 2 的 2 步转移概率。

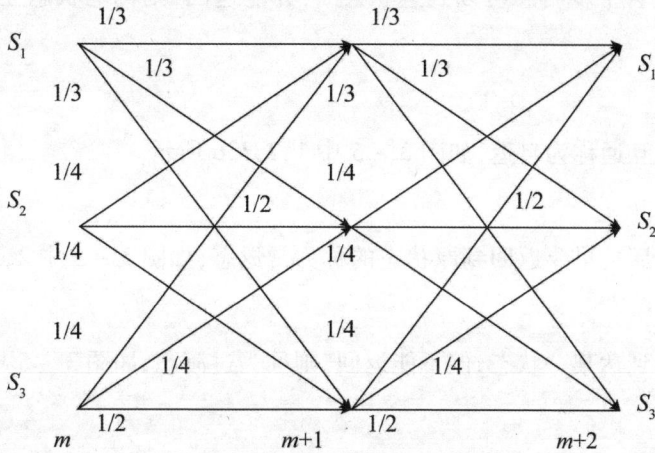

图 3 – 4　例 3 – 2 中的网格图

解　由于是齐次马尔可夫信源,状态转移与时间起点无关。由图 3 – 4 可以看出,从 m 时刻的 S_3 转移到 $m+2$ 时刻的 S_2 的路径,首先由 m 时刻的 S_3 转移到 $m+1$ 时刻的各个状态 S_k,再由 S_k 转移到 $m+2$ 时刻的状态 S_2。

所有路径和概率为

$$S_3 \xrightarrow{1/4} S_1 \xrightarrow{1/3} S_2, 1/4 \times 1/3$$

$$S_3 \xrightarrow{1/4} S_2 \xrightarrow{1/4} S_2, 1/4 \times 1/2$$

$$S_3 \xrightarrow{1/4} S_2 \xrightarrow{1/2} S_2, 1/2 \times 1/4$$

所以,利用切普曼—柯尔莫戈洛夫方程可计算得

$$p_{32}^{(2)} = \sum_k p_{3k}p_{k2} = p_{31}p_{12} + p_{32}p_{22} + p_{33}p_{32} = \frac{1}{4} \times \frac{1}{3} + \frac{1}{4} \times \frac{1}{2} + \frac{1}{2} \times \frac{1}{4} = \frac{1}{3}$$

3.3.4　马尔可夫链的状态分类

马尔可夫链的状态分类如图3－5所示。

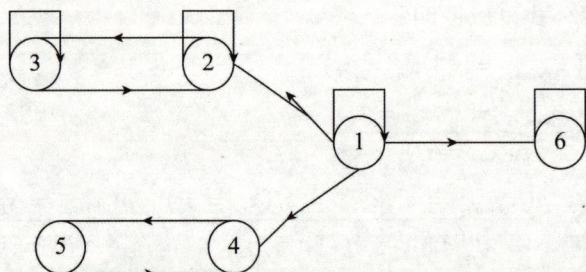

图3－5　马尔可夫链的状态分类

1. 互通

由状态 s_i 经过若干步后总可以到达状态 s_j,并能返回,则称两状态互通,如图3－5中 $2 \leftrightarrow 3, 4 \leftrightarrow 5$。

2. 自返

若状态与自身互通称为自返,如图3－5中1,2,3,6所示。

3. 常返态

若经过有限步后迟早要返回到原状态的称为常返态,如图3－5中2,3,4,5。

4. 过渡态

若一个状态能到达某一状态,但不能返回,则称为过渡态,如图3－5中1。

5. 吸收态

只能从自身返回,而不能到达其他状态称为吸收态,如图3－5中6。

在常返态中,有些状态仅当 n 能被某整数整除时才有 $p_{ij}^{(n)} > 0$,则称此状态为周期性状态,如图3－5中4,5,其周期为2;对于 $p_{ij}^{(n)} > 0$ 的所有 n 值,其最大公约数为1的状态称为非周期性的。非周期性的、常返的状态称为遍历状态,如图3－5中2,3。

3.3.5　马尔可夫链的遍历性

若齐次马尔可夫链对一切状态存在极限,$\lim\limits_{n \to \infty} p_{ij}^{(n)} = p_j$,且满足 $p_j \geqslant 0, p_j = \sum\limits_{i=0}^{\infty} p_i p_{ij}$,

$\sum\limits_{j} p_j = 1$,则称其具有遍历性,p_j 称为平稳分布,其中 p_i 是该马尔可夫链的初始分布。

遍历性的直观意义:不论质点从哪一个状态出发,当转移步数足够大时,转移到状态 S_j

的概率都近似为某一个常数。换句话说,如果转移步数足够大,就可以用常数 p_j 作为 n 步转移概率 $p_{ij}^{(n)}$ 的近似值。

3.3.6 离散马尔可夫信源的熵

由 m 阶马尔可夫信源的定义,并考虑其平稳性,可得

$$p(a_{k_N}/a_{k_1}a_{k_2}\cdots a_{k_m}a_{k_{m+1}}\cdots a_{k_{N-1}}) = p(a_{k_N}/a_{k_{N-m}}a_{k_{N-m+1}}\cdots a_{k_{N-1}}) = p(a_{k_{m+1}}/a_{k_1}a_{k_2}\cdots a_{k_m})$$

由于 $H_\infty = \lim_{N\to\infty}H(X_N/X_1X_2\cdots X_{N-1})$,可得 m 阶马尔可夫信源的熵为

$$H_\infty = \lim_{N\to\infty}H(X_N/X_1X_2\cdots X_{N-1})$$

$$= \lim_{N\to\infty}\left\{ -\sum_{k_1=1}^{q}\cdots\sum_{k_N=1}^{q}p(a_{k_1}a_{k_2}\cdots a_{k_N})\log p(a_{k_N}/a_{k_1}a_{k_2}\cdots a_{k_{N-1}}) \right\}$$

$$= \lim_{N\to\infty}\left\{ -\sum_{k_1=1}^{q}\cdots\sum_{k_N=1}^{q}p(a_{k_1}a_{k_2}\cdots a_{k_N})\log p(a_{k_{m+1}}/a_{k_1}a_{k_2}\cdots a_{k_m}) \right\}$$

$$= -\sum_{k_1=1}^{q}\cdots\sum_{k_{m+1}=1}^{q}p(a_{k_1}a_{k_2}\cdots a_{k_{m+1}})\log p(a_{k_{m+1}}/a_{k_1}a_{k_2}\cdots a_{k_m})$$

$$= H(X_{m+1}/X_1X_2\cdots X_m)$$

这表明 m 阶马尔可夫信源的极限熵 H_∞ 就等于 m 阶条件熵,记为 H_{m+1}。

对于齐次遍历的马尔可夫链,其状态 S_i 由 $\{x_{k_1},x_{k_2},\cdots,x_{k_m}\}$ 唯一地确定,因此有

$$p(x_{k_{m+1}} \mid x_{k_m},\cdots,x_{k_2},x_{k_1}) = p(x_{k_{m+1}} \mid s_i)$$

将上式两边取对数,并对 $\{x_{k_1},x_{k_2},\cdots,x_{k_m}\}$ 和 S_i 取统计平均,再取负可得

$$左边 = -\sum_{k_{m+1},\cdots k_1;s_i}p(x_{k_{m+1}},\cdots,x_{k_1};s_i)\cdot\log p(x_{k_{m+1}} \mid x_{k_m},\cdots,x_{k_1})$$

$$= -\sum_{k_{m+1},\cdots,k_1}p(x_{k_{m+1}},\cdots,x_{k_1})\cdot\log p(x_{k_{m+1}} \mid x_{k_m},\cdots,x_{k_1})$$

$$= H(x_{k_{m+1}} \mid x_{k_m},\cdots,x_{k_1}) = H_{m+1}$$

$$右边 = -\sum_{k_{m+1},\cdots k_1;s_i}p(x_{k_{m+1}},\cdots,x_{k_1};s_i)\cdot\log p(x_{k_{m+1}} \mid s_i)$$

$$= -\sum_{k_{m+1},\cdots,k_1;s_i}p(x_{k_{m+1}},\cdots,x_{k_1};s_i)p(x_{k_{m+1}} \mid s_i)\cdot\log p(x_{k_{m+1}} \mid s_i)$$

$$= -\sum_{k_{m+1}}\sum_{s_i}p(s_i)p(x_{k_{m+1}} \mid s_i)\cdot\log p(x_{k_{m+1}} \mid s_i)$$

$$= \sum_{s_i}p(s_i)H(X \mid s_i)$$

即

$$H_{m+1} = \sum_{s_i}p(s_i)H(X \mid s_i)$$

式中,$p(s_i)$ 是马尔可夫链的平稳分布;熵函数 $H(X \mid s_i)$ 表示信源处于某一状态 S_i 时发出一个消息符号的平均不确定性。

【例3-3】有一个二元二阶齐次马尔可夫信源,其信源符号集为 $[0,1]$,初始概率大小为 $p(0) = \dfrac{1}{3}$,$p(1) = \dfrac{2}{3}$。信源任何时刻发出符号只与前2个符号有关,与更前面的符号无关,

即信源有 4 种可能的状态:00,01,10,11,分别用 E_1,E_2,E_3,E_4 符号表示。条件概率设定为

$$p(0/00) = p(1/11) = 0.8, p(1/00) = p(0/11) = 0.2$$
$$p(0/01) = p(0/10) = p(1/01) = p(1/10) = 0.5$$

求信源的熵。

解 根据给定的条件概率,状态之间的转移概率(一步转移概率)为

$$p(E_1/E_1) = p(E_4/E_4) = 0.8, p(E_2/E_1) = p(E_3/E_4) = 0.2$$
$$p(E_3/E_2) = p(E_2/E_3) = p(E_4/E_2) = p(E_1/E_3) = 0.5$$

除此之外,其他的状态转移概率都为零,故该信源的状态转移图如图3-6所示。

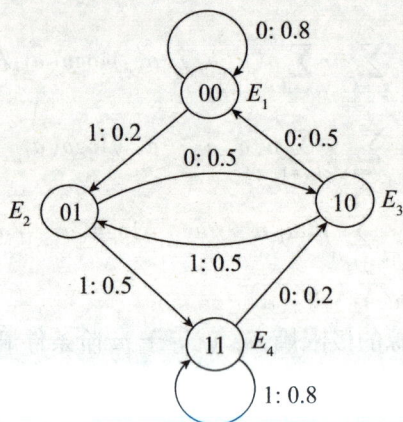

图 3 - 6 二阶马尔可夫信源状态转移图

根据状态转移图可得状态的一步转移概率矩阵为

$$[p(E_j/E_i)] = \begin{bmatrix} 0.8 & 0.2 & 0 & 0 \\ 0 & 0 & 0.5 & 0.5 \\ 0.5 & 0.5 & 0 & 0 \\ 0 & 0 & 0.2 & 0.8 \end{bmatrix}$$

因为四个状态都是遍历的,设其稳态分布为

$$W = [p(E_1) \quad p(E_2) \quad p(E_3) \quad p(E_4)]$$
$$= [W_1 \qquad W_2 \qquad W_3 \qquad W_4]$$

满足 $W[p(E_j/E_i)] = W$,且 $W_1 + W_2 + W_3 + W_4 = 1$,则可以解得

$$p(E_1) = p(E_4) = \frac{5}{14}, p(E_2) = p(E_3) = \frac{2}{14}$$

此时,可计算出极限熵

$$H_\infty = H_3 = \sum_{i=1}^{4} \sum_{j=1}^{4} p(E_i) p(E_j/E_i) \log p(E_j/E_i)$$

$$= \frac{5}{14} H(0.8, 0.2) + \frac{2}{14} H(0.5, 0.5) + \frac{2}{14} H(0.5, 0.5) + \frac{5}{14} H(0.8, 0.2)$$

$$= 0.8(毕特／符号)$$

当马尔可夫信源达到稳定后,符号 0 和 1 的概率分布可根据下式来计算:

$$p(a_k) = \sum_{i=1}^{q^m} p(E_i)p(a_k/E_i)$$

因此可得

$$p(0) = 0.8 \times \frac{5}{14} + 0.5 \times \frac{2}{14} + 0.5 \times \frac{2}{14} + 0.2 \times \frac{5}{14} = \frac{1}{2}$$

$$p(1) = 0.2 \times \frac{5}{14} + 0.5 \times \frac{2}{14} + 0.5 \times \frac{2}{14} + 0.8 \times \frac{5}{14} = \frac{1}{2}$$

可见,信源达到稳定后,信源符号的概率分布与初始时刻符号的概率分布是不同的。所以,一般马尔可夫信源并非是平稳信源。但当齐次、遍历的马尔可夫信源达到稳定后,这时就可看成一个平稳信源。由于平稳信源必须知道信源的各维概率分布,而 m 阶马尔可夫信源只需知道与前 m 个符号有关的条件概率,就可计算出信源的信息熵。所以,一般平稳信源可以用 m 阶马尔可夫信源来近似。

这里必须强调指出的是,m 阶马尔可夫信源和消息长度为 m 的有记忆信源,其所含符号的依赖关系不同,对相应关系的数学描述不同,平均信息量的计算公式也不同。m 阶马尔可夫信源的记忆长度虽为有限值 m,但符号之间的依赖关系延伸到无穷,通常用状态转移概率(条件概率)来描述这种依赖关系。于是,可理解为马尔可夫信源以转移概率发出每个信源符号,平均每发一个符号所提供的信息量是极限熵 H_{m+1}。而对于长度为 m 的有记忆信源 X,发出的则是一组组符号序列,每 m 个符号构成一个符号序列组,代表一个消息。组与组之间是相互统计独立的,因此符号之间的相互依赖关系仅限于每组之间的 m 个符号,一般用这 m 个符号的联合概率来描述符号间的依赖关系,平均每发一个符号(不是一个消息)提供的信息量,是 m 个符号的联合熵的 m 分之一。

3.4　信源的相关性和剩余度

信息熵表示了信源每输出一个符号所携带的信息量。熵值越大,表示每个信源符号所承载的信息量越大,信源符号携带信息的效率就越高,这正是研究信息熵的目的。

假设信源符号序列的长度为 N,其熵可以用联合熵 $H(X^N) = H(X_1X_2\cdots X_N)$ 表示,则每个符号的熵为 $H_N(X) = \frac{1}{N}H(X_1X_2\cdots X_N)$,当 $N \to \infty$,则 $H_N(X)$ 趋于某一极限,称为极限熵。

$$H_\infty(X) = \lim_{N \to \infty} H_N(X) \leq \log K = H_0$$

式中,K 为原信源的样本空间的符号数。

H_∞ 为离散平稳信源的极限熵或极限信息量,表示输出序列存在无限长相关性时信源的平均符号熵。

由此可见，由于信源符号间的依赖关系使信源的熵减小。若它们的前后依赖关系越长，则信源的熵越小，并且仅当信源符号间彼此无依赖、等概率分布时，信源的熵才最大。这也说明等概率分布的离散无记忆信源的熵 H_0 是所有信息熵中最大的，携带信息的效率最高，而其他信源的熵都不会超过这个值。实际上所有的有记忆信源及非等概离散无记忆信源的熵均小于 H_0，为此以 H_0 为参照，提出信源剩余度的概念，来衡量信源的相关性程度（有时也叫冗余度）。

【定义 3 – 5】某信源的实际信息熵 H_∞ 与具有同样符号集的最大熵 H_0 的比值称为熵的相对率，即

$$\eta = \frac{H_\infty}{H_0}$$

【定义 3 – 6】1 减去熵的相对率称为信源剩余度，即

$$\gamma = 1 - \eta = 1 - \frac{H_\infty}{H_0} \tag{3 – 3}$$

可见，信源符号之间依赖关系越大，H_∞ 就越小，信源剩余度就越大。

实际信源都具有相当大的冗余度，以语言为例，见表 3 – 1。

表 3 – 1 语言信源的冗余度

	英语	法语	德语	西班牙语
$\log_2 K$	4.70	4.70	4.70	4.70
实际字母熵（比特／符号）	4.124	3.984	4.092	4.015
单词的平均字母数（个）	4.5	4.8	5.92	4.96
单词熵（比特／符号）	1.65	3.02	1.08	1.97

香农统计过，当序列长度 $N = 100$ 时，英语的极限熵值仅为 1 比特／符号，英语的相对剩余度至少可达到 80%，一般情况下，信源的相对剩余度大于 50%。由于信源中存在剩余度，就需要进行压缩，即尽量地减少信源输出信号中的剩余度。压缩编码具有重要的理论意义与实际意义。

从提高信息传输有效性的观点出发，总是希望减少或去掉剩余度。但是剩余度也有它的用处，因为剩余度大的消息具有较强的抗干扰能力。当干扰使消息在传输过程中出现错误时，能从它的上下关联中纠正错误。于是，从提高信息传输可靠性来看，总是希望增加或保留信源的剩余度。

在讨论信源编码和信道编码时，将会知道：信源编码就是通过减少或消除信源的剩余度来提高通信的传输效率；而信道编码则是通过增加信源的剩余度来提高通信的抗干扰能力，即提高通信的可靠性。

习题

一、填空题

1. _____输出的消息是在时间上离散,而取值上连续的、随机的。例如,声音信号的抽样值(没有经过量化),可用_____来描述。

2. _____输出的消息不仅在时间上是连续的,而且在取值上也是连续的、随机的,可以用_____来描述。

3. 连续信源的熵并不是实际信源输出的绝对熵,称为_____。

4. 一维连续随机变量 X 在 $[a,b]$ 区间内均匀分布时,这个单维连续信源的相对熵(或差熵)为_____。

5. 高斯信源是指信源输出的一维随机连续变量 X 的概率密度分布是正态分布,其中均值为 m,方差为 σ^2。该连续信源的熵为_____。

二、计算题

1. 设给定两随机变量 X_1 和 X_2,它们的联合概率密度为

$$p(x_1,x_2) = \frac{1}{2}e^{-(x_1^2+x_2^2)/2}, \quad -\infty < x_1,x_2 < +\infty$$

求随机变量 $Y = X_1 + X_2$ 的概率密度函数,并计算变量 Y 的熵 $h(Y)$。

2. 设一连续消息通过某放大器,该放大器输出的最大瞬时电压为 b,最小瞬时电压为 a。若消息从放大器中输出,问放大器输出消息在每个自由度上的最大熵是多少?又放大器的带宽为 F,问单位时间内输出最大信息量是多少?

3. 有一信源发出恒定宽度,但不同幅度的脉冲,幅度值 x 处在 a_1 和 a_2 之间。此信源连至某信道,信道接收端接收脉冲的幅度 y 处在 b_1 和 b_2 之间。已知随机变量 X 和 Y 的联合概率密度函数

$$p(xy) = \frac{1}{(a_2-a_1)(b_2-b_1)}$$

试计算 $p_{XY}(xy)$ 和 $p_{XZ}(xz)$。

第四章

信道

在信息论中,信道是指信息传输的通道,是信息论中一个主要研究对象。在通信中,所利用的各种物理通道是最典型的信道实例,如电缆、光纤、电波传播的空间、载波线路等。广义上讲,信道包括从信号输入到信号输出包含的所有部分,这其中可能包括各种处理和存储设备。信道本身的物理组成可能是千差万别的,最简单的如一个放大器的输入到输出,复杂的如一条国际通信的线路,其中可能包括终端设备、线路设备、电缆、微波等。信息论研究信道的输入点和输出点在一个实际物理通道中所处位置的选择完全取决于研究者的兴趣。例如,在电信网中,可以把通信中发送天线到接收天线之间的通道看成信道,也可以把通道中从话机到话机之间的通道看作信道。

对任何通信系统的研究和设计都必须考虑工作时的信道环境。研究信道主要涉及以下方面:

(1)信道是什么?即研究信道的特征及分类等问题。

(2)信道如何描述?即研究信道模型、信道估计等问题。

(3)信道对信息传输有何影响?即研究信道的有干扰传输问题。由于信道中存在干扰,一个输入信号总是以一定的概率变换成各种输出信号,所以接受者只能以统计的观点来判断接收到的信号究竟是由什么信号发出。信道的特性影响了信息传输性能,所以研究信道的最终目的就是选择适合信道特性的信息传输方式,包括信道编解码问题。

(4)信道无误传输时所能承载的最大信息率是多少?即研究信道容量问题。信道容量是信道的关键特征值,是研究信道中能无误传输的最大信息量,相应的就需要研究采取何种措施才能够达到或逼近信道容量极限。

本章首先讨论信道的分类及信道的数学描述方法,然后介绍信道疑义度、噪声熵以及信道组合的概念,接着重点分析信道容量概念及几种典型信道的信道容量计算方法,最后简单地介绍信源与信道的匹配问题。

4.1 信道的分类

可以从不同的角度对信道进行分类。

4.1.1 根据定义适用的范围不同

信道可分为狭义的信道和广义的信道。

狭义的信道单指传输媒质,又分为:

（1）有线信道,如明线、对称电缆、同轴电缆、光缆;

（2）无线信道,如地波传播、短波电离层反射、超短波或微波视距中继、人造卫星中继以及各种散射信道等。

广义的信道指的是除包括传输媒质外,还包括有关的变换装置。按照信道所含的功能分为调制信道和编码信道,如图 4 - 1 所示。

（1）调制信道:调制器输出端到解调器输入端;

（2）编码信道:编码输出端到译码输入端。

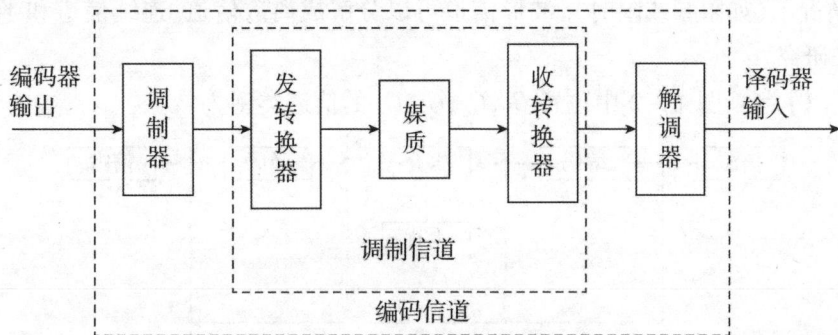

图 4 - 1　调制、编码信道

4.1.2 根据输入和输出信号的时间特性和取值特性

根据输入和输出信号的时间特性和取值特性,信道可以划分为表 4 - 1 的分类。

从本质上讲,信道的类型取决于输入、输出信号类型,信号类型主要差别体现在值域。

（1）离散信道,指输入、输出随机变量的取值都是离散的信道,也称数字信道,图 4 - 1 中的编码信道就是一种数字信道。

（2）连续信道,指输入、输出随机变量的取值都是连续的,时间取值是离散的信道,有时也称为离散时间信道。

（3）半离散或半连续信道,指输入与输出中一个为离散型随机变量而另一个为连续型随机变量的信道。

(4) 波形信道,信道的输入和输出都是一些时间上连续的随机信号$\{x(t)\}$和$\{y(t)\}$,即信道输入和输出的随机变量的取值是连续的,并且随时间连续变化,也称模拟信道,图4-1中的调制信道就是一种模拟信道。

表4-1　按输入和输出信号的时间特性和取值特性划分信道

	幅度	时间	信道名称
输入	离散	离散	离散信道(discrete channel)或数字信道(digital channel)
输出			
输入	连续	离散	连续信道(continuous channel)或离散时间信道(discrete time channel)
输出			
输入	连续	连续	模拟信道(analog channel)或波形信道(waveform channel)
输出			
输入	离散	连续	(价值小)一般不研究
输出			
输入	离散或连续	离散	半离散、半连续信道或半连续、半离散信道
输出	连续或离散		

一般情况下(如限频或限时),波形信道可以分解成离散信道、连续信道和半离散或半连续信道来研究。

【例4-1】判断图4-2中位置C_1,C_2,C_3,C_4的信道类型。

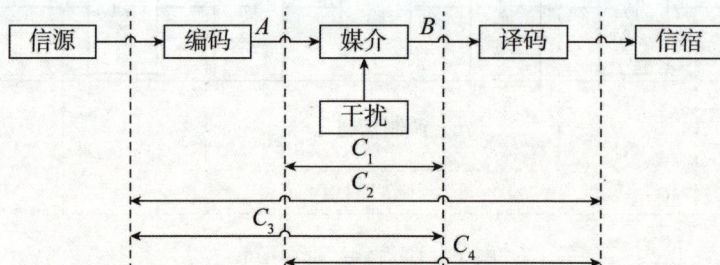

图4-2　信道位置

解　C_1为波形信道,调制信道;C_2为离散信道,编码信道;C_3为半离散、半连续信道;C_4为半连续、半离散信道。

4.1.3　根据信道的统计特性

根据信道的统计特性可将信道分为:

(1) 恒参信道,即信道的统计特性不随时间而变化,如光纤信道一般可视作恒参信道;

(2) 随参信道,即信道的统计特性随时间而变化,如短波信道即是一种典型的随参信道。

4.1.4　根据信道的用户数量

根据信道的用户数量可将信道分为：

（1）两端（单用户）信道，只有一个输入端和一个输出端的单向通信的信道；

（2）多端（多用户）信道，在输入端或输出端中至少有一端有两个以上的用户，并且还可以双向通信的信道。目前实际的通信信道绝大多数都是多端信道。多端信道又可分为多元接入信道与广播信道。

4.1.5　根据信道的记忆特性

根据信道的记忆特性可将信道划分为：

（1）无记忆信道，信道的输出仅与当前的输入有关，而与过去的输入和输出无关；

（2）有记忆信道，信道的输出不仅与当前输入有关，而且与过去的输入和输出有关。

最简单的信道是无记忆、恒参、单用户的离散信道，它是进一步研究其他各种类型信道的基础。

4.2　信道的数学描述

信道建模与信源建模一样是以随机过程的理论为基础的，所不同的是信道建模涉及输入和输出两个随机过程，因此在建模中条件概率或条件概率分布密度函数起着核心的作用。

要精确描述一种信道的所有特性是相当困难的，大多数信道模型是通过实验测量与统计分析相结合而得到的。信道的输入、输出信号之间一般不是确定的函数关系，而是统计依赖的关系。只要知道信道的输入信号、输出信号，以及它们之间的统计依赖关系，那么信道的全部特性就确定了。

由于信息论不研究信号在信道中传输的物理过程，并假定信道的传输特性已知，这样信息论就可以抽象地将信道模型用图 4 - 3 来描述。

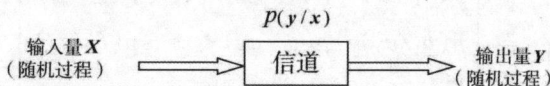

$$p(y/x)$$

输入量 X（随机过程）　→　信道　→　输出量 Y（随机过程）

图 4 - 3　信道的一般数学模型

从信息传输的角度来考虑，信道可以根据输入和输出信号之间的条件转换关系来进行描述。

4.2.1　离散信道模型

离散信道的输入、输出是离散可数的符号或符号向量，离散信道的数学模型如图 4 - 4 所示。

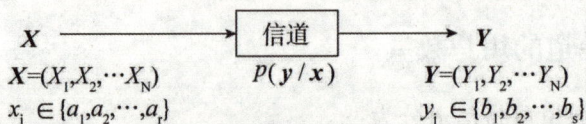

图 4 – 4   离散信道模型

图 4–4 中输入和输出信号均用随机矢量表示,输入信号 $\boldsymbol{X} = (X_1, X_2, \cdots, X_N)$,输出信号 $\boldsymbol{Y} = (Y_1, Y_2, \cdots, Y_N)$,其中 $i = 1, 2, \cdots, N$ 表示时间或空间的离散值。而每个随机变量 X_i 和 Y_i 又分别取值于符号集 $A = (a_1, a_2, \cdots, a_r)$ 和 $B = (b_1, b_2, \cdots, b_s)$,其中 r 不一定等于 s。另外,图中输入信号和输出信号之间统计依赖关系由条件概率 $p(\boldsymbol{y}/\boldsymbol{x})$ 来描述,信道噪声与干扰的影响也包含在 $p(\boldsymbol{y}/\boldsymbol{x})$ 之中,反映了信道的统计特性。于是离散信道的数学模型可表示为

$$\{\boldsymbol{X}, p(\boldsymbol{y}/\boldsymbol{x}), \boldsymbol{Y}\}$$

下面先从单维离散无记忆信道入手,该信道的输入与输出均是单个符号,如图 4 – 5 所示。

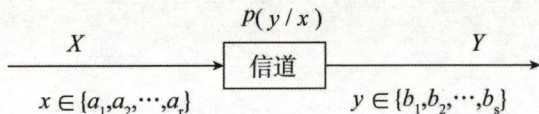

图 4 – 5   单维离散无记忆信道模型

单符号离散信道的输入变量为 X,取值于 $\{a_1, a_2, \cdots, a_r\}$;输出变量为 Y,取值于 $\{b_1, b_2, \cdots, b_s\}$。信道条件概率为

$$p(y/x) = p(y = b_j/x = a_i) = p(b_j/a_i), i = 1, 2, \cdots, r, j = 1, 2, \cdots, s$$

此时,$p(y/x)$ 称为信道的传递概率或转移概率,且满足 $\sum_{j=1}^{s} p(b_j/a_i) = 1 (i = 1, 2, \cdots, r)$。表示当信道输入为 $x = a_i$ 时,信道输出 y 一定是 $b_1, b_2, \cdots, b_s$ 中的一个。简单的单符号离散信道可以用 $\{X, p(y/x), Y\}$ 三者加以描述。

一般单符号信道的转移概率可用如下的信道转移矩阵来表示:

$$
\begin{array}{c}
(\text{输出}) \rightarrow \quad b_1 \qquad b_2 \qquad \cdots \qquad b_s \\
\begin{pmatrix} \text{输} \\ \text{入} \end{pmatrix} \rightarrow
\begin{array}{c} a_1 \\ a_2 \\ \vdots \\ a_r \end{array}
\begin{bmatrix}
p(b_1/a_1) & p(b_2/a_1) & \cdots & p(b_s/a_1) \\
p(b_1/a_2) & p(b_2/a_2) & \cdots & p(b_s/a_2) \\
\vdots & \vdots & & \vdots \\
p(b_1/a_r) & p(b_2/a_r) & \cdots & p(b_s/a_r)
\end{bmatrix} = [P]
\end{array}
$$

(1) 输入和输出符号的联合概率为 $p(x = a_i, y = b_j) = p(a_i, b_j)$,则有

$$p(a_i, b_j) = p(a_i)p(b_j \mid a_i) = p(b_j)p(a_i/b_j)$$

式中,$p(a_i)$ 称为输入符号的先验概率,$p(b_j/a_i)$ 是信道转移概率,即发送为 a_i,通过信道传输接收到 b_j 的概率,通常称为前向概率。而 $p(a_i/b_j)$ 是已知信道输出端接收到符号为 b_j 时,发送的输入符号为 a_i 的概率,称为后向概率或称为后验概率。

（2）根据联合概率可得输出符号的概率：

$$p(b_j) = \sum_{i=1}^{r} p(a_i)p(b_j/a_i), 对 j = 1, \cdots, s 都成立$$

也可写成矩阵形式，即

$$\begin{bmatrix} p(b_1) \\ p(b_2) \\ \vdots \\ p(b_s) \end{bmatrix} = P^T \begin{bmatrix} p(a_1) \\ p(a_2) \\ \cdots \\ p(a_r) \end{bmatrix} \quad r \neq s$$

（3）根据贝叶斯定律可得后验概率：

$$p(a_i/b_j) = \frac{p(a_i, b_j)}{p(b_j)} = \frac{p(a_i)p(b_j/a_i)}{\sum_{i=1}^{r} p(a_i)p(b_j/a_i)}, \quad (p(b_j) \neq 0), i = 1, 2, \cdots, r, j = 1, 2, \cdots, s$$

且有 $\sum_{i=1}^{r} p(a_i/b_j) = 1, j = 1, 2, \cdots, s$

该式说明，在信道输出端接收到任意符号 b_j 一定是输入符号 $a_1, a_2, \cdots, a_r$ 中的某一个。

下面介绍两种重要的单维离散信道模型：二元对称信道 BSC 和二元删除信道 BEC。

【例 4 – 2】二元对称信道，简记为 BSC（Binary Symmetric Channel）。信道转移图如图 4 – 6 所示。

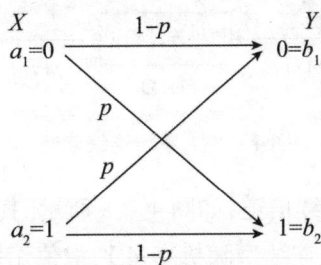

图 4 – 6　二元对称信道

信道的输入、输出符号均取之于二元符号 [0,1]。此时 $r = s = 2$，且 $a_1 = b_1 = 0, a_2 = b_2 = 1$。又有转移概率

$$p(b_1/a_1) = p(0/0) = 1 - p = \bar{p},$$
$$p(b_2/a_1) = p(1/0) = p \quad p(b_2/a_2) = p(1/1) = 1 - p = \bar{p},$$
$$p(b_1/a_2) = p(0/1) = p$$

于是，可得 BSC 的信道转移概率矩阵 $[P] = \begin{bmatrix} 1-p & p \\ p & 1-p \end{bmatrix}$。

【例 4 – 3】二元删除信道，简记为 BEC（Binary Erasure Channel）。信道转移图如图 4 – 7 所示。

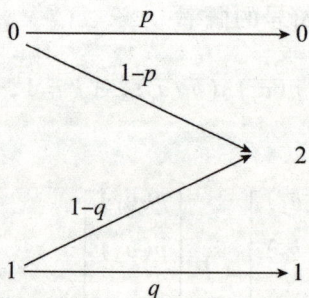

图 4 - 7　二元删除信道

它的输入 X 取值于 $[0,1]$，输出符号 Y 取值于 $[0,2,1]$，这时 $r = 2, s = 3$。其信道转移矩阵为 $[P] = \begin{bmatrix} p & 1-p & 0 \\ 0 & 1-q & q \end{bmatrix}$。

0,1 错误时都变成 2，若收到 2 则删除，但不能确定是由谁错误而变成 2。

4.2.2　连续信道模型

所谓连续信道是指输入和输出随机变量、随机序列的取值都是连续，在时间上是离散的信道。这种信道的传输特性可用条件转移概率密度函数来表示。

【定义 4 - 1】输入和输出都是单个连续型随机变量的信道称为单维连续信道。

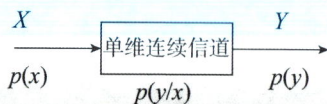

图 4 - 8　单维连续信道

单维连续信道就是单符号连续信道，如图 4 - 8 所示。其输入是连续型随机变量 X，X 取值于 $[a,b]$ 或实数域 R；输出也是连续型随机变量 Y，取值于 $[a',b']$ 或实数域 R；信道的转移概率密度函数为 $p(y/x)$，并满足：

$$\int_R p(y/x)\,\mathrm{d}y = 1$$

所以，可用 $[X, p(y/x), Y]$ 来描述单维连续信道，其中 **R** 为实数域。

【定义 4 - 2】连续信道的输入是 N 维连续型随机序列 $\boldsymbol{X} = (X_1 X_2 \cdots X_N)$，输出也是 N 维连续型随机序列 $\boldsymbol{Y} = (Y_1 Y_2 \cdots Y_N)$，信道转移概率密度函数是 $p(\boldsymbol{y}/\boldsymbol{x}) = p(y_1 y_2 \cdots y_n / x_1 x_2 \cdots x_n)$，并且满足：

$$\int_R \int_R \cdots \int_R p(y_1 y_2 \cdots y_n / x_1 x_2 \cdots x_n)\,\mathrm{d}y_1 \mathrm{d}y_2 \cdots \mathrm{d}y_n = 1$$

所以，可用 $[\boldsymbol{X}, p(\boldsymbol{y}/\boldsymbol{x}), \boldsymbol{Y}]$ 来描述多维连续信道，其中 **R** 为实数域。

和离散无记忆信道的定义一样，若连续信道在任意时刻输出的变量只与对应时刻的输入变量有关，而与以前时刻的输入、输出变量无关，也与以后的输入变量无关，则此信道为连续无记忆信道。多维连续信道的转移概率密度函数满足 $p(\boldsymbol{y}/\boldsymbol{x}) = \prod_{i=1}^{N} p(y_i/x_i)$。一般情况下，连续信道任何时刻的输出变量是与其他任何时刻的输入、输出变量有关的,则此信道称为连续有记忆信道。

4.2.3 波形信道模型

【定义 4 - 3】当信道的输入和输出都是随机过程$\{x(t)\}$和$\{y(t)\}$时,这个信道称为波形信道。

波形信道不仅在时间上是连续的,幅度上也是连续的。在实际模拟通信系统中,信道都是波形信道。研究波形信道的目的就是要研究波形信道的信息传输问题。由于在有限观察时间 T 内,波形信道能满足限频 F、限时 T 的条件,于是根据时间取样定理,把波形信道的输入$\{x(t)\}$和输出$\{y(t)\}$的平稳随机过程信号离散化成 $N = 2FT$ 个时间离散、取值连续的平稳随机序列 $\boldsymbol{X} = (X_1 X_2 \cdots X_N)$ 和 $\boldsymbol{Y} = (Y_1 Y_2 \cdots Y_N)$。这样,波形信道就转化成多维连续信道,如图 4 - 9 所示。

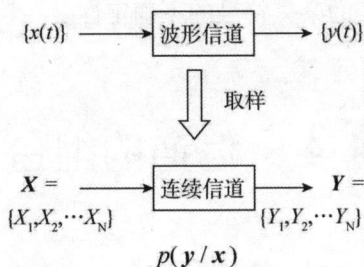

图 4 - 9　波形信道转化成连续信道

4.3　信道疑义度和噪声熵

设信道输入符号为 X,输出符号为 Y,如图 4 - 10 所示。

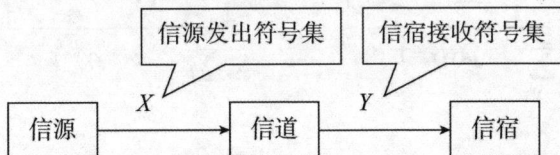

图 4 - 10　符号集

在2.4节中已讨论过平均互信息的物理含义,平均互信息反映了接收到 Y 后 X 平均不确定性消除的程度,即 $I(X;Y) = H(X) - H(Y/X)$,它表示"平均互信息 = 先验的平均不确定性 - 观察到 Y 后 X 保留的平均不确定性"。其中,$H(X)$ 表示了信源 X 的先验不确定性的度量,所以称为先验熵。$H(X/Y)$ 表示观察到 Y 后 X 保留的平均不确定性的度量,所以称为后验熵。

【定义 4-4】设离散信道的输入、输出分别为 X 和 Y,信道后验概率为 $p(a_i/b_j)$,其中 $i = 1,2,\cdots,r, j = 1,2,\cdots,s$,于是定义条件熵 $H(X/Y)$ 为该信道的信道疑义度。

$$H(X/Y) = \sum_{i=1}^{r} \sum_{j=1}^{s} p(a_i b_j) \log \frac{1}{p(a_i/b_j)} = \sum_{XY} p(xy) \log \frac{1}{p(x/y)}$$

信道疑义度表示在输出端收到输出变量 Y 的全部符号后,对于输入端的变量 X 尚存在的平均不确定性(存在疑义)。这个对 X 尚存在的不确定性是由于干扰(噪声)引起的,它也表示信源符号通过有噪信道传输后所引起的信息量的损失,故也可称为损失熵。

【定义 4-5】设离散信道的输入、输出分别为 X 和 Y,信道转移概率为 $p(b_j/a_i)$,其中 $i = 1,2,\cdots,r, j = 1,2,\cdots,s$,于是定义条件熵 $H(Y/X)$ 为该信道的噪声熵。

$$H(Y/X) = \sum_{i=1}^{r} \sum_{j=1}^{s} p(a_i,b_j) \log \frac{1}{p(b_j/a_i)} = \sum_{XY} p(x,y) \log \frac{1}{p(y/x)}$$

噪声熵完全是由于信道中噪声引起的,也称散布度,它反映了信源 X 发出某一符号后,由于信道噪声存在,造成接收 Y 的某一符号的不确定性。

4.4 信道的组合

信道的两种基本组合方式就是串联与并联。

4.4.1 串联信道

串联信道是信道最基本的组合形式,许多实际信道都可以看成是信道的串联,如微波中继接力通信就是一种串联信道。图 4-11 是由两个信道组成的最简单的串联信道。信道串联的主要条件是前一信道的输出符号集与后一信道的输入符号集一致。

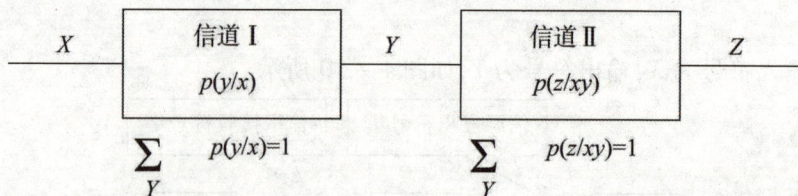

图 4-11　串联信道

在图 4-11 中,信道 Ⅰ 的转移概率是 $p(y/x) = p(b_j/a_i)$,而信道 Ⅱ 的转移概率一般与前面的符号 X 和 Y 都有关,所以记为 $p(z/xy) = p(c_k/a_i b_j)$。下面分析串联信道中各输入、输出之间的关系。

从图 4-11 可以看出,信道 Ⅰ 的输出 Y 与其输入 X 统计相关,而信道 Ⅱ 的输出 Z 又与

输入 Y 统计相关,所以 Z 也与 X 统计相关。另外,串联的结构也可以认为 Z 的取值在给定 Y 以后将不再与 X 有关,而只取决于信道 Ⅱ 的转移概率矩阵。

该串联信道可以等价为一个总的离散信道,其输入为 X,输出为 Z,则此信道的转移概率为

$$p(z/x) = \sum_Y p(y/x)p(z/xy), x \in X, y \in Y, z \in Z$$

若信道 Ⅱ 的转移概率使其输出 Z 只与输入 Y 有关,与前面的输入 X 无关,即满足

$$p(z/xy) = p(z/y) \qquad (\text{对所有 } x, y, z)$$

这两个串联信道的输入和输出 X, Y, Z 序列构成马尔可夫链。此时,串联信道的转移概率为

$$p(z/x) = \sum_Y p(y/x)p(z/y), x \in X, y \in Y, z \in Z$$

对于串联信道,若其输入输出变量之间组成一个马尔可夫链,则存在下述定理。该定理对于串联的单符号离散信道或是输入、输出都是随机序列的一般信道都成立。

【定理 4 - 1】若 X, Y, Z 组成一个马尔可夫链,则有 $I(X;Z) \le I(X;Y)$, $I(X;Z) \le I(Y;Z)$。

证明:由于 X, Y, Z 是马尔可夫链,所以满足

$$p(z/xy) = p(z/y), \text{对所有 } x, y, z$$

那么,它们之间的平均互信息满足

$$I(X;Z/Y) = H(X/Y) - H(X/YZ) = H(Z/Y) - H(Z/XY)$$
$$= H(X/Y) - H(XZ/Y) + H(Z/Y) = 0$$

利用关系式

$$I(X;YZ) = I(X;Y) + I(X;Z/Y) = I(X;Z) + I(X;Y/Z)$$

可得

$$I(X;Y) = I(X;Z) + I(X;Y/Z)$$

由于平均互信息的非负性,所以在马尔可夫链下有

$$I(X;Y) \ge I(X;Z)$$

根据 $I(XY;Z) = I(X;Z) + I(Y;Z/X) = I(Y;Z) + I(X;Z/Y)$,同理可得

$$I(Y;Z) \ge I(X;Z)$$

可见,通过串联信道传递的信息量不可能大于每一个信道传递的信息量。实际上,当不断串联时,信息量越传越少,最好的情况就是保持不变,但信息量不会增加,定理 4 - 1 也叫数据处理定理。

在任何信息传输系统中,最后获得的信息量至多是信源所提供的信息量。若一旦在某一过程中丢失一些信息,以后的系统不管如何处理,如不触及丢失信息过程的输入端,就不能再恢复已丢失的信息,这就是信息不增性原理。这一点对于理解信息的实质具有深刻的意义。

【例 4 - 4】有两个信道的信道矩阵分别为

$$\begin{bmatrix} \dfrac{1}{3} & \dfrac{1}{3} & \dfrac{1}{3} \\ 0 & \dfrac{1}{2} & \dfrac{1}{2} \end{bmatrix} \text{和} \begin{bmatrix} 1 & 0 & 0 \\ 0 & \dfrac{2}{3} & \dfrac{1}{3} \\ 0 & \dfrac{1}{3} & \dfrac{2}{3} \end{bmatrix}$$

它们的串联信道如图 4 – 12 所示。求证：$I(X;Z) = I(X;Y)$。

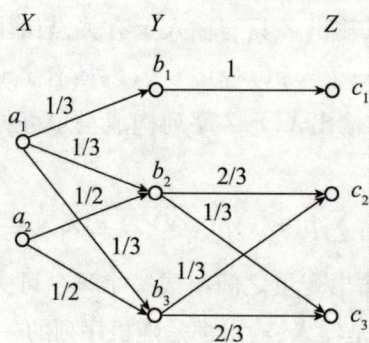

图 4 – 12　例 4 – 4 中的串联信道

证明：对于一般满足 X,Y,Z 为马尔可夫链的串联信道，它们总的信道转移矩阵应等于两个串联信道转移矩阵的乘积。即

$$p(z/x) = \sum_Y p(y/x) \cdot p(z/y)$$

于是，可求出该串联信道的信道转移矩阵

$$p(z/x) = \begin{bmatrix} \dfrac{1}{3} & \dfrac{1}{3} & \dfrac{1}{3} \\ 0 & \dfrac{1}{2} & \dfrac{1}{2} \end{bmatrix} \cdot \begin{bmatrix} 1 & 0 & 0 \\ 0 & \dfrac{2}{3} & \dfrac{1}{3} \\ 0 & \dfrac{1}{3} & \dfrac{2}{3} \end{bmatrix} = \begin{bmatrix} \dfrac{1}{3} & \dfrac{1}{3} & \dfrac{1}{3} \\ 0 & \dfrac{1}{2} & \dfrac{1}{2} \end{bmatrix}$$

该串联信道满足

$$p(y/x) = p(z/x)，\text{对所有 } x,y,z \text{ 都成立}$$

于是可得

$$I(X;Z) = I(X;Y)$$

此例说明，不论输入信源 X 的符号概率如何分布，该串联噪声信道不会增加信息的损失。

4.4.2　并联信道

并联信道是另外一种基本的信道组合形式。并联信道有三种并联方式，如图 4 – 13 所示。

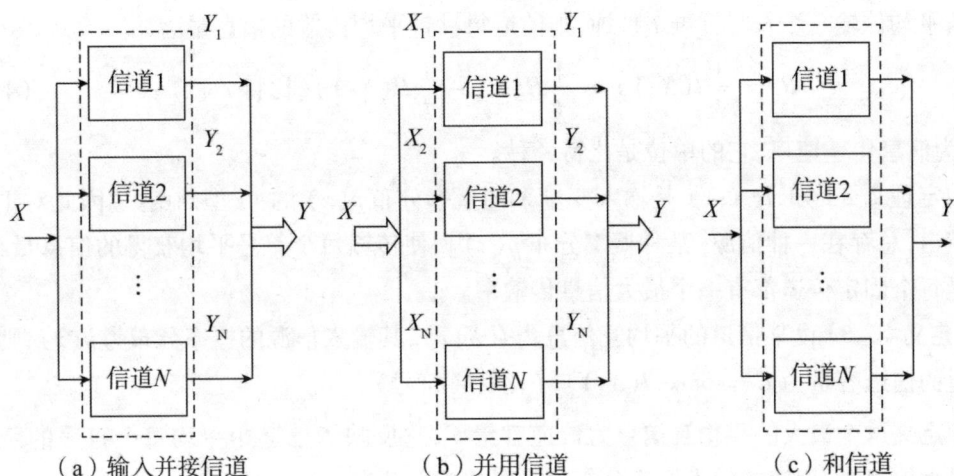

图 4 - 13   并联信道的并联方式

这里把它们放在一起讨论,是因为它们在结构上都有某种并联的形式,但这三种并联信道从其输入/输出符号集及使用方式来看是很不一样的。

图 4 - 13(a)被称为输入并接信道,因为它的 N 个组成信道是具有相同的输入符号集,且输入被同时使用,而 N 个组成信道的输出是各自不同的,它们在一起组成输出符号集,用输出矢量 $\boldsymbol{Y} = (Y_1, Y_2, \cdots, Y_N)$ 来表示。

图 4 - 13(b)被称为并用信道,因为它的 N 个组成信道的输入、输出彼此独立,各不相同,分别对应着并联信道输入矢量和输出矢量的一个分量,因此,并用信道中的各个组成信道仅在使用上被并起来。

图 4 - 13(c)有独立的 N 个组成信道,传输信息时每次只使用其中一个信道,因此,这 N 个组成信道没有在输入端被并接,也没有在使用上被同时使用,它们只是整个被当成一个信道任意选用其组成信道,于是称其为和信道。

4.5   信道容量

研究各类信道的目的是为了获得尽可能高的信息传输率,即希望信道中平均每个符号所能传送的信息量尽可能大。

4.5.1   信道容量的定义

由 2.4 节的讨论可知:平均互信息 $I(X;Y) = H(X) - H(X/Y)$ 就是接收到符号 Y 后平均每个符号获得的关于 X 的信息量。因此,信道的每个符号的信息传输量就是平均互信息。

$$R = I(X;Y) = H(X) - H(X/Y)(比特/符号) \qquad (4-1)$$

若平均传输一个符号需要 t 秒钟,则信道每秒钟平均传输的信息量为

$$R_t = \frac{1}{t}I(X;Y) = \frac{1}{t}H(X) - \frac{1}{t}H(X/Y)(比特/秒) \qquad (4-2)$$

称 R_t 为信息传输速率,它的单位是比特/秒。

由定理 2-1 知,$I(X;Y)$ 是输入变量 X 的概率分布 $p(x)$ 的 $\cap$ 型凸函数。因此对于一个固定信道,总存在一种信源[某种概率分布 $p(x)$],使传输每个符号平均获得的信息量最大,也就是每个固定信道都有一个最大信息传输率。

【定义 4-5】设某信道的平均互信息为 $I(X;Y)$,其输入信源的概率分布为 $p(x)$,则定义该信道的信道容量为 $C = \max\limits_{p(x)}\{I(X;Y)\}$(比特/符号)。

即定义这个最大的平均互信息为信道容量 C,它反映了信道中平均每个符号的所能传输的最大信息量。相应的输入概率分布称为最佳输入分布。

若平均传输一个符号需要 t 秒钟,则信道单位时间内平均传输的最大信息量为 $C_t = \frac{1}{t}\max\limits_{p(x)}\{I(X;Y)\}$ 比特/秒。一般仍称 C_t 为信道容量,只是增加一个下标 t 以示区别。

信道容量 C 只是信道转移概率的函数,只与信道的统计特性有关,而与输入信源的概率分布无关。即对于一个特定的信道,其信道容量 C 是确定的,是不随输入信源的概率分布变化而改变的。信道容量 C 取值的大小,直接反映了信道质量的高低。所以,信道容量是完全描述信道特性的参量,是信道能够传输的最大信息量。

为了便于理解,做一个类比说明。例如,往 1 个杯子里,分别装上玉米粒(未加工)、玉米糁和玉米粉,按常识,若装满的话,玉米粉装的质量最多。杯子所能装的玉米最大质量是由杯子本身决定的,玉米的形状分布相当于输入信源的概率分布,存在一种最佳分布(即玉米粉)使得杯子能装的玉米质量最多。

从数学上来说,求信道容量就是求平均互信息 $I(X;Y)$ 的极大值。对于一般信道,信道容量的计算相当复杂。下面先讨论某些特殊类型的信道,然后再讨论一般离散信道的信道容量的计算。

4.5.2 简单离散信道的信道容量

当离散信道的输入、输出之间为确定关系或简单的统计依赖关系时,可称为简单离散信道。简单离散信道包括无噪无损信道、有噪无损信道、无噪有损信道。下面针对这三类信道分析其信道容量。

1. 无噪无损信道

无噪无损信道的输入和输出符号之间存在确定的一一对应关系,如图 4-14(a) 所示,其信道转移概率为 $p(b_j/a_i) = p(a_i/b_j) = \begin{cases} 0, i \neq j, \\ 1, i = j. \end{cases}$ $i,j = 1,2,3$。

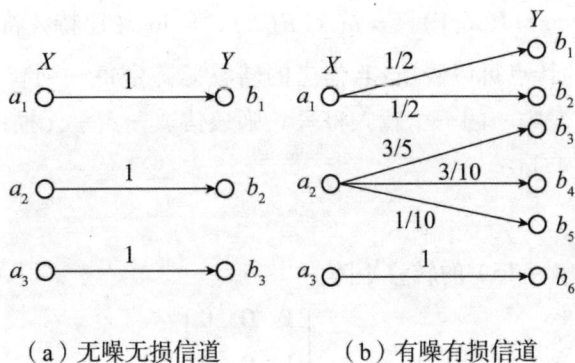

（a）无噪无损信道　　　　（b）有噪有损信道

图 4 - 14　无损信道

它的信道转移矩阵是单位矩阵,即

$$[P] = \begin{bmatrix} 1 & 0 & 0 \\ 0 & 1 & 0 \\ 0 & 0 & 1 \end{bmatrix}$$

对于这种信道,其信道的疑义度即损失熵 $H(X/Y)$ 和信道的噪声熵 $H(Y/X)$ 都等于零,所以这类信道的平均互信息为

$$I(X;Y) = H(X) = H(Y)$$

它表示接收到符号 Y 后,平均获得的信息量就是信源发出每个符号所含的平均信息量,信道中无信息损失。并且因噪声熵也等于零,输出端 Y 的不确定性没有增加。所以,其信道容量为

$$C = \max_{p(x)} \{I(X;Y)\} = \max_{p(x)} \{H(X)\} = \log r(\text{比特／符号})$$

式中,假设输入信源 X 的符号共有 r 个符号,所以等概率分布时信源熵 $H(X)$ 最大。

2. 有噪无损信道

有噪无损信道是输入一个 X 值对应有几个输出 Y 值,并且每个 X 值所对应的 Y 值不重合,如图 4 - 14(b) 所示,其信道转移矩阵为

$$[P] = \begin{bmatrix} \dfrac{1}{2} & \dfrac{1}{2} & 0 & 0 & 0 & 0 \\ 0 & 0 & \dfrac{3}{5} & \dfrac{3}{10} & \dfrac{1}{10} & 0 \\ 0 & 0 & 0 & 0 & 0 & 1 \end{bmatrix}$$

在这类信道中,输入符号通过传输变成若干输出符号,虽它们不是一一对应关系,但这些输出符号仍可分成互不相交的一些集合,且这些集合与各输入符号一一对应。因此,接收到输出符号 Y 后,对发送的 X 符号可以完全确定,损失熵 $H(X/Y) = 0$,故其平均互信息为 $I(X;Y) = H(X)$。

由于噪声熵 $H(Y/X) > 0$,而 $I(X;Y) = H(Y) - H(Y/X)$,所以 $I(X;Y) < H(Y)$,因此有噪无损信道的信道容量为

$$C = \max_{p(x)}\{I(X;Y)\} = \max_{p(x)}\{H(X)\} = \log r(比特／符号)$$

由上述两种信道的特点可以看出：若信道的转移矩阵中每一列有且仅有一个非零元素（即每个输出符号对应着唯一的一个输入符号），则该信道一定是无损信道。其平均互信息等于信息熵，信道容量等于 $\log r$。

3. 无噪有损信道

无噪有损信道（图 4 – 15）的转移矩阵为

$$[P] = \begin{bmatrix} 1 & 0 & 0 \\ 1 & 0 & 0 \\ 0 & 1 & 0 \\ 0 & 1 & 0 \\ 0 & 0 & 1 \\ 0 & 0 & 1 \end{bmatrix}$$

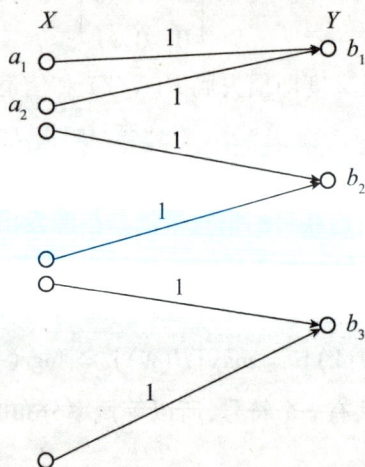

图 4 – 15　无噪有损信道

每个输入符号都确定地转变成某一输出符号，因此信道的噪声熵 $H(Y/X) = 0$，而接收到输出符号却不能确切地判断发出的是什么符号，则信道疑义度即损失熵 $H(X\mid Y) > 0$。在这类信道中，接收到符号 Y 后不能完全消除对 X 的不确定性，信息有损失。但输出端 Y 的平均不确定性因噪声熵等于零而没有增加。所以，无噪有损信道的平均互信息为 $I(X;Y) = H(Y) < H(X)$。

设 Y 有 s 个符号，则 Y 等概分布时其熵 $H(Y)$ 最大，并且一定能找到一种输入分布使输出符号 Y 达到等概率分布，所以无噪有损信道的信道容量为

$$C = \max_{p(x)}\{I(X;Y)\} = \max_{p(x)}\{H(Y)\} = \log s(比特／符号)$$

由以上的分析可知：若信道的转移矩阵中每一行有且仅有一个非零元素（即每个输入符号对应着唯一的一个输出符号），则该信道一定是无噪信道。

至此我们分析了无损的或无噪的简单离散信道及其信道容量的计算方法。更一般的离

散信道既是有损的,又是有噪的,其信道转移矩阵中至少有一行存在一个以上的非零元素,同时至少有一列存在一个以上的非零元素,这种情况下信道容量计算将十分复杂。下面讨论一种特殊的有损有噪信道 —— 对称离散信道的信道容量。

4.5.3 对称离散信道的信道容量

【定义4-6】若信道转移矩阵中所有行都是第一行的一种排列,就称信道输入为对称的。这种信道称为输入对称离散信道。

例如,信道转移矩阵为

$$[P] = \begin{bmatrix} \dfrac{1}{2} & \dfrac{1}{3} & \dfrac{1}{6} \\[2mm] \dfrac{1}{6} & \dfrac{1}{3} & \dfrac{1}{2} \\[2mm] \dfrac{1}{6} & \dfrac{1}{2} & \dfrac{1}{3} \end{bmatrix}$$

该信道具有如下性质:

$$H\left(\frac{Y}{a_i}\right) = -\sum_{j=1}^{s} p\left(\frac{b_j}{a_i}\right) \log p\left(\frac{b_j}{a_i}\right)$$

$$= H\left(\frac{Y}{a_1}\right) = H\left(\frac{Y}{a_2}\right) = \cdots H\left(\frac{Y}{a_r}\right)$$

$$H\left(\frac{Y}{X}\right) = \sum_{i=1}^{r} p(a_i) H\left(\frac{Y}{a_i}\right)$$

$$= H\left(\frac{Y}{a_1}\right) = H\left(\frac{Y}{a_2}\right) = \cdots H\left(\frac{Y}{a_r}\right)$$

【定义4-7】若信道转移矩阵中所有列都是第一列的一种排列,就称信道输出为对称的。这种信道称为输出对称离散信道。

例如,信道转移矩阵为

$$[P] = \begin{bmatrix} 1 & 0 \\[2mm] \dfrac{1}{2} & \dfrac{1}{2} \\[2mm] 0 & 1 \end{bmatrix}$$

【定义4-8】若信道对于输入和输出都是对称的,则称该信道为对称离散信道。信道矩阵 P 中每一行都是由同一 $\{p'_1, p'_2, \cdots, p'_s\}$ 集的诸元素不同排列组成,并且每一列也都是由 $\{q'_1, q'_2, \cdots, q'_r\}$ 集的诸元素不同排列组成。一般 $r \neq s$,当 $r = s$ 时,$\{q'_i\}$ 集和 $\{p'_i\}$ 集相同;若 $r < s$,$\{q'_i\}$ 集应是 $\{p'_i\}$ 的子集。

例如,信道转移矩阵:

$$[P] = \begin{bmatrix} \dfrac{1}{3} & \dfrac{1}{3} & \dfrac{1}{6} & \dfrac{1}{6} \\[2mm] \dfrac{1}{6} & \dfrac{1}{6} & \dfrac{1}{3} & \dfrac{1}{3} \end{bmatrix} \quad \text{和} \quad [P] = \begin{bmatrix} \dfrac{1}{2} & \dfrac{1}{3} & \dfrac{1}{6} \\[2mm] \dfrac{1}{6} & \dfrac{1}{2} & \dfrac{1}{3} \\[2mm] \dfrac{1}{3} & \dfrac{1}{6} & \dfrac{1}{2} \end{bmatrix}$$

下面分析对称离散信道的信道容量。

由于 $I(X;Y) = H(Y) - H(Y/X)$

$$H(Y/X) = \sum_{i=1}^{r} p(a_i) \sum_{j=1}^{s} p(b_j/a_i) \log \frac{1}{p(b_j/a_i)} = \sum_{i=1}^{r} p(a_i) H(Y/X = a_i)$$

其中 $H(Y/X = a_i) = \sum_{j=1}^{s} p(b_j/a_i) \log \dfrac{1}{p(b_j/a_i)}$

这一项是固定 $X = a_i$ 时对 Y 求和。由于信道的输入对称性，所以 $H(Y/X = a_i)$ 与 a_i 无关，仅与各信道转移概率值 p'_i 有关，即 $H(Y/X = a_i) = H(p'_1, p'_2, \cdots p'_s)$。于是，可得噪声熵 $H(Y/X) = H(Y/a_1) = H(Y/a_2) = \cdots = H(Y/a_r) = H(p'_1, p'_2, \cdots p'_s)$。

因此得 $I(X;Y) = H(Y) - H(p'_1, p'_2, \cdots p'_s)$

于是，可得信道容量

$$C = \max_{P(x)} \left[H(Y) - H(p'_1, p'_2, \cdots, p'_s) \right] \qquad (4-3)$$

这就变换成，求一种输入概率分布 $p(x)$ 使 $H(Y)$ 取最大值的问题了。

输出 Y 的符号集共有 s 个符号，则 $H(Y) \leqslant \log s$。只有当输出符号等概分布时，$H(Y)$ 才达到最大值 $\log s$。一般情况下，不一定存在一种输入概率分布，能使输出符号达到等概分布。但对于对称离散信道，其信道矩阵中每一列都是由同一 $\{q'_1, q'_2, \cdots q'_r\}$ 集的诸元素的不同排列组成，所以保证了当输入符号是等概率分布时，输出符号也是等概率分布，这时 $H(Y) = \log s$。因此，可得对称离散信道的信道容量为

$$C = \log s - H(p'_1, p'_2, \cdots, p'_s) \text{（比特／符号）} \qquad (4-4)$$

上式是对称离散信道能够传输的最大平均信息量，它只与对称信道矩阵中行矢量 $\{p'_1, p'_2, \cdots p'_s\}$ 和输出符号集的个数 s 有关。

【例 4-5】设某对称离散信道的信道矩阵为

$$[P] = \begin{bmatrix} \dfrac{1}{3} & \dfrac{1}{3} & \dfrac{1}{6} & \dfrac{1}{6} \\[2mm] \dfrac{1}{6} & \dfrac{1}{6} & \dfrac{1}{3} & \dfrac{1}{3} \end{bmatrix}$$

求其信道容量。

解　根据对称离散信道的信道容量计算公式

$$C = \log s - H(p'_1, p'_2, \cdots, p'_s)$$

可得其信道容量

$$C = \log 4 - H\left(\frac{1}{3}, \frac{1}{3}, \frac{1}{6}, \frac{1}{6}\right) = 2 + \left[\frac{1}{3}\log\frac{1}{3} + \frac{1}{3}\log\frac{1}{3} + \frac{1}{6}\log\frac{1}{6} + \frac{1}{6}\log\frac{1}{6}\right]$$

$$= 0.0817(\text{比特}/\text{符号})$$

在这个信道中，每个符号平均能够传输的最大信息为0.0817比特。并且只有当信道输入符号是等概率分布时才能达到这个最大值。

4.5.4　组合信道的信道容量

1. 串联信道

串联信道的信道容量不可能大于各组成信道的信道容量。实际上，当不断串联时，串联信道的信道容量一般趋于零。

计算串联信道的信道容量并不困难。设有 N 个信道被串联在一起，各信道的转移矩阵分别为 $P_1, P_2, \cdots, P_N$，则总的串联信道的转移矩阵为

$$P_{\text{总}} = P_1 P_2 \cdots P_N = \prod_{i=1}^{N} P_i \qquad (4-5)$$

利用所求总的串联信道的转移矩阵，就可按照信道容量定义来计算串联信道的信道容量。

2. 并联信道

并联信道有三种并联方式(图4-13)，下面分别讨论它们的信道容量。

(1) 输入并接信道。输入并接信道可以看成是一个单输入多输出的信道，即其输入为 X，输出为 $\boldsymbol{Y} = (Y_1, Y_2, \cdots, Y_N)$。通过这一信道传输的平均互信息为

$$\begin{aligned}
I(X; Y_1 Y_2 \cdots Y_N) &= I(X; Y_1) + I(X; Y_2/Y_1) + \cdots + I(X; Y_N/Y_1 Y_2 \cdots Y_{N-1})\\
&= I(X; Y_2) + I(X; Y_1/Y_2) + I(X; Y_3/Y_1 Y_2) \cdots + I(X; Y_N/Y_1 Y_2 \cdots Y_{N-1})\\
&= \cdots\cdots\\
&= I(X; Y_N) + I(X; Y_1/Y_N) + \cdots + I(X; Y_{N-1}/Y_1 Y_2 \cdots Y_{N-2} Y_N)
\end{aligned}$$

由此可见，该信道的信道容量一定大于其中任意一个组成信道的信道容量。然而，输入并接信道的信道容量的具体求解比较困难，因为其信道转移矩阵非常庞大。但是，这一输入并接信道的信道容量有一个简单的上界。这是由于

$$I(X; Y_1 Y_2 \cdots Y_N) = H(X) - H(X/Y_1 Y_2 \cdots Y_N) \leqslant H(X)$$

于是可得

$$C \leqslant \max_{p(x)} H(X) \qquad (4-6)$$

从信道利用的角度来看，输入并接信道的效率很低，但是，利用它可以提高信息传输的可靠性。例如，对一个物理量的若干次测量，或对同一个物理量采用若干不同的测量系统进行测量等。

(2) 并用信道。并用信道的特点是其所有组成的信道被并联起来使用，但输入并未并接，各组成信道仍有各自的输入和输出，这一特点可表示为

$$p(y_1 y_2 \cdots y_N / x_1 x_2 \cdots x_N) = \prod_{i=1}^{N} p(y_i/x_i)$$

所以,并用信道的信道容量为

$$C = \max_{p(x)} I(X;Y) = \max_{p(x)} \sum_{i=1}^{N} I(X_i;Y_i) = \sum_{i=1}^{N} C_i$$

即并用信道的信道容量为各组成信道的信道容量之和。

(3) 和信道。设和信道有 N 个组成信道,和信道的信道容量为

$$C = \log \sum_{n=1}^{N} 2^{C_n} \qquad\qquad (4-7)$$

4.5.5 一般离散信道的信道容量

一般情况下,当信道不具有对称性时,求解信道容量就不容易了。根据信道容量定义:

$$C = \max_{p(x)} \{I(X;Y)\}$$

即在固定信道的条件下,对所有可能的输入概率分布 $p(x)$ 求平均互信息的极大值。

由定理 2-1 知,$I(X;Y)$ 是输入变量 X 的概率分布 $p(x)$ 的 $\cap$ 型凸函数,所以一定存在极大值。$p(x)$ 是 r 个变量 $\{p(a_1),p(a_2),\cdots,p(a_r)\}$ 的多元函数,并满足 $\sum_{i=1}^{r} p(a_i) = 1$,所以这是一个多元函数求条件极值的问题,可以运用拉格朗日乘子法来计算这个条件极值。求解步骤如下。

(1) 定义函数。

$$\varphi = I(X;Y) - \lambda \sum_{i=1}^{r} p(a_i)$$

式中,λ 为拉格朗日乘子(待定常数)。

(2) 求偏导数并置为零,然后解方程组。

$$\begin{cases} \dfrac{\partial \varphi}{\partial p(a_i)} = \dfrac{\partial \left[I(X;Y) - \lambda \sum\limits_{i=1}^{r} p(a_i) \right]}{\partial p(a_i)} = 0, \\ \sum\limits_{i=1}^{r} p(a_i) = 1。 \end{cases}$$

可求解出达到极值的概率分布 $\{p_1,p_2,\cdots,p_r\}$ 和拉格朗日乘子 λ 的值。

(3) 再求解信道容量 C。

因为

$$I(X;Y) = \sum_{i=1}^{r} \sum_{j=1}^{s} p(a_i)p(b_j/a_i) \log \frac{p(b_j/a_i)}{p(b_j)}$$

$$p(b_j) = \sum_{i=1}^{r} p(a_i)p(b_j/a_i)$$

所以

$$\frac{\partial}{\partial p(a_i)} \log p(b_j) = \left[\frac{\partial}{\partial p(a_i)} \ln p(b_j) \right] \log e = \frac{p(b_j/a_i)}{p(b_j)} \log e$$

于是,可得

$$\frac{\partial \varphi}{\partial p(a_i)} = \frac{\partial \left[I(X;Y) - \lambda \sum\limits_X p(a_i) \right]}{\partial p(a_i)}$$

$$= \sum_{j=1}^{s} p(b_j/a_i) \log \frac{p(b_j/a_i)}{p(b_j)} - \sum_{i=1}^{r} \sum_{j=1}^{s} p(a_i) p(b_j/a_i) \frac{p(b_j/a_i)}{p(b_j)} \log e - \lambda = 0$$

对 $i = 1,2,\cdots,r$ 都成立。

又因为

$$\sum_{i=1}^{r} p(a_i) p(b_j/a_i) = p(b_j) \neq 0 \text{ 和} \sum_{j=1}^{s} p(b_j/a_i) = 1, i = 1,2,\cdots,r$$

于是,方程组可变换成

$$\begin{cases} \sum\limits_{j=1}^{s} p(b_j/a_i) \log \dfrac{p(b_j/a_i)}{p(b_j)} = \lambda + \log e, \\ \qquad\qquad\qquad\qquad\qquad i = 1,2,\cdots,r \\ \sum\limits_{i=1}^{r} p(a_i) = 1。 \end{cases}$$

假设解得使平均互信息 $I(X;Y)$ 达到极值的输入概率分布是 $\{p_1,p_2,\cdots,p_r\}$(简写成 $\{p_i\}$)。然后把上面方程组中的前 r 个方程式两边分别乘以达到极值的输入概率 p_i,并求和可得

$$\sum_{i=1}^{r} \sum_{j=1}^{s} p_i p(b_j/a_i) \log \frac{p(b_j/a_i)}{p(b_j)} = \lambda + \log e$$

上式左边即是信道容量,所以得

$$C = \lambda + \log e$$

由于

$$I(a_i;Y) = \sum_{j=1}^{s} p(b_j/a_i) \log \frac{p(b_j/a_i)}{p(b_j)} = \lambda + \log e$$

式中,$I(a_i;Y)$ 是输出端接收到 Y 后获得关于 a_i 的信息量,即是信源符号 a_i 对输出端平均提供的互信息。于是,可得

$$I(a_i;Y) = C$$

所以,对于一般离散信道有下述的定理。

【定理 4 - 2】设有一般离散信道,它有 r 个输入符号,s 个输出符号,其平均互信息 $I(X;Y)$ 达到极大值(即等于信道容量)的充要条件是输入概率分布 $p(a_i)(i = 1,2,\cdots,r)$ 满足:

$$\begin{cases} I(a_i;Y) = C, \text{对所有 } a_i \text{ 其 } p(a_i) \neq 0 \\ I(a_i;Y) \leqslant C, \text{对所有 } a_i \text{ 其 } p(a_i) = 0 \end{cases}$$

此时,常数 C 就是所求的信道容量。

由于 $\frac{\partial I(X;Y)}{\partial p(a_i)} = I(a_i;Y) - \log e, i = 1,2,\cdots,r$,所以,定理 4 - 2 中的充要条件可改写成:

$$\begin{cases} \dfrac{\partial I(X;Y)}{\partial p_i} = \lambda, \text{对所有 } i \text{ 其 } p_i \neq 0 \\[3mm] \dfrac{\partial I(X;Y)}{\partial p_i} \leq \lambda, \text{对所有 } i \text{ 其 } p_i = 0 \end{cases}$$

可见，平均互信息 $I(X;Y)$ 只是输入概率分布 P 的函数，其中 $P = \{p_i, i = 1, 2, \cdots, r\}$，为了书写方便，以下把 $I(X;Y)$ 简写成 $I(P)$。

在证明定理 4 – 2 之前，先证明一个等式：

$$\lim_{\theta \to 0} \frac{1}{\theta} \{ I[\theta Q + (1 - \theta)P] - I(P) \} = \sum_{i=1}^{r} (q_i - p_i) \frac{\partial I(P)}{\partial p_i}$$

证明：由于 $I(P) = I(p_1, p_2, \cdots, p_r)$

所以

$I[\theta Q + (1 - \theta)P] - I(P) = I[P + \theta(Q - P)] - I(P) =$

$I[p_1 + \theta(q_1 - p_1), p_2 + \theta(q_2 - p_2), \cdots, p_r + \theta(q_r - p_r)] - I[p_1, p_2, \cdots, p_r] =$

$I[p_1 + \theta(q_1 - p_1), p_2 + \theta(q_2 - p_2), \cdots, p_r + \theta(q_r - p_r)] -$

$I[p_1, p_2 + \theta(q_2 - p_2), \cdots, p_r + \theta(q_r - p_r)] +$

$I[p_1, p_2 + \theta(q_2 - p_2), \cdots, p_r + \theta(q_r - p_r)] -$

$I[p_1, p_2, p_3 + \theta(q_3 - p_3) \cdots, p_r + \theta(q_r - p_r)] +$

$I[p_1, p_2, p_3 + \theta(q_3 - p_3) \cdots, p_r + \theta(q_r - p_r)] -$

……

$I[p_1, p_2, \cdots, p_{r-1}, p_r + \theta(q_r - p_r)] - I[p_1, p_2, \cdots, p_r]$

因为当 $\theta \to 0$ 时，

$$\lim_{\theta \to 0} \frac{1}{\theta} \{ I[p_1, p_2, \cdots, p_i + \theta(q_i - p_i), p_{i+1}, \cdots, p_r] - I(p_1, p_2, \cdots, p_r) \}$$

$$= (q_i - p_i) \frac{\partial I(P)}{\partial p_i}$$

故可得到

$$\lim_{\theta \to 0} \frac{1}{\theta} \{ I[\theta Q + (1 - \theta)P] - I(P) \}$$

$$= (q_1 - p_1) \frac{\partial I}{\partial p_1} + (q_2 - p_2) \frac{\partial I}{\partial p_2} + \cdots + (q_r - p_r) \frac{\partial I}{\partial p_r}$$

$$= \sum_{i=1}^{r} (q_i - p_i) \frac{\partial I(P)}{\partial p_i}$$

下面证明定理 4 – 2。

证明：先证充分性。

假设有一输入概率分布 $P = \{p_i\}$ 满足

$$\begin{cases} \dfrac{\partial I(X;Y)}{\partial p_i} = \lambda, & \text{对所有 } i \text{ 其 } p_i \neq 0 \\[3mm] \dfrac{\partial I(X;Y)}{\partial p_i} \leq \lambda, & \text{对所有 } i \text{ 其 } p_i = 0 \end{cases}$$

现在要证明分布 $\{p_i\}$ 一定使平均互信息 $I(P)$ 达到极大值。或者说,要证明对于其他任何输入概率分布 $Q = \{q_i\}$,有 $I(Q) \leq I(P)$。

由于平均互信息是输入概率分布的 $\cap$ 型凸函数,于是设 $0 < \theta < 1$,则有

$$\theta I(Q) + (1 - \theta)I(P) \leq I[\theta Q + (1 - \theta)P]$$

移项后可得

$$I(Q) - I(P) \leq \{I[\theta Q + (1 - \theta)P] - I(P)\}/\theta$$

上式对任意 θ 值都成立。于是,取 $\theta \to 0$,可得

$$\lim_{\theta \to 0} \frac{1}{\theta}\{I[\theta Q + (1 - \theta)P] - I(P)\} = \sum_{i=1}^{r}(q_i - p_i)\frac{\partial I(P)}{\partial p_i}$$

于是可得

$$I(Q) - I(P) \leq \sum_{i=1}^{r}(q_i - p_i)\frac{\partial I(P)}{\partial p_i}$$

因为输入概率分布 $P = \{p_i\}$ 满足:当 $p_i \neq 0$ 时,$\dfrac{\partial I(P)}{\partial P_i} = \lambda$;当 $p_i = 0$,即 $(q_i - p_i) = q_i \geq 0$ 时,$\dfrac{\partial I(P)}{\partial P_i} \leq \lambda$。所以得

$$I(Q) - I(P) \leq \lambda \sum_{i=1}^{r}(q_i - p_i) = \lambda\left[\sum_{i=1}^{r}q_i - \sum_{i=1}^{r}p_i\right] = 0$$

故证得

$$I(Q) \leq I(P)$$

再证必要性。

假设有一输入概率分布 P 使 $I(X;Y)$ 达到极大值 $I(P)$,证明输入概率分布 P 满足条件式:

$$\begin{cases} \dfrac{\partial I(X;Y)}{\partial p_i} = \lambda, & \text{对所有 } i \text{ 其 } p_i \neq 0 \\[3mm] \dfrac{\partial I(X;Y)}{\partial p_i} \leq \lambda, & \text{对所有 } i \text{ 其 } p_i = 0 \end{cases}$$

设有一其他输入概率分布 $Q = \{q_i\}$,因为输入概率分布 $P = \{p_i\}$ 使 $I(X;Y)$ 达到极大,所以有 $I[\theta Q + (1 - \theta)P] - I(P) \leq 0$,其中 $0 < \theta < 1$。

上式除以 θ,并取 $\theta \to 0$ 的极限,可得

$$\sum_{i=1}^{r}(q_i - p_i)\frac{\partial I(P)}{\partial p_i} \leq 0$$

对于输入概率分布 $\{p_i\}$,因为完备性 $\sum_{i=1}^{r}p_i = 1$,所以其中至少有一分量 $p_i \neq 0$,令 $p_k \neq 0$。

下面选择另一种输入概率分布 $Q = \{q_i\}$ 满足

$$\begin{cases} q_k = p_k - \varepsilon, \\ q_i = p_i, \qquad i \neq k \text{ 和 } j \\ q_j = p_j + \varepsilon, \end{cases}$$

式中，ε 为任意数，为保证输入概率分布的非负性，ε 必满足 $-p_j \leqslant \varepsilon \leqslant p_k$。于是，表达式 $\sum_{i=1}^{r} (q_i - p_i) \dfrac{\partial I(P)}{\partial p_i} \leqslant 0$ 可变换为

$$-\varepsilon \frac{\partial I}{\partial p_k} + \varepsilon \frac{\partial I}{\partial p_j} \leqslant 0$$

令 $\dfrac{\partial I}{\partial p_k} = \lambda$，可得 $\varepsilon \dfrac{\partial I}{\partial p_j} \leqslant \lambda \varepsilon$。

当 $p_j = 0$ 时，ε 总取正数，得 $\dfrac{\partial I}{\partial p_j} \leqslant \lambda$。

当 $p_j \neq 0$ 时，此时 ε 可取正数，也可取负数。若取正数，得 $\dfrac{\partial I}{\partial p_j} \leqslant \lambda$；若取负数，得 $\dfrac{\partial I}{\partial p_j} \geqslant \lambda$。

故当 $p_j \neq 0$，$\dfrac{\partial I}{\partial p_j} = \lambda$。

于是，可证得概率分布 P 满足式

$$\begin{cases} \dfrac{\partial I(X;Y)}{\partial p_i} = \lambda, \text{对所有 } i \text{ 其 } p_i \neq 0 \\ \dfrac{\partial I(X;Y)}{\partial p_i} \leqslant \lambda, \text{对所有 } i \text{ 其 } p_i = 0 \end{cases}$$

从定理 4-2 可以得出这样一个结论：当信道平均互信息达到信道容量时，输入信源符号集中每一个信源符号 a_i 对输出端 Y 提供相同的互信息，只是概率为零的符号除外。

这个结论和直观概念是一致的。在某给定的输入概率分布下，若有一个输入符号 a_i 对输出 Y 所提供的平均互信息 $I(a_i;Y)$ 比其他输入符号所提供的平均互信息大，就可以用提高 $p(a_i)$ 的方法来增大总的平均互信息。但是，当提高 $p(a_i)$ 时，$I(a_i;Y)$ 必然减小，而其他符号对应的平均互信息增加，这是因为

$$I(a_i;Y) = \sum_{j=1}^{s} p(b_j/a_i) \log \frac{p(b_j/a_i)}{p(b_j)} = \sum_{j=1}^{s} p(b_j/a_i) \log \frac{p(b_j/a_i)}{\sum_{i=1}^{r} p(a_i)p(b_j/a_i)}$$

当 $p(a_i)$ 增加时，$p(b_j/a_i)$ 就更加接近 $p(b_j)$。于是，用这样的方法不断调整输入符号的概率分布，就可使每个概率不为零的输入符号对输出 Y 提供相同的平均互信息。

下面给出一个特殊信道的信道容量并加以证明。

【定理 4-3】准对称离散信道的信道容量是在输入为等概率分布时达到。

证明：假设信道的输入符号等概分布，即 $p(a_i) = \dfrac{1}{r}(i = 1, 2, \cdots, r)$，准对称信道的信道矩阵可划分为一些对称子阵 $J_1, J_2, \cdots, J_k$，即在每个子阵中，其每一行（列）都是其他行（列）

的不同排列。于是,当输入为等概分布时,准对称离散信道的输出符号概率 $p(b_j)$ 是相等的,即

$$p(b_j) = \sum_{i=1}^{r} p(a_i) p(b_j/a_i) = \frac{1}{r} \sum_{i=1}^{r} p(b_j/a_i)$$

此时有

$$I(a_i;Y) = \sum_{j=1}^{s} p(b_j/a_i) \log \frac{p(b_j/a_i)}{\sum_{i=1}^{r} p(a_i) p(b_j/a_i)}$$

$$= \sum_{j=1}^{s} p(b_j/a_i) \log \frac{p(b_j/a_i)}{\frac{1}{r} \sum_{i=1}^{r} p(b_j/a_i)}$$

$$= \sum_{t=1}^{k} \left[\sum_{j \in J_t} p(b_j/a_i) \log \frac{p(b_j/a_i)}{\frac{1}{r} \sum_{i=1}^{r} p(b_j/a_i)} \right]$$

由于在同一个子阵内,转移概率矩阵 Q 的每一列都是其他列的不同排列,故有 $p(b_j/a_i) I(a_i;b_j) = p(b_j/a_i) \log \frac{p(b_j/a_i)}{p(b_j)}$。可见,输出矩阵具有和 Q 矩阵相同的特性,即在输出符号集划分的相应子阵内,其各行(各列)均为其他行(或列)的不同排列,故有 $\sum_{j \in J_t} p(b_j/a_i) I(a_i;b_j)$,$(t = 1,2,\cdots,k)$ 对所有 i 都相等,于是有

$$I(a_i;Y) = \sum_{t=1}^{k} \left[\sum_{j \in J_t} p(b_j/a_i) I(a_i;b_j) \right]$$

这是一个与 i 无关的值,是一个常数,符合离散信道的信道容量定理4-2,从而证得准对称离散信道的信道容量在输入等概分布时获得。

定理4-3只给出了达到信道容量时,最佳输入概率分布应满足的条件的一种情况,达到信道容量的最佳分布并不一定是唯一的。只要输入概率分布满足要求,并使 $I(P)$ 最大,它们都是信道的最佳分布。

在一些特殊情况下,可以利用这一定理来找出所求的输入概率分布和信道容量。下面举例说明。

【例4-6】设某离散信道如图4-16所示,输入符号集为 $[a_1,a_2,a_3]$,输出符号集为 $[b_1,b_2,b_3]$,信道转移矩阵为

$$[P] = \begin{bmatrix} 0.7 & 0.3 & 0 \\ \frac{1}{3} & \frac{1}{3} & \frac{1}{3} \\ 0 & 0.3 & 0.7 \end{bmatrix}$$

求该信道的信道容量及最佳输入概率分布。

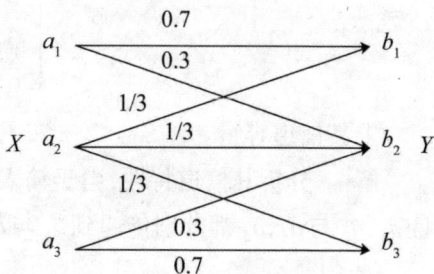

图4-16 离散信道

解 由信道的转移矩阵可知，这个信道不是对称离散信道，不能直接利用对称离散信道公式来求其信道容量。下面利用定理 4 – 3 来求其信道容量。

仔细考察此信道，可设想若输入符号 a_2 的概率分布等于零，该信道就成了一个二元纯对称删除信道。若输入符号 a_2 的概率分布不等于零，就会增加不确定性。于是假设输入概率分布为 $p(a_1) = p(a_3) = \dfrac{1}{2}, p(a_2) = 0$，然后检查它是否满足求解信道容量的充要条件。

根据假设的输入概率分布很容易求得

$$p(b_1) = p(b_3) = 0.35, p(b_2) = 0.3$$

通过计算可得

$$I(a_1;Y) = \sum_{j=1}^{3} p(b_j/a_1)\log\frac{p(b_j/a_1)}{p(b_j)} = 0.7\log\frac{0.7}{0.35} + 0.3\log\frac{0.3}{0.3} = 0.7$$

$$I(a_3;Y) = \sum_{j=1}^{3} p(b_j/a_3)\log\frac{p(b_j/a_3)}{p(b_j)} = 0.7\log\frac{0.7}{0.35} + 0.3\log\frac{0.3}{0.3} = 0.7$$

$$I(a_2;Y) = \sum_{j=1}^{3} p(b_j/a_2)\log\frac{p(b_j/a_2)}{p(b_j)} = 0$$

可见，此输入概率分布满足

$$\begin{cases} I(a_i;Y) = 0.7, & p(a_i) \neq 0 \text{ 的所有 } a_i \\ I(a_i;Y) < 0.7, & p(a_i) = 0 \text{ 的所有 } a_i \end{cases}$$

因此，求得这个信道的信道容量为 $C = 0.7$（比特／符号）。

达到信道容量的最佳输入概率分布就是前面假设的概率分布，即

$$p(a_1) = p(a_3) = \frac{1}{2}, p(a_2) = 0$$

【例 4 – 7】设某离散信道输入符号集为 $[a_1, a_2, a_3, a_4, a_5]$，输出符号集为 $[b_1, b_2]$，信道转移矩阵如下，信道示意图如图 4 – 17 所示。

$$[P] = \begin{bmatrix} 1 & 0 \\ 1 & 0 \\ \dfrac{1}{2} & \dfrac{1}{2} \\ 0 & 1 \\ 0 & 1 \end{bmatrix}$$

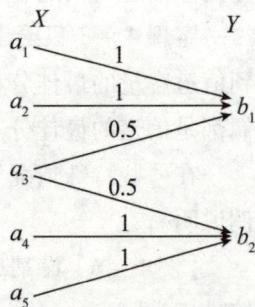

图 4 – 17　信道示意图

求其信道容量。

解 分析其信道特性，由于输入符号 a_3 转移到 b_1 和 b_2 是等概率的，所以 a_3 可以省去，且 a_1, a_2 与 a_4, a_5 都分别传递到 b_1 与 b_2，因此可只取 a_1 和 a_5。于是，假设最佳输入概率分布为 $p(a_1) = p(a_5) = \dfrac{1}{2}, p(a_2) = p(a_3) = p(a_4) = 0$。

可计算得 $p(b_1) = p(b_2) = \dfrac{1}{2}$。此时,不难计算得

$$I(a_1;Y) = I(a_2;Y) = \log2, I(a_4;Y) = I(a_5;Y) = \log2, I(a_3;Y) = 0$$

可见,此假设分布满足定理 4 - 3 的充要条件。因此,该信道的信道容量为

$$C = \log2 = 1 \text{ 比特／符号}$$

最佳输入概率分布是 $p(a_1) = p(a_5) = \dfrac{1}{2}, p(a_2) = p(a_3) = p(a_4) = 0$。

若设输入概率分布为 $p(a_1) = p(a_2) = p(a_4) = p(a_5) = \dfrac{1}{4}, p(a_3) = 0$。同理,可得

$p(b_1) = p(b_2) = \dfrac{1}{2}$。也可得

$$\begin{cases} I(a_i;Y) = \log2, i = 1,2,4,5 \\ I(a_i;Y) < \log2, i = 3 \end{cases}$$

根据定理 4 - 3 可知,输入分布 $p(a_1) = p(a_2) = p(a_4) = p(a_5) = \dfrac{1}{4}, p(a_3) = 0$ 也是

最佳输入概率分布。当然还可找到此信道其他的最佳输入概率分布。

可见,这信道的最佳输入分布不是唯一的。互信息 $I(a_i;Y)$ 仅直接与信道转移概率及输出概率分布有关,因而达到信道容量的输入概率分布不是唯一的,但输出概率分布是唯一的。

对于一般的离散信道,很难利用定理 4 - 3 来求信道容量和对应的输入概率分布。因此仍只能采用求解如下方程组式的方法。

$$\begin{cases} \displaystyle\sum_{j=1}^{s} p(b_j/a_i) \log \dfrac{p(b_j/a_i)}{p(b_j)} = C, \\ \qquad\qquad\qquad\qquad\qquad i = 1,2,\cdots,r \\ \displaystyle\sum_{i=1}^{r} p(a_i) = 1, \end{cases}$$

把方程组中前 r 个方程改写成

$$\sum_{j=1}^{s} p(b_j/a_i) \log p(b_j/a_i) = \sum_{j=1}^{s} p(b_j/a_i) \log p(b_j) = C, i = 1,2,\cdots,r$$

移项后可得

$$\sum_{j=1}^{s} p(b_j/a_j)[C + \log p(b_j)] = \sum_{j=1}^{s} p(b_j/a_i) \log p(b_j/a_i), i = 1,2,\cdots,r$$

现令 $\beta_j = C + \log p(b_j)$ 代入上式,可得

$$\sum_{j=1}^{s} p(b_j/a_i)\beta_j = \sum_{j=1}^{s} p(b_j/a_i) \log p(b_j/a_i), i = 1,2,\cdots,r$$

这是含有 s 个未知数 β_j,有 r 个方程的非齐次线性方程组。

若设 $r = 2$,信道转移矩阵是非奇异方阵,则此方程组有解,并且可以求出 β_j 的数值,然

后根据 $\displaystyle\sum_{j=1}^{s} p(b_j)$ 的附加条件求得信道容量:

$$C = \log \sum_{j=1}^{s} 2^{\beta_j} (\text{比特} / \text{符号})$$

由这个 C 值就可解得对应的输出概率分布 $p(b_j)$

$$p(b_j) = 2^{\beta_j - c}, j = 1, 2, \cdots, s$$

再根据 $p(b_j) = \sum_{i=1}^{r} p(a_i) p(b_j / a_i) (j = 1, 2, \cdots, s)$，就可解出达到信道容量的最佳输入概率分布 $\{p(a_i)\}$。

4.5.6 离散无记忆信道容量的迭代算法

1972 年，S. Arimoto 和 R. E. Blahut 分别为离散无记忆信道容量的求解问题给出了一种迭代算法，该算法是一种有效的数值算法，避免了在所有边界上计算的麻烦，它能以任意给定的精度及有限步数算出任意离散无记忆信道的信道容量。

设离散无记忆信道输入 X 的符号集为 $[a_1, a_2, \cdots, a_r]$，输出 Y 的符号集为 $[b_1, b_1, \cdots, b_s]$，输入概率分布 $P = \{p(a_i)\}$，信道转移概率为 $p(b_j / a_i)$，其输出概率分布为

$$p(b_j) = \sum_{i=1}^{r} p(a_i) p(b_j / a_i), j = 1, 2, \cdots, s$$

一般，根据贝叶斯定理，由输入概率分布 $p(a_i)$ 和信道转移概率 $p(b_j / a_i)$，可求得后验概率为

$$p(a_i / b_j) = \frac{p(a_i) p(b_j / a_i)}{p(b_j)} = \frac{p(a_i) p(b_j / a_i)}{\sum_{i=1}^{r} p(a_i) p(b_j / a_i)}$$

可见，后验概率由输入概率和信道转移概率决定，不是独立变量。

为了便于用计算机编程来计算信道容量，假设后验概率 $p(a_i / b_j)$ 是自变量，并假设一个反向试验信道，其反向转移概率矩阵 ϕ 由 $p(a_i / b_j)$ 给定，并满足

$$p(a_i / b_j) \geqslant 0, \sum_{i=1}^{r} p(a_i / b_j) = 1, j = 1, 2, \cdots, s$$

如图 4 - 18 所示。

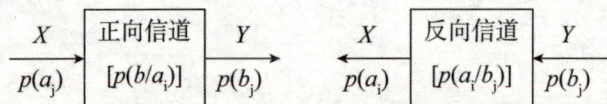

图 4 - 18 正反向试验信道

根据平均互信息的定义可知

$$I(X; Y) = \sum_{X} \sum_{Y} p(a_i) p(b_j / a_i) \log \frac{p(b_j / a_i)}{p(b_j)}$$

$$= \sum_{X} \sum_{Y} p(a_i) p(b_j / a_i) \log \frac{p(a_i / b_j)}{p(a_i)}$$

引入反向试验信道后，平均互信息 $I(X; Y)$ 将是输入概率分布 $P = \{p(a_i)\}$ 和反向转移

概率分布 $\phi = \{p(a_i/b_j)\}$ 的函数,简记作 $I(P,\phi)$。

1. 以反向转移概率分布 $p(a_i/b_j)$ 为自变量

假设 $P = \{p(a_i)\}$ 保持不变。由于 $p(a_i)$ 和 $p(b_j/a_i)$ 固定不变,又知函数 $\log p(a_i/b_j)$ 是变量 $p(a_i/b_j)$ 的 $\cap$ 型凸函数,所以 $I(P,\phi)$ 是变量 ϕ 的 $\cap$ 型凸函数。故我们可以在 $\sum_{i=1}^{r} p(a_i/b_j) = 1$ 的条件限制下,求 $\max\limits_{p(a_i/b_j)} I(P,\phi)$ 和达到最大值时的概率分布 $\phi = \{p(a_i/b_j)\}$。

令 $F(\phi) = I(P,\phi) - \lambda_j \sum_{i=1}^{r} p(a_i/b_j)(j = 1,2,\cdots,s)$,求函数 $F(\phi)$ 对 $p(a_i/b_j)$ 的偏导数,并置之为零,可得

$$\frac{\partial}{\partial p(a_i/b_j)}\left[I(P,\phi) - \lambda_j \sum_{i=1}^{r} p(a_i/b_j) \right] = 0, i = 1,2,\cdots,r, j = 1,2,\cdots,s$$

即

$$\frac{p(a_i)p(b_j/a_i)}{p(a_i/b_j)} - \lambda_j = 0, i = 1,2,\cdots,r, j = 1,2,\cdots,s$$

移项得

$$p(a_i/b_j) = \frac{p(a_i)p(b_j/a_i)}{\lambda_j}$$

将上式对 i 求和,可得

$$\sum_{i=1}^{r} p(a_i/b_j) = \frac{1}{\lambda_j} \sum_{i=1}^{r} p(a_i)p(b_j/a_i) = 1, j = 1,2,\cdots,s$$

所以

$$\lambda_j = \sum_{i=1}^{r} p(a_i)p(b_j/a_i), j = 1,2,\cdots,s$$

于是可得

$$p^*(a_i/b_j) = \frac{p(a_i)p(b_j/a_i)}{\sum\limits_{i=1}^{r} p(a_i)p(b_j/a_i)}, i = 1,2\cdots,r, j = 1,2,\cdots,s$$

此时,求得的反向转移概率 $p^*(a_i/b_j)$ 是在输入概率分布给定条件下,使 $I(P,\varphi)$ 达到极大值的最佳反向转移概率分布 $\varphi = \{p^*(a_i/b_j)\}$。可见,当输入概率分布给定时,要使 $I(P,\varphi)$ 达到极大值所需的 $p^*(a_i/b_j)$ 正是由 $p(a_i)$ 和 $p(b_j/a_i)$ 所确定的。也就是说 $\max\limits_{p(a_i/b_j)} I(P,\varphi) = I(P,\varphi^*) = I(P)$。

由上述结果可知,信道容量可表示为

$$C = \max\limits_{p(a_i)} I(P) = \max\limits_{p(a_i)} \max\limits_{p(a_i/b_j)} I(P,\varphi)$$

即信道容量 C 可由函数 $I(P,\varphi)$ 的双重最大化得到。

2. 以输入概率分布 $p(a_i)$ 为自变量

假定反向转移概率分布 φ^* 固定,也可求 $I(P,\varphi)$ 对输入概率分布的最大值,其约束条件

是 $\sum_{i=1}^{r} p(a_i) = 1$。同理,令 $F(P) = I(P,\varphi^*) - \lambda \sum_{i=1}^{r} p(a_i)$,对 $p(a_i)$ 求偏导数,并置之为零,可得

$$\frac{\partial}{\partial p(a_i)} \Big[I(P,\varphi^*) - \lambda \sum_{i=1}^{r} p(a_i) \Big] = 0, i = 1,2,\cdots,r$$

即得

$$-\big[1 + \ln p(a_i) \big] + \sum_{j=1}^{s} p(b_j/a_i) \ln p^*(a_i/b_j) - \lambda = 0, i = 1,2,\cdots,r$$

移项后可得

$$p(a_i) = \exp\Big[\sum_{j=1}^{s} p(b_j/a_i) \ln p^*(a_i/b_j) - (1+\lambda) \Big], i = 1,2,\cdots,r$$

由约束条件 $\sum_{i=1}^{r} p(a_i) = 1$,可解得

$$e^{(1+\lambda)} = \sum_{i=1}^{r} \exp\Big[\sum_{j=1}^{s} p(b_j/a_i) \ln p^*(a_i/b_j) \Big]$$

这时可得

$$p^*(a_i) = \frac{\exp\Big[\sum_{j=1}^{s} p(b_j/a_i) \ln p^*(a_i/b_j) \Big]}{\sum_{i=1}^{r} \exp\Big[\sum_{j=1}^{s} p(b_j/a_i) \ln p^*(a_i/b_j) \Big]}, i = 1,2,\cdots,r$$

为了简化书写,令

$$\left. \begin{array}{l} \partial_i = \exp\Big[\sum_{j=1}^{s} p(b_j/a_i) \ln \dfrac{p(b_j/a_i)}{\sum_{i=1}^{r} p(a_i) p(b_j/a_i)} \Big] \\[4mm] \text{可得} \qquad p^*(a_i) = \dfrac{p(a_i) \partial_i}{\sum_{i=1}^{r} p(a_i) \partial_i} \end{array} \right\}, i = 1,2,\cdots,r$$

等式右边的 $p(a_i)$ 是初始假设的输入概率分布,等式左边的 $p^*(a_i)$ 是双重极大化求得的输入概率分布。这是在反向转移概率 $p^*(a_i/b_j)$ 给定下,使 $I(P,\varphi^*)$ 达到极大值的最佳输入概率分布。由上面的表达式可得到

$$-\left\{ 1 + \ln \underbrace{\frac{\exp\Big[\sum_{j=1}^{s} p(b_j/a_i) \ln p^*(a_i/b_j) \Big]}{\sum_{i=1}^{r} \exp\Big[\sum_{j=1}^{s} p(b_j/a_i) \ln p^*(a_i/b_j) \Big]}}_{p(a_i)} \right\} + \sum_{j=1}^{s} p(b_j/a_i) \ln p^*(a_i/b_j) - \lambda = 0$$

即

$$\ln \sum_{i=1}^{r} \exp\Big[\sum_{j=1}^{s} p(b_j/a_i) \ln p^*(a_i/b_j) \Big] = \lambda + 1$$

再将式 $-[1 + \ln p(a_i)] + \sum_{j=1}^{s} p(b_j/a_i)\ln p^*(a_i/b_j) - \lambda = 0$ 移项，并乘以所求得的 $p^*(a_i)$，然后对 i 求和，则得

$$-\sum_{i=1}^{r} p^*(a_i)\ln p^*(a_i) + \sum_{i=1}^{r}\sum_{j=1}^{s} p^*(a_i)p(b_j/a_i)\ln p^*(a_i/b_j) = \lambda + 1$$

即

$$I(P^*, \Phi^*) = \lambda + 1$$

于是，可得

$$\max_{P(a_i)} I(P, \varphi^*) = I(P^*, \Phi^*) = \ln\sum_{i=1}^{r}\exp\left[\sum_{j=1}^{s} p(b_j/a_i)\ln p^*(a_i/b_j)\right]$$

这样就可交替地固定 P 和 Φ，使 $I(P, \Phi)$ 最大化，这就构成了下述离散无记忆信道容量的逐步迭代算法。

3. 离散无记忆信道容量的逐步迭代算法

任意选择初始输入概率分布 $p^{(1)}$。一般情况下，往往选择初始分布为等概率分布 $p^{(1)} = \left(\frac{1}{r}, \frac{1}{r}, \cdots, \frac{1}{r}\right)$。然后，继续进行下一步计算，令迭代序号为 $n = 1, 2, \cdots$。

在第 n 步迭代中，可得到

$$p^{(n)}(a_i/b_j) = \frac{p^{(n)}(a_i)p(b_j/a_i)}{\sum_{i=1}^{r} p^{(n)}(a_i)p(b_j/a_i)}$$

$$\partial_i^{(n)} = \exp\left[\sum_{j=1}^{s} p(b_j/a_i)\ln\frac{p(b_j/a_i)}{\sum_{i=1}^{r} p^{(n)}(a_i)p(b_j/a_i)}\right]$$

$$P^{(n+1)}(a_i) = \frac{p^{(n)}(a_i)\partial_i^{(n)}}{\sum_{i=1}^{r} p^{(n)}(a_i)\partial_i^{(n)}}$$

这三个表达式就是迭代算法的基本公式。

现在令

$$\left.\begin{array}{l} C(n,n) = \max_{P(a_i/b_j)} I(P^{(n)}; \Phi) \\ C(n+1,n) = \max_{P(a_i)} I(P, \Phi^{(n)}) \end{array}\right\}$$

则可得

$$\begin{aligned} C(n,n) &= I(P^{(n)}, \Phi^{(n)}) \\ &= \sum_{i=1}^{r}\sum_{j=1}^{s} p^{(n)}(a_i)p(b_j/a_i)\ln\frac{p^{(n)}(a_i/b_j)}{p^{(n)}(a_i)} \\ &= \sum_{i=1}^{r}\sum_{j=1}^{s} p^{(n)}(a_i)p(b_j/a_i)\ln\frac{p(b_j/a_i)}{\sum_{i=1}^{r} p^{(n)}(a_i)p(b_j/a_i)} \end{aligned}$$

$$C(n+1,n) = I(P^{(n+1)},\Phi^{(n)})$$

$$= \ln \sum_{i=1}^{r} \exp\left[\sum_{j=1}^{s} p(b_j/a_i)\ln p^{(n)}(a_i/b_j)\right]$$

$$= \ln \sum_{i=1}^{r} p^{(n)}(a_i)\partial_i^{(n)}$$

于是，根据初始输入概率分布，先计算出 $p^{(1)}(a_i/b_j)$，迭代算出 $p^{(2)}(a_i)$，然后利用 $p^{(2)}(a_i)$ 计算出 $p^{(2)}(a_i/b_j)$，再又计算出 $p^{(3)}(a_i)$，依此继续计算下去，可以证明当 $n \to \infty$，$C(n,n) = C(n+1,n) = C$。在实际计算中，只需要逐次比较 $C(n,n)$ 和 $C(n+1,n)$ 值，当两次计算值的差已小到可以容忍的误差范围内，就可停止计算，认为已达到信道容量值 C。

具体迭代算法步骤如下。

(1) 任意选取初始概率分布 $p^{(1)}(a_i)$，并置 $n = 1$。

(2) 计算出 $p^{(n)}(a_i/b_j)$。

$$p^{(n)}(a_i/b_j) = \frac{p^{(n)}(a_i)p(b_j/a_i)}{\sum_{i=1}^{r} p^{(n)}(a_i)p(b_j/a_i)}$$

(3) 利用 $p^{(n)}(a_i)$ 和 $p^{(n)}(a_i/b_j)$，计算 $C(n,n)$。

$$C(n,n) = I(P^{(n)},\Phi^{(n)})$$

$$= \sum_{i=1}^{r}\sum_{j=1}^{s} p^{(n)}(a_i)p(b_j/a_i)\ln\frac{p^{(n)}(a_i/b_j)}{p^{(n)}(a_i)}$$

(4) 利用 $p^{(n)}(a_i/b_j)$，计算 $p^{(n+1)}(a_i)$。

$$P^{(n+1)}(a_i) = \frac{\exp\left[\sum_{j=1}^{s} p(b_j/a_i)\ln p^{(n)}(a_i/b_j)\right]}{\sum_{i=1}^{r}\exp\left[\sum_{j=1}^{s} p(b_j/a_i)\ln p^{(n)}(a_i/b_j)\right]}$$

(5) 利用 $p^{(n)}(a_i/b_j)$，计算 $C(n+1,n)$。

$$C(n+1,n) = I(P^{(n+1)},\Phi^{(n)})$$

$$= \ln \sum_{i=1}^{r}\exp\left[\sum_{j=1}^{s} p(b_j/a_i)\ln p^{(n)}(a_i/b_j)\right]$$

(6) 若 $|C(n+1,n) - C(n,n)| \leqslant \delta$（$\delta$ 为任意小值），转向(7)；否则令 $n+1 \to n$，转向(2)。

(7) 输出计算结果 $p^{(n+1)}(a_i)$ 及 $C(n+1,n)$，结束迭代运算。

在上述迭代算法中，由于初始选择 $p^{(1)}(a_i) > 0$（对所有 $i = 1,2,\cdots,r$），则可知所有 $1 \geqslant p^{(n)}(a_i/b_j) 0$。当且仅当 $p(b_j/a_i) = 0$ 时，$p(a_i/b_j) = 0$。另外，当 $a_i^{(n)} > 0$ 时，则 $0 < p^{(n)}(a_i) < 1$。所以，在逐次迭代逼近过程中不会出现不容许的 $p(a_i)$ 值。

可以证明，上述迭代算法是收敛的，其收敛速度与初始的输入概率分布选择有关。如果初始选择的输入概率分布与最后应得的结果相近，则迭代次数较少。但是，在迭代算法的实际运算中,应得的结果是未知的,没有什么选择初始输入概率分布的诀窍。一般,选择输入概率分布为等概较为方便。有关迭代算法的收敛性证明可参阅相关参考书。

综上所述,对于离散无记忆信道的信道容量计算可以分如下几步考虑:

(1)运用信道的对称性来求解;

(2)或利用定理 4 - 2 来求解;

(3)或解如下方程组式来求解:

$$\sum_{j=1}^{s} p(b_j/a_i)\beta_j = \sum_{j=1}^{s} p(b_j/a_i)\log p(b_j/a_i), i = 1,2,\cdots,r$$

$$C = \log \sum_{j=1}^{s} 2^{\beta_j}$$

(4)也可采用计算机迭代运算方法来求解。

4.5.7　连续型信道的信道容量

在 4.1 节信道的分类中,连续型的信道主要是针对输入、输出变量的取值而言的,其取值均为连续的随机信号。针对不同的时间关系,连续型信道又可分为时间离散型和时间连续型两类,时间离散型的连续信道称为离散时间信道(有时直接就叫连续信道,关于连续信道定义目前比较混乱,本身约定的连续信道指时间离散的连续信道),时间连续型的连续信道称为波形信道。下面将分别讨论离散时间信道和波形信道的信道容量问题。

1. 离散时间信道(连续信道)的信道容量

信源输出的信息总是要通过信道传送给接收端的收信者,所以讨论信道传输信息的能力是非常重要的。和离散信道一样,对于固定的连续信道也有一个最大的信息传输率,称为信道容量。它是信道可靠传输的最大信息传输率。对于不同的连续信道,由于它们存在的噪声形式不同,信道带宽以及对信号的各种限制不同,所以具有不同的信道容量。

【定义 4 - 9】单维连续信道的信道容量为

$$C = \max_{p(x)} I(X;Y) = \max_{p(x)} [h(Y) - h(Y/X)]（比特／自由度）$$

式中,$p(x)$ 为输入随机变量 X 的概率密度函数。

多维连续信道的信道容量为

$$C = \max_{p(x)} I(X;Y) = \max_{p(x)} [h(Y) - h(Y/X)]（比特／N 个自由度）$$

式中,$p(x)$ 为输入随机矢量 X 的概率密度函数。

对于加性信道,其信道转移概率密度函数就是噪声的概率密度函数,条件熵 $h(Y/X)$(即噪声熵)就是噪声源的熵 $h(n)$。因此,一般多维加性连续信道的信道容量为

$$C = \max_{p(x)} [h(Y) - h(n)]（比特／N 个自由度）$$

式中,$h(n)$ 与输入随机矢量 X 的概率密度函数 $p(x)$ 无关(因输入随机矢量 X 与噪声随机矢量 n 统计独立)。于是,求加性信道的信道容量就是求某种发送信号的概率密度函数使接收信号的熵 $h(Y)$ 最大。

由于在不同限制条件下,连续随机变量有不同的最大连续差熵值。所以,从上面的分析可知,加性信道的信道容量 C 取决于噪声的统计特性和输入随机矢量 $\boldsymbol{X}$ 所受的条件限制。在一般实际信道中,无论输入信号和噪声,它们的平均功率或能量总是有限的。所以这里只讨论在平均功率受限的条件下,各种连续信道的信道容量。

（1）单维高斯加性信道。

【定义 4 – 10】信道的输入和输出都是取值连续的一维随机变量,而加入信道的噪声是加性高斯噪声,这样的信道称为单维高斯加性信道。

设信道迭加的噪声 n 是均值为零、方差为 σ^2 的一维高斯噪声,则其概率密度如下式:

$$p(x) = \frac{1}{\sqrt{2\pi\sigma^2}}\exp\left(-\frac{(x-m)^2}{2\sigma^2}\right)$$

于是,可求得噪声信源的熵为

$$
\begin{aligned}
h(n) &= -\int_{-\infty}^{\infty} p(x)\log p(x)\,\mathrm{d}x \\
&= -\int_{-\infty}^{\infty} p(x)\log\left[\frac{1}{\sqrt{2\pi\sigma^2}}\exp\left(-\frac{(x-m)^2}{2\sigma^2}\right)\right]\mathrm{d}x \\
&= -\int_{-\infty}^{\infty} p(x)(-\log\sqrt{2\pi\sigma^2})\,\mathrm{d}x + \int_{-\infty}^{\infty} p(x)\left[\frac{(x-m)^2}{2\sigma^2}\right]\mathrm{d}x \cdot \log e \\
&= \log\sqrt{2\pi\sigma^2} + \frac{1}{2}\log e \\
&= \frac{1}{2}\log 2\pi e\sigma^2
\end{aligned}
$$

此时,可得高斯加性信道的信道容量为

$$C = \max_{p(x)}\left[h(Y) - \log\sqrt{2\pi e\sigma^2}\right]$$

式中,只有 $h(Y)$ 与输入信号的概率密度函数 $p(x)$ 有关。如果当信道输出信号 Y 的平均功率限制在 P_0 以下时,由前面可知,Y 是均值为零的高斯变量,其熵 $h(Y)$ 为最大。而输出信号 Y 是输入信号 X 和噪声的线形叠加;又已知噪声是均值为零、方差为 σ^2 的高斯变量,并与输入信号 X 彼此统计独立。于是,要使 Y 是均值为零、方差为 P_0 的高斯变量必须要求输入信号也是均值为零,方差为 $P_s = P_0 - \sigma^2$ 的高斯变量（由于从概率论角度分析,统计独立的正态分布的随机变量之和仍是正态分布的变量,并且和变量的方差等于各变量的方差之和）。于是,可得平均功率受限高斯信道的信道容量（每个自由度）为

$$
\begin{aligned}
C &= \log\sqrt{2\pi e P_0} - \log\sqrt{2\pi e\sigma^2} = \frac{1}{2}\log\frac{P_0}{\sigma^2} \\
&= \frac{1}{2}\log\left(1 + \frac{P_s}{\delta^2}\right) \\
&= \frac{1}{2}\log\left(1 + \frac{P_s}{P_n}\right)
\end{aligned}
$$

式中，P_s 是输入信号 X 的平均功率，$P_n = \sigma^2$ 是高斯噪声的平均功率，P_s/P_n 为信道的信噪功率比。可见，单维高斯加性信道的信道容量 C 只取决于信道的信噪功率比。

只有当信道的输入信号是均值为零、平均功率为 P_s 的高斯分布随机变量时，信息传输率才能达到这个最大值。

（2）单维非高斯加性信道。

【定义 4-11】信道的输入和输出都是取值连续的一维随机变量 X 和 Y，输入信号 X 的平均功率受限为 P_s，信道的噪声 n 是均值为零、平均功率为 P_n 的非高斯加性噪声，这样的信道称为单维非高斯加性信道。

由于是加性信道，则输出 Y 的平均功率 $P_0 = P_s + P_n$。此信道的平均互信息为

$$I(X;Y) = h(Y) - h(n)$$

有

$$h(Y) \leqslant \frac{1}{2}\log 2\pi e(P_s + P_n)$$

而

$$h(n) = \frac{1}{2}\log 2\pi e\overline{P}_n$$

式中，$\overline{P}_n$ 为噪声的熵功率，即 $\overline{P}_n = \overline{\delta}_n^2$，所以得

$$I(X;Y) \leqslant \frac{1}{2}\log 2\pi e(P_s + P_n) - \frac{1}{2}\log 2\pi e\overline{P}_n$$

于是，可得

$$C \leqslant \frac{1}{2}\log\left(\frac{P_s + P_n}{\overline{P}_n}\right)$$

又由于输入信号 X 和噪声 n 的均值都为零，则有

$$\overline{\delta}_X^2 + \overline{\delta}_n^2 \leqslant \overline{\delta}_Y^2 \leqslant \sigma_X^2 + \sigma_n^2$$

若选择输入信号是均值为零、平均功率为 P_s 的高斯分布随机变量，即 $\overline{\delta}_x^2 = P_s$。可得

$$h(Y) \geqslant \frac{1}{2}\log 2\pi e(P_s + \overline{\delta}_n^2)$$

$$C \geqslant I(X;Y) \geqslant \frac{1}{2}\log 2\pi e(P_s + \overline{\delta}_n^2) - \frac{1}{2}\log 2\pi e\overline{\delta}_n^2$$

即

$$C \geqslant \frac{1}{2}\log\left(1 + \frac{P_s}{\overline{\delta}_n^2}\right) = \frac{1}{2}\log\left(1 + \frac{P_s}{\overline{P}_n}\right)$$

于是，可得

$$\frac{1}{2}\log\left(\frac{P_s + \overline{P}_n}{\overline{P}_n}\right) \leqslant C \leqslant \frac{1}{2}\log\left(\frac{P_s + P_n}{\overline{P}_n}\right)$$

因为 $\overline{P}_n \leqslant P_n$，所以也可有

$$\frac{1}{2}\log\left(\frac{P_s + P_n}{P_n}\right) \leqslant C \leqslant \frac{1}{2}\log\left(\frac{P_s + P_n}{\overline{P}_n}\right)$$

当且仅当噪声为高斯加性噪声时，式中等号成立，可见高斯型噪声是最坏的干扰，此时的信道容量最小。因此，在实际应用中，往往把噪声视为高斯分布，这样分析最坏的情况是比较安全的。

对于平均功率受限的非高斯加性信道,一般对其信道容量进行精确计算较困难。上式给出了此类信道容量的上、下限,该上、下限的值比较容易计算得到。

(3) 多维无记忆高斯加性连续信道。

信道输入随机序列 $\boldsymbol{X} = X_1 X_2 \cdots X_N$,输出随机序列 $\boldsymbol{Y} = Y_1 Y_2 \cdots Y_N$,由于是加性信道,所以有 $\boldsymbol{Y} = \boldsymbol{X} + \boldsymbol{n}$,其中 $\boldsymbol{n} = n_1 n_2 \cdots n_N$ 是均值为零的高斯噪声,如图 4 - 19 所示。

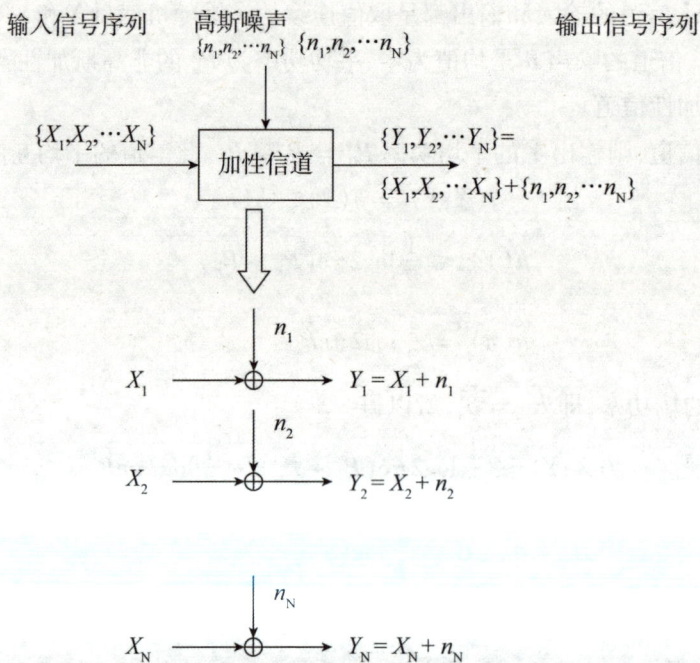

图 4 - 19　多维无记忆加性信道等价于 N 个独立并联加性信道

由于信道无记忆,则有 $p(\boldsymbol{y}/\boldsymbol{x}) = \prod_{i=1}^{N} p(y_i/x_i)$。

又因是加性信道,所以有 $p(\boldsymbol{n}) = p(\boldsymbol{y}/\boldsymbol{x}) = \prod_{i=1}^{N} p(y_i/x_i) = \prod_{i=1}^{N} p(n_i)$。

噪声 $\boldsymbol{n}$ 是高斯噪声,又各分量统计独立,所以各分量 n_i 是均值为零、方差为 $\sigma_i^2 = P_{n_i}$ 的高斯变量。这样,多维无记忆高斯加性信道可等价成 N 个独立的并联高斯加性信道。

由于

$$I(\boldsymbol{X};\boldsymbol{Y}) \leqslant \sum_{i=1}^{N} I(X_i;Y_i) \leqslant \frac{1}{2} \sum_{i=1}^{N} \log\left(1 + \frac{P_{s_i}}{P_{n_i}}\right)$$

则有

$$C = \max_{p(x)} I(\boldsymbol{X};\boldsymbol{Y}) = \frac{1}{2} \sum_{i=1}^{N} \log\left(1 + \frac{P_{s_i}}{P_{n_i}}\right) \text{（比特 }/N\text{ 个自由度）}$$

从上式可知,各单元时刻($i = 1,2,\cdots,N$)上的噪声是均值为零、方差为不同的 P_{n_i} 的高斯噪声,于是,当且仅当输入随机矢量 $\boldsymbol{X}$ 中各分量统计独立,并且也是均值为零、方差为不同

P_{s_i} 的高斯变量时,才能达到此信道容量。

可见,上式是多维无记忆高斯加性连续信道的信道容量,也是 N 个独立的、并联组合的、高斯加性信道的信道容量。若各单元时刻($i = 1,2,\cdots,N$)上的噪声都是均值为零、方差为 P_n 的高斯噪声,则信道容量为

$$C = \frac{N}{2}\log\left(1 + \frac{P_s}{P_n}\right)(比特/N 个自由度)$$

当且仅当输入信号 X 的各分量统计独立,并都是均值为零、方差为 P_s 的高斯变量时,信息传输率达到该最大值。

2. 波形信道的信道容量

波形信道如图 4 – 20 所示,其输入是平稳随机过程 $\{x(t)\}$,输出也是平稳随机过程 $\{y(t)\}$。在限频 F、限时 T 条件下,波形信道可转化成多维连续信道。假设在 T 时间内,时间离散化后 $\{x(t)\}$ 和 $\{y(t)\}$ 转换成 N 维随机序列 $X = X_1 X_2 \cdots X_N$ 和 $Y = Y_1 Y_2 \cdots Y_N$。因此可得波形信道的平均互信息为

图 4 – 20　波形信道

$$
\begin{aligned}
I(x(t);y(t)) &= \lim_{N\to\infty} I(X;Y) \\
&= \lim_{N\to\infty}[h(X) - h(X/Y)] \\
&= \lim_{N\to\infty}[h(Y) - h(Y/X)] \\
&= \lim_{N\to\infty}[h(X) + h(Y) - h(\overrightarrow{XY})]
\end{aligned}
$$

对于波形信道来说,一般情况下都是研究其单位时间内的信息传输率 R_t,于是可得

$$R_t = \lim_{T\to\infty}\frac{1}{T}I(X;Y)(比特/秒)$$

同样地,和离散信道、连续信道一样,对于固定的波形信道也有一个最大的信息传输率,称为信道容量。对于不同的波形信道,由于不同的噪声形式、信道带宽以及信号限制,于是具有不同的信道容量。

【定义 4 – 12】波形信道的信道容量为

$$C_t = \max_{p(x)}\left[\lim_{T\to\infty}\frac{1}{T}I(X;Y)\right] = \max_{p(x)}\left\{\lim_{T\to\infty}\frac{1}{T}[h(Y) - h(Y/X)]\right\}(比特/秒)$$

式中,$p(x)$ 为输入随机矢量 X 的概率密度函数。

一般加性波形信道的信道容量为

$$C_t = \max_{p(x)}\left\{\lim_{T\to\infty}\frac{1}{T}[h(Y) - h(n)]\right\} = \lim_{T\to\infty}\frac{1}{T}\left\{\max_{p(x)}[h(Y) - h(n)]\right\}(比特/秒)$$

同样地,这里的 $h(n)$ 也是与输入随机矢量 X 的概率密度函数 $p(x)$ 无关(因输入随机矢量 X 与噪声随机矢量 n 统计独立)。可见,加性信道的信道容量 C 取决于噪声的统计特性和输入随机矢量 X 所受的限制条件。

在实际信道中,输入信号和噪声的平均功率(或能量)总是有限的。于是,这里也只讨论在平均功率受限的条件下,各种波形信道的信道容量。

【定义 4 – 13】信道的输入和输出信号是随机过程 $\{x(t)\}$ 和 $\{y(t)\}$,而加入信道的噪声是加性高斯白噪声 $\{n(t)\}$(其均值为零,功率谱密度为 $N_0/2$),所以输出信号满足 $\{y(t)\} = \{x(t) + n(t)\}$,此信道称为高斯白噪声加性波形信道。

高斯白噪声加性波形信道是经常假设的一种波形信道。一般信道的频带宽度总是有限的,设其带宽为 W(即 $|f| \leq W$),这样信道的输入、输出信号和噪声都是限频的随机过程。根据取样定理,可把一个时间连续的信道变换成时间离散的随机序列信道来处理,如图 4 – 21 所示。由于是加性信道,所以随机序列信道也满足 $\boldsymbol{Y} = \boldsymbol{X} + \boldsymbol{n}$。

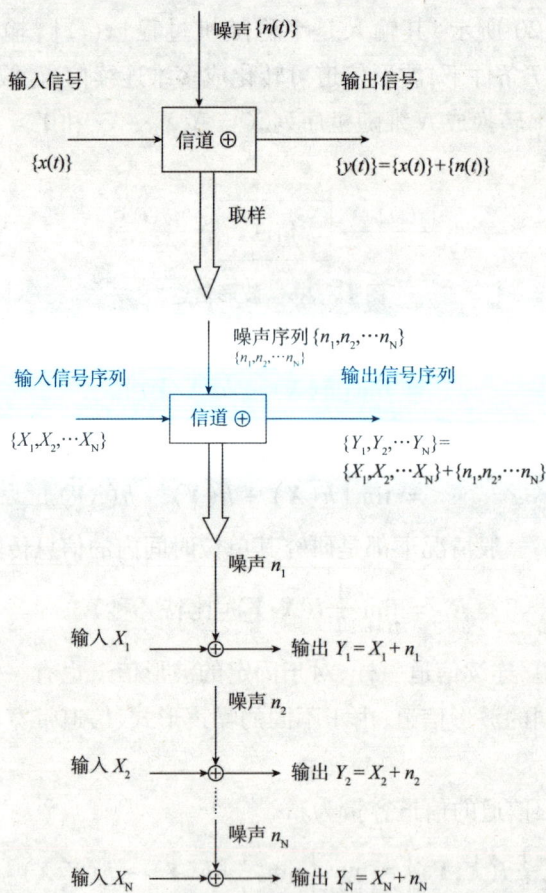

图 4 – 21   时间连续信道变换成离散平稳随机序列信道

由于信道的频带是受限的,所以加入信道的噪声成为限带的高斯白噪声。由前已知低频限带高斯白噪声的各样本值彼此统计独立,所以限频的高斯白噪声过程可分解成 N 维统计独立的随机序列,其中每个分量 n_i 都是均值为零、方差为 $\sigma_n^2 = P_n = N_0 WT/2WT = N_0/2$。于是可得这 N 维的联合概率密度为

$$p(\boldsymbol{n}) = p(n_1 n_2 \cdots n_N) = \prod_{i=1}^{N} p(n_i) = \prod_{i=1}^{N} \frac{1}{\sqrt{2\pi\sigma^2}} e^{-n_i^2/2\sigma^2}$$

对加性信道来说,若上式成立,则有

$$p(\boldsymbol{y}/\boldsymbol{x}) = p(\boldsymbol{n}) = \prod_{i=1}^{N} p(n_i) = \prod_{i=1}^{N} p(y_i/x_i)$$

所以,信道是无记忆的。那么,随机序列信道就可等效成 N 个独立的并联信道,这就是前面讨论的多维无记忆高斯加性信道,则可得

$$C = \frac{1}{2} \sum_{i=1}^{N} \log\left(1 + \frac{P_{s_i}}{P_{n_i}}\right)$$

现在,高斯白噪声的每个样本值的方差为 $\sigma_n^2 = P_n = N_0/2$。信号的平均功率受限为 P_s,T 时间内总平均功率为 $P_s T$,每个信号样本值的平均功率为 $P_s T/2WT = \dfrac{P_s}{2W}$。于是,可得 $[0,T]$ 时刻内,信道的信道容量为

$$\begin{aligned} C &= \frac{N}{2} \log\left(1 + \frac{P_s}{2W} \Big/ \frac{N_0}{2}\right) \\ &= \frac{N}{2} \log\left(1 + \frac{P_s}{N_0 W}\right) \\ &= WT \log\left(1 + \frac{P_s}{N_0 W}\right) (\text{比特}/\text{秒}) \end{aligned}$$

要达到这个信道容量则要求输入 N 维随机序列 $\boldsymbol{X}$ 中每一分量 X_i 都是均值为零、方差为 P_s,彼此统计独立的高斯变量。由前已知,高斯变量 X_i 之间线性无关或相关系数为零,就能保证彼此统计独立。也就是说,要使信道传送的信息达到信道容量(N 个自由度),必须使输入信号 $\{x(t)\}$ 具有均值为零、平均功率为 P_s 的高斯白噪声的特性。否则,传送的信息将低于信道容量,信道得不到充分利用。

高斯白噪声加性信道单元时间的信道容量为

$$C_t = \lim_{T \to \infty} \frac{C}{T} = W \log\left(1 + \frac{P_s}{N_0 W}\right) (\text{比特}/\text{秒})$$

式中,P_s 是信号的平均功率,$N_0 W$ 为高斯白噪声在带宽 W 内的平均功率(其功率谱密度为 $N_0/2$)。可见,信道容量与噪声功率比和带宽有关。

这就是著名而又重要的香农公式。当信道输入信号是平均功率受限的高斯白噪声信号时,信息传输率才达到此信道容量。

然而,一些实际信道是非高斯波形信道。从前面的分析可以知道,高斯加性信道的信道容量是非高斯加性信道的信道容量的下限值。所以,香农公式可适用于其他一般非高斯波形信道,由香农公式得到的值是非高斯波形信道的信道容量的下限值。

从香农公式可以看出,当带宽 W 增大时,信道容量 C_t 也开始增大,到一定阶段后 C_t 的加大就变缓慢,当 $W \to \infty$ 时,C_t 趋向于一极限值,即

$$\lim_{W \to \infty} C_t = \lim_{W \to \infty} W\log\left(1 + \frac{P_s}{N_0 W}\right)$$

令 $x = \dfrac{P_s}{N_0 W}$，可得

$$\lim_{W \to \infty} C_t = \lim_{W \to \infty} \frac{P_s}{N_0} \frac{WN_0}{P_s}\log\left(1 + \frac{P_s}{N_0 W}\right) = \lim_{x \to 0} \frac{P_s}{N_0}\log(1 + x)^{1/x}$$

由于当 $x \to 0$ 时，$\ln(1 + x)^{1/x} \to 1$，所以

$$\lim_{x \to 0} C_t = \frac{P_s}{N_0 \ln 2} = 1.4427 \frac{P_s}{N_0}(\text{比特／秒})$$

此式说明当频带很宽时，或信噪比很低时，信道容量等于信号功率与噪声功率密度比。这比值是加性高斯噪声信道信息传输率的极限值。从上式可以看出，当频带不受限制时，若传送 1 比特信息，最低信噪功率比 P_s/P_0 为 0.6931。但是，在实际中要达到可靠通信往往都比这个值大很多。

【例 4 – 8】电话线信道频带范围为 $(0 \sim 3300\mathrm{Hz})$。当信噪功率比为 20dB（即 $\dfrac{P_s}{N_0 W} = 100$）时，求信道容量。

解   信道容量为

$$C_t = W\log\left(1 + \frac{P_s}{N_0 W}\right) = 3300\log(1 + 100) = 22000(\text{比特／秒})$$

在实际电话通道中，还需考虑串音、干扰、回声等的因素，所以比理论计算的值要小。

4.6   信源与信道的匹配

对于一个信道，其信道容量是一定的。只有当输入符号的概率分布 $p(x)$ 满足一定条件时才能达到信道容量 C。这就是说只有特定的信源才能使某一信道的信息传输率达到最大。

由此可见，信道的信息传输率 R 与信源分布是有密切关系的。一般信源与信道连接时，其信息传输率 $R = I(X;Y)$ 并未达到最大。这样，信道的信息传输率还有提高的可能，即信道没得到充分利用。当 R 达到信道容量 C 时，则称信源与信道达到匹配，否则认为信道有剩余。

【定义 4 – 15】设信道的信息传输率为 $I(X;Y)$，信道容量为 C，信道剩余度定义为

$$\text{信道剩余度} = C - I(X;Y)$$

信道相对剩余度定义为

$$\text{信道相对剩余度} = \frac{C - I(X;Y)}{C} = 1 - \frac{I(X;Y)}{C}$$

当信道为无损信道时,有 $I(X;Y) = H(X)$,这里 $H(X)$ 是输入信道的信源熵,则信道容量为

$$C = \max_{p(x)} \{H(X)\} = \log r, r \text{ 是信道输入符号的个数}$$

可见,无损信道的相对剩余度为

$$\text{无损信道的相对剩余度} = 1 - \frac{H(X)}{\log r}$$

与第 3 章信源剩余度比较,可见上式就是信源的剩余度。因此对于无损信道,其信道相对剩余度与信源剩余度完全等价。

为减少信道剩余度,可以对信源进行信源编码,提高信源的熵,使信息传输率尽可能接近信道容量,从而使信源和信道达到匹配,信道得到充分利用。

习题

一、填空题

1. 连续信道是指输入和输出随机变量、随机序列的取值都是_____的信道。

2. 连续信道的传输特性可用_____来表示。

3. 波形信道中的信号在时间上是_____的,幅度上是_____。

4. 信道中的噪声是高斯白噪声,这个信道称为_____。

5. 高斯噪声是指噪声的_____的概率密度函数服从高斯分布。

6. 白噪声则是指噪声的功率谱密度服从_____分布。

7. 除白噪声以外的噪声称为_____。

8. 香农信道容量公式是_____。

9. 信道容量 C_t 一定时,带宽 W 和信噪比_____。

10. 无限增加带宽 W,_____增大信道容量 C_t。

11. 狭义的信道分为_____和_____。

12. 广义的信道指的是除包括传输媒质外,还包括有关的变换装置。按照信道所含的功能分为_____和_____。

13. 调制信道可以看成_____,编码信道可以看成_____。

14. 条件熵 $H(X/Y)$ 为该信道的_____,表示在输出端收到输出变量 Y 的全部符号后,对于输入端的变量 X 尚存在的_____。

15. 条件熵 $H(X/Y)$ 表示收到 Y 后 X 尚存在的不确定性,由于干扰(噪声)引起的,它也表示信源符号通过有噪信道传输后所引起的信息量的损失,故也可称为_____。

16. 条件熵 $H(Y/X)$ 也称为该信道的_____。它反映了信源 X 发出某一符号后,由于信道噪声存在,造成接收 Y 的某一符号的不确定性。

17. 若 X,Y,Z 组成一个马尔可夫链,则有 $I(X;Y)$ _____ $I(X;Z)$;$I(X;Z)$ _____ $I(Y;Z)$。

18. 通过串联信道传递的信息量不可能 _____ 每一个子信道传递的信息量。

19. 在任何信息传输系统中,最后获得的信息量 _____ 是信源所提供的信息量。若一旦在某一过程中丢失一些信息,以后的系统不管如何处理,如不触及丢失信息过程的输入端,就不能再恢复已丢失的信息。这就是 _____ 。

20. 信道是指信号 _____ 。

21. 狭义的信道包括 _____ 等。

22. 广义的信道包括 _____ 等。

23. 狭义的信道单指 _____ 。

24. 离散信道是指输入、输出随机变量的取值都是 _____ 的信道,也称 _____ 。

25. 统计特性不随时间而变化的信道称为 _____ 。

26. 统计特性随时间而变化的信道称为 _____ 。

27. _____ 信道的输出仅与当前的输入有关,而与过去的输入和输出无关。

28. _____ 信道的输出不仅与当前输入有关,而且与过去的输入和输出有关。

29. 从信息传输的角度来考虑,信道可以根据输入和输出信号之间的 _____ 来进行描述。

30. 信道容量 C 只是 _____ 的函数。

31. 信道容量 C 只与 _____ 有关。

32. 对于一个特定的信道,其信道容量 C 是 _____ 。

33. 信道容量是完全描述 _____ 的参量,是信道能够传输的 _____ 。

34. 信源与信道连接时, _____ ,则称此信源与信道达到匹配。

35. 实际信源的概率分布一般不满足信道的最佳输入分布,所以 $I(X;Y) \leqslant C$,存在 _____ ,信道与信源未达到匹配。

二、计算题

1. 在图片传输中,每帧约为 2.25×10^6 个像素,为了能很好地重现图像,需分 16 个亮度电平,并假设亮度电平等概率分布。试计算每秒钟传送 30 帧图片所需信道的带宽(信噪功率比为 30dB)。

2. 设在平均功率受限高斯可加波形信道中,信道带宽为 3kHz,又设(信号功率 + 噪声功率)/ 噪声功率 = 10dB。

(1)试计算该信道传送的最大信息率(单位时间)。

(2)若(信号功率 + 噪声功率)/ 噪声功率降为 5dB,要达到相同的最大信息传输率,信道带宽应是多少。

3. 有一个二元对称信道，其信道矩阵如图 4 – 22 所示。

该信道以 1500 个二元符号／秒的速度传输输入符号。现有一消息序列共有 14 000 个二元符号，并设在这消息中 $P(0) = P(1) = \dfrac{1}{2}$。

问从信息传输的角度来考虑，10 秒钟内能否将这消息序列无失真地传送完。

4. 若有两个串接的离散信道，它们的信道矩阵都是

$$P = \begin{bmatrix} 0 & 0 & 0 & 1 \\ 0 & 0 & 0 & 1 \\ 1/2 & 1/2 & 0 & 0 \\ 0 & 0 & 1 & 0 \end{bmatrix}$$

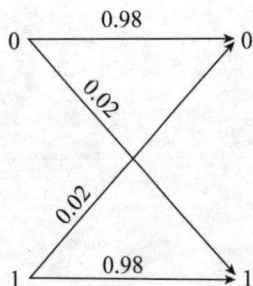

图 4 – 22　第 3 题图

并设第一个信道的输入符号 $X \in \{a_1, a_2, a_3, a_4\}$ 是等概率分布，求 $I(X;Z)$ 和 $I(X;Y)$ 并加以比较。

5. 设一离散无记忆信道，其信道矩阵为

$$P = \begin{bmatrix} \dfrac{1}{2} & \dfrac{1}{2} & 0 & 0 & 0 \\[2mm] 0 & \dfrac{1}{2} & \dfrac{1}{2} & 0 & 0 \\[2mm] 0 & 0 & \dfrac{1}{2} & \dfrac{1}{2} & 0 \\[2mm] 0 & 0 & 0 & \dfrac{1}{2} & \dfrac{1}{2} \\[2mm] \dfrac{1}{2} & 0 & 0 & 0 & \dfrac{1}{2} \end{bmatrix}$$

计算信道容量 C。

6. 为了使电视图像获得良好的清晰度和规定的对比度，每帧图像需要用 5×10^5 个像素，所有像素均是独立变化的，且每一像素又取 128 个不同的亮度电平，并假设亮度电平等概率出现。如果每秒钟传送 30 帧图像，求传输此电视图像所需的信息速率是多少？

三、简答题

1. 著名的香农信道容量公式是在加性高斯白噪声连续信道的基础上推导而来的：

$$C = \max_{p(x)} I(X;Y) = \max_{p(x)} [h(Y) - h(Y/X)]$$

（1）信道容量反映了信道的什么特性？它是由什么决定的？

（2）写出香农信道容量公式，并讨论之。

2. 简述信息不增性原理的基本内容。

第五章

信源编码

通信的根本任务就是快速、准确、安全地完成信息的传输,为此,香农提出了一个统一的通信系统理论模型,如图 5-1 所示。

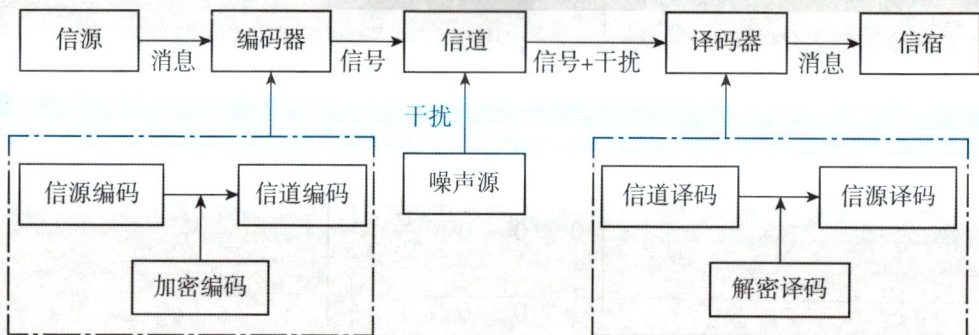

图 5-1 通信系统模型

在图 5-1 中,编码器的作用就是保证信息快速、准确、安全地完成传输,这实质就是通信系统的优化问题。香农信息论最核心的成果之一是解决了通信系统的优化问题,其主要体现是香农证明的无失真和限失真信源编码定理、信道编码定理、密码定理。在此基础上产生的通信系统优化指标主要有三类:有效性(快速)、可靠性(准确)和安全性(安全)。这三类指标可以用最优的信源编码、信道编码和保密编码来实现,不同的系统优化指标可以产生不同的最优编码、译码方式。香农信息论中的一个重要内容就是它给出了信息传输的有效性和可靠性的极限能力。具体表现为三个编码定理,一般称为香农第一、第三编码定理(信源编码定理、有效性编码定理)和香农第二编码定理(信道编码定理、抗干扰编码定理)。

简单地说,信源编码的作用是使信源更为有效,即用最简洁的形式表达最丰富的内容。由于信源中存在冗余度,从提高信息传输有效性的观点出发,总是希望减少或去掉冗余度。

信源编码就是通过减少或消除信源的冗余度来提高通信的传输效率。打个比方,要运输一批碗,在装箱的时候,如果胡乱堆放,将装不了多少碗在箱中。如果将碗摞在一起,将会装更多的碗,对碗的堆放处理就类似信源编码。

信源编码有两种方式:一种是无失真的;一种是限失真的,即允许有一定的失真。在实际生活和应用中,人们并不要求获得完全无失真的信息,通常只要求近似地再现信息就可以达到要求。例如,让某人辨识一个人,人像的头发上、脸上或衣服上是否有污点并不影响判决结果;再如,大多数时候,我们都能听懂所谓的四川普通话。另外,在某些情况下,编码引起的失真是难以避免的,如对模拟信源的数字化编码(抽样、量化、编码)过程中就必然存在失真。

本章将分别讨论无失真和限失真信源编码的要求、方法及理论极限,并得出一些极为重要的极限定理——香农第一定理、香农第三定理,然后阐述一些具体的信源编码。

5.1 信源编码的基市概念

完成编码过程的器件或模块称为编码器（Encoder）。无论什么类型的编码器，其实质上是对原始码字按一定的数学规则进行的一种变换，使其变换成另一种码字。编码器模型如图 5 – 2 所示。

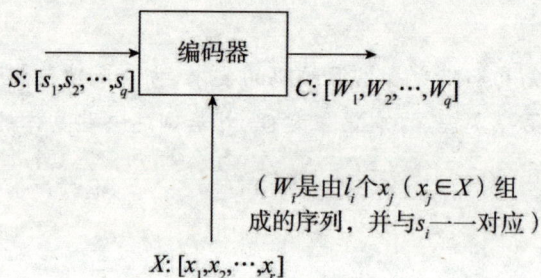

$$S: [s_1, s_2, \cdots, s_q] \longrightarrow \boxed{\text{编码器}} \longrightarrow C: [W_1, W_2, \cdots, W_q]$$

（W_i 是由 l_i 个 x_j（$x_j \in X$）组成的序列，并与 s_i 一一对应）

$$X: [x_1, x_2, \cdots, x_r]$$

图 5 – 2　编码器模型

图 5 – 2 中的编码器可以看作这样一个系统：它的输入端为原始信源 S，其符号集为 S：$\{s_1, s_2, \cdots, s_q\}$，编码器所使用的编码符号集为 X：$\{x_1, x_2, \cdots, x_r\}$，编码器输出端的符号集为 W：$\{W_1, W_2, \cdots, W_q\}$。编码器的功能是用符号集 X 中的元素，将原始信源的符号 s_i 变换为相应的码字符号 W_i，$(i = 1, 2, \cdots, q)$。长度 l_i 称为码字长度或简称码长。$r = 2$，表示二元编码，否则表示 r 元编码。

例如，ASCII 码（美国信息交换标准代码）是美国国家标准协会（ANSI）开发的代码，它采用 7 位二进制码来表示键盘输入符号，其编码器模型如图 5 – 3 所示。

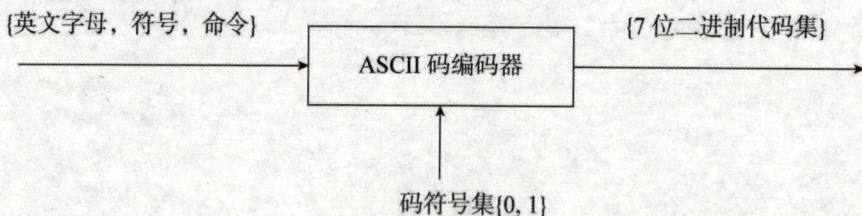

{英文字母，符号，命令} $\longrightarrow$ ASCII 码编码器 $\longrightarrow$ {7 位二进制代码集}

码符号集{0, 1}

回车	0001101
Esc	0011011
空格	0100000
!	0100001
"	0100010
#	0100011
$	0100100
%	0100101
&	0100110

图 5 – 3　ASCII 码编码器模型

在图 5 - 3 中,$r = 2$,故为二元编码;码长 $l_i = 8$。

可见,信源编码就是从信源符号到输出码符号的一种映射。

下面给出一些有关码的定义,并举例说明。

1. 二元码

若码符号集为 $X = \{0,1\}$,编码所得的码字都是一些二元序列,则称为二元码。这是数字通信和计算机系统中最常用的一种码。

2. 等长码

若一组码中所有码字的码长都相同,则称为等长码。

3. 变长码

若一组码中所有码字的码长各不相同,则称为变长码。

4. 非奇异码

若一组分组码中的所有码字都不相同,即所有信源符号映射到不同的码字,即

$$s_i \neq s_j \Rightarrow W_i \neq W_j, s_i, s_j \in S, W_i, W_j \in C$$

则称此分组码 C 为非奇异码。

5. 奇异码

若一组分组码中有相同的码字,即

$$s_i \neq s_j \Rightarrow W_i = W_j, s_i, s_j \in S, W_i, W_j \in C$$

则称码 C 为奇异码。

6. 码的 N 次扩展码

码 C 的 N 次扩展码是 N 个码字组成的码字序列的集合。

若码 $C = \{W_1, W_2, \cdots, W_q\}$,则 N 次扩展码 B 为

$$B = \{B_i = (W_{i_1} W_{i_2} \cdots W_{i_N}), i_1, i_2, \cdots, i_N = 1, 2, \cdots, q, i = 1, 2, \cdots, q^N\}$$

下面通过具体实例来讨论码的 N 次扩展码。

设信源 S 的概率空间为

$$\begin{bmatrix} S \\ p(s) \end{bmatrix} = \begin{bmatrix} s_1 & s_2 & s_3 & s_4 \\ p(s_1) & p(s_2) & p(s_3) & p(s_4) \end{bmatrix}, \sum_{i=1}^{4} p(s_i) = 1$$

在表 5 - 1 中,码 C_1 是等长非奇异码,码 C_2 是变长非奇异码。

表 5 - 1　信源 S 的两种不同编码码字

信源符号 S_i	符号出现概率 $p(s_i)$	码 C_1	码 C_2
S_1	$p(s_1)$	00	1
S_2	$p(s_2)$	01	10
S_3	$p(s_3)$	10	110
S_4	$p(s_4)$	11	000

从表 5-1 中，可求得码 C_1 和码 C_2 的任意 N 次扩展码。例如，求表 5-1 中码 C_2 的二次扩展码。

由于信源 S 的二次扩展信源

$$S^2 = [\alpha_1 = s_1 s_1, \quad \alpha_2 = s_1 s_2, \quad \alpha_3 = s_1 s_3, \quad \cdots, \quad \alpha_{16} = s_4 s_4]$$

于是，码 C_2 的二次扩展码见表 5-2。

表 5-2　码 C_2 的二次扩展码

二次扩展信源符号 $\alpha_i, i = 1, 2, \cdots, 16$	码字 $W_i, i = 1, 2, \cdots, 16$
$\alpha_1 = s_1 s_1$	11
$\alpha_2 = s_1 s_2$	110
$\alpha_3 = s_1 s_3$	1110
$\vdots$	$\vdots$
$\alpha_{16} = s_4 S_4$	000000

7. 唯一可译码

若码的任意一串有限长的码符号序列只能被唯一地译成所对应的信源符号序列，则此码为唯一可译码。

8. 即时码

无需考虑后续的码符号即可从码符号序列中译出码字，这样的唯一可译码称为即时码。**唯一可译码成为即时码的充要条件是其中任何一个码字都不是其他码字的前缀。**故即时码一定是唯一可译码，反之，唯一可译码不一定是即时码。

9. 树码

如图 5-4 所示，树图最顶部的节点称为树根，树根向下生出 r 个树枝，树枝的尽头称为节点，每个节点再生出 r 个树枝。当某一节点被安排为码字后，它就不再继续伸枝，此节点称为终端节点（用粗黑点表示）。其他节点称为中间节点，中间节点不安排码字（用空心圈表示）。给每个节点所伸出的枝分别标上码符号 $0, 1, \cdots, r$。这样，终端节点所对应的码字就由从根出发到终端节点走过的路径所对应的码符号组成。由这样的方法构造出的码称为树码，相应的图称为码树图或简称树图。

树码一定是即时码，任一即时码都可用树图法来表示。

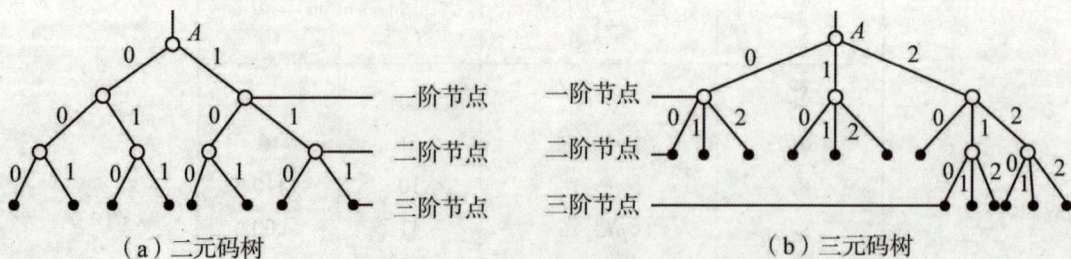

（a）二元码树　　　　　　　　　　（b）三元码树

图 5-4　码树图

10. 平均码长

设码符号集 $X:\{x_1,x_2,\cdots,x_m\}$ 的各个码字的长度分别为 $\{l_1,l_2,\cdots,l_m\}$，各个码字的出现概率为 $\{p(x_1),p(x_1),\cdots,p(x_m)\}$，定义该码的平均码长为

$$\overline{L} = \sum_{i=1}^{m} p(x_i) l_i \tag{5-1}$$

5.2 唯一可译性的判决问题

前面提到，若码的任意一串有限长的码符号序列只能被唯一地译成所对应的信源符号序列，则此码为唯一可译码。那么，满足什么条件才能构成唯一可译码呢？

5.2.1 唯一可译性的存在性判决

【定理 5-1】设信源符号 $S = \{s_1,s_2,\cdots,s_q\}$，码符号 $X = \{x_1,x_2,\cdots,x_r\}$，对信源进行编码，相应的码字为 $W = \{W_1,W_2,\cdots,W_q\}$，其分别对应的码长为 $l_1,l_2,\cdots,l_q$，则即时码存在的充分必要条件是

$$\sum_{i=1}^{q} r^{-l_i} \leqslant 1 \tag{5-2}$$

这个不等式称为克拉夫特（Kraft）不等式。

【定理 5-2】设信源符号 $S = \{s_1,s_2,\cdots,s_q\}$，码符号 $X = \{x_1,x_2,\cdots,x_r\}$，对信源进行编码，相应的码字为 $W = \{W_1,W_2,\cdots,W_q\}$，其分别对应的码长为 $l_1,l_2,\cdots,l_q$，则唯一可译码存在的充要条件是

$$\sum_{i=1}^{q} r^{-l_i} \leqslant 1 \tag{5-3}$$

式中，r 为码符号个数，l_i 为码字长度，q 为信源符号个数。这个不等式称为麦克米伦（McMillan）不等式。

这两个不等式在形式上完全相同，克拉夫特于 1949 年在即时码的条件下给出，1956 年麦克米伦在证明唯一可译码也给出了该不等式。

应该注意的是：定理 5-1 和定理 5-2 只是给出了即时码或唯一可译码存在的充分必要条件，即 r,q,l_i 之间的关系。也就是说，若码字长度和码符号数满足克拉夫特（或麦克米伦）不等式时，一定可以构造出即时码或唯一可译码。反之，如果不满足该不等式，一定不能构造出即时码或唯一可译码。

所以，这两个定理只能作为在该条件下是否存在即时码或唯一可译码的依据，并不能作为判别某一种码是否为即时码或唯一可译码的依据。

【例 5 - 1】判断码组{1,01,011,0001} 的唯一可译性。

解　由于是二元编码，$\sum_{i=1}^{4} 2^{-l_i} = 2^{-1} + 2^{-2} + 2^{-3} + 2^{-4} = 15/16 < 1$，满足克拉夫特不等式，但是{1,01,011,0001} 中，011 可以对应 01,1 或 011，所以不是唯一可译码。

由此可见，唯一可译码一定满足不等式，反之，满足不等式的码不一定是唯一可译码。

5.2.2　唯一可译码判断准则

在前面的定理中，虽然给出了判断唯一可译码存在的方法，可以排除不满足克拉夫特不等式条件的码组，但是，对于满足克拉夫特不等式条件的码组，却无法肯定其必为唯一可译码，所以使用起来不太方便。

萨得纳斯(A. A. Sardinas)和彼得森(G. W. Patterson)于1957年设计了一种判决唯一可译码的准则。该准则具体内容如下。

(1) S_0 原始码字的集合。首先分析 S_0 中所有码字，看有无某个码字是别的码字的前缀，除去前缀，将后缀列出形成 S_1。

(2) 方法同(1)，将 S_1 与 S_0 相互比较，形成 S_2；将 S_{n-1} 与 S_0 比较，形成 S_n；依此下去，直至集合为空为止或者没有新的后缀产生为止。

(3) 判决。一种码是唯一可译码的充要条件是 $S_1 S_2 \cdots S_n$ 中没有 S_0 的码字。

例如，设消息集合共有 7 个元素 $\{x_1, x_2, x_3, x_4, x_5, x_6, x_7\}$，它们分别被编码为 $\{a, c, ad, abb, bad, deb, bbcde\}$。按照上述方法可构造出表 5 - 3 的码符号集序列。

表 5 - 3　码符号集序列

S_0	S_1	S_2	S_3	S_4	S_5	S_6
a	d	eb			ad	d
c	bb	cde	de	b	$bcde$	
ad						
abb						
bad			$S_n = \varphi(n > 5)$			
deb						
$bbcde$						

由表 5 - 3 看出，当 $n > 5$ 时，S_n 已没有新的后缀，而集合 S_5 中包含 S_0 中的元素 ad，因此 S_0 不是唯一可译码。如码字序列为"abbcdebad"，在译码时可以分解为"a""bbcde""bad"，也可分解为"abb""c""deb""ad"，可见该码组不是唯一可译码。

又如，现有码 $C = \{110, 11, 100, 00, 10\}$，根据上述判断方法，判断是否是唯一可译码。

表 5 - 4 码符号集序列

S_0	S_1	S_2
110	0	0
11		
100		
00		
10		

由表 5 - 4 看出,当 $n > 1$ 时,集合 $S_n = \{0\}$,并且该元素不是码 $C = \{110,11,100,00,$ $10\}$ 的码字,所以码 C 是唯一可译码。根据这种判断方法,即时码的后缀集合是空集,所以即时码一定是唯一可译码。

5.3 无失真信源编码

什么是无失真信源编码呢?简言之,无失真信源编码就是编码过程中没有信息量的损失,这就要求:

编码后的符号集的熵值 ≥ 编码前的符号集的熵值

同时,信源编码的目的一方面是用易传输的方式来表示信源符号,但同时也要求用最简洁的方式来表示信源符号,即需要对信源进行压缩。基于这两个目的,无失真信源编码要求:

编码后的符号集的熵值 = 编码前的符号集的熵值

假设信源符号集合为 $S = \{s_1, s_2, \cdots, s_n\}$,编码后的码字集合为 $C = \{c_1, c_2, \cdots, c_m\}$。如果 $n > m$,会产生奇异性,不能做到无失真;如果 $n < m$,会产生码字的浪费,与信源编码压缩的初衷相违。所以,如果要实现无失真信源编码,要求两个集合的元素个数要相等,即 $m = n$,且在两个集合之间存在一一映射关系。

综上所述,信源编码无失真条件为:

(1)编码后的符号集的熵值 = 编码前的符号集的熵值;

(2)编码后的符号集的符号数 = 编码前的符号集的符号数;

(3)两个符号集的符号之间存在一一映射关系,即具有唯一可译性。

满足上述条件的编码为最佳信源编码。下面将分别讨论等长码和变长码的最佳编码问题。

5.3.1 等长码的编码长度

等长码的每个码字长度相同,故编译码相对简单。等长码的关键问题是确定编码长度 l。对于等长码来说,等长非奇异码一定是唯一可译码。若等长码是非奇异码,则它的任意有限长 N 次扩展码一定也是非奇异码。

若对一个信源 $S = \{s_1, s_2, \cdots, s_q\}$，进行 r 元等长编码，编码长度为 l，那么信源 S 存在唯一可译等长码的条件为

$$q \leq r^l \tag{5-4}$$

例如，表 5-5 中，信源 S 表示骰子的六个数字 $\{1, 2, 3, 4, 5, 6\}$，现进行二元等长编码，即 $r = 2$。

在表 5-5 中，信源 S 共有 $q = 6$ 个信源符号，$r = 2$，根据式（5-4），可知信源 S 存在唯一可译等长码的条件是码长 l 必须不小于 3。

表 5-5　信源 S 的一种编码

信源符号	编码
1	000
2	001
3	010
4	011
5	100
6	101

类似地，若对信源 S 的 N 次扩展信源 S^N 进行等长编码，只有当 l 长的码符号序列数 r^l 大于或等于 N 次扩展信源的符号数 q^N 时，才可能存在等长非奇异码，即必须满足

$$q^N \leq r^l \tag{5-5}$$

对式（5-5）两边取对数，则得

$$\frac{l}{N} \geq \frac{\log q}{\log r} \tag{5-6}$$

式（5-6）中，$\dfrac{l}{N}$ 是平均每个信源符号所需要的码符号个数。该式表示：对于等长唯一可译码，每个信源符号至少需要用 $\log q/\log r$ 个码符号来变换。

5.3.2　等长无失真信源编码定理

等长信源编码定理讨论了式（5-6）中有关参数对译码差错的限制关系以及这些参数趋于无穷时的情况。为了分析等长信源编码定理，先介绍一个相关的定理。

1. 渐近等分割定理

渐近等分割性是离散无记忆信源的一个重要性质，是信源编码的基础。在信息论中，渐近均分属性（Asymptotic Equipartition Property, AEP）类似于大数定律，是大数定律的直接推论。大数定律指出，对于独立同分布的随机变量 $X_1 X_2 \cdots X_n$，只要 n 足够大时，$\dfrac{1}{n}\sum_{i=1}^{n} X_i$ 将接近其数学期望值 $E[X]$；渐近等分割性指出，若 $S_1 S_2 \cdots S_N$ 是统计独立等同分布的随机变量，其联合概率为 $P(S_1 S_2 \cdots S_N)$，只要 N 足够大，$-\dfrac{1}{N}\log P(S_1 S_2 \cdots S_N)$ 无限接近信源熵。

【定理 $5-3$】（渐近等分割定理）设 $\alpha_i = (S_{i_1}, S_{i_2}, S_{i_3}, \cdots, S_{i_N})$ 是离散无记忆信源 S 输出的一个特定序列，则任给 $\varepsilon > 0$ 和 $\delta > 0$，总可以找到一个整数 N_0，当 $N \geqslant N_0$ 时，有

$$p\left\{\left|\frac{\log p(\alpha_i)}{N} + H(S)\right| < \varepsilon\right\} > 1 - \delta$$

定理 $5-3$ 表明，当 N 足够大时，序列 $\alpha_i = (S_{i_1}, S_{i_2}, S_{i_3}, \cdots, S_{i_N})$ 能满足 $\left|\frac{\log p(\alpha_i)}{N} + H(S)\right| < \varepsilon$，即 $2^{-N[H(S)-\delta]} > p(\alpha_i) > 2^{-N[H(S)+\delta]}$

把满足上式条件的序列称为 ε 典型序列，并将典型序列的集合记作 G，即

$$G = \left\{\alpha_i : \left|\frac{\log p(\alpha_i)}{N} + H(S)\right| < \varepsilon\right\}$$

ε 典型序列集是那些平均自信息量无限接近信息熵的 N 长序列的集合。不满足条件的序列的集合记为 G_1，称为非典型序列。

渐近等分割定理是离散无记忆的等长信源编码定理的基础。

2. 等长信源编码定理

【定理 $5-4$】设离散无记忆信源 $\begin{bmatrix} S \\ P \end{bmatrix} = \begin{bmatrix} S_1 & S_2 & \cdots & S_q \\ p(S_1) & p(S_2) & \cdots & p(S_q) \end{bmatrix}$ 的熵为 $H(S)$，其 N 次扩展信源为 $\begin{bmatrix} S^N \\ P \end{bmatrix} = \begin{bmatrix} \alpha_1 & \alpha_2 & \cdots & \alpha_{q^N} \\ p(\alpha_1) & p(\alpha_2) & \cdots & p(\alpha_{q^N}) \end{bmatrix}$。

现在用码符号集 $X = \{x_1, x_2, \cdots, x_r\}$ 对 N 次扩展信源 S^N 进行长度为 l 的等长编码，对于任意 $\varepsilon > 0$，只要满足 $\frac{l}{N} \geqslant \frac{H(S) + \varepsilon}{\log r}$，则当 N 足够大时，必可使译码错误为任意小，即可实现几乎无失真编码。反之，若 $\frac{l}{N} \leqslant \frac{H(S) - 2\varepsilon}{\log r}$，则当 N 足够大时，译码错误概率趋于 1，即不可能实现无失真编码。

证明：由渐进等分割定理 $5-3$，离散无记忆信源输出中典型序列的概率满足条件 $2^{-N[H(S)-\varepsilon]} > p(\alpha_i) > 2^{-N[H(S)+\varepsilon]}$，当 N 足够大时，离散无记忆信源输出的序列几乎都属于典型序列集合 G（概率趋于 1）。

(1) ε 典型序列集合 G 中的序列数目 N_G（图 $5-5$）。

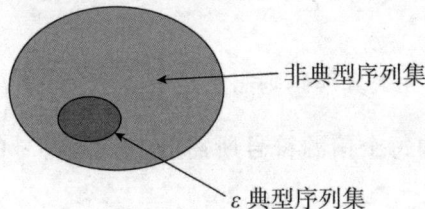

非典型序列集

ε 典型序列集

图 $5-5$ 序列集关系

$$2^{-N[H(S)-\varepsilon]} > p(\alpha_i) > 2^{-N[H(S)+\varepsilon]}$$

$$\Rightarrow 1 \geqslant \sum_{\alpha_i \in G} p(\alpha_i) > N_G 2^{-N[H(S)+\varepsilon]}$$

$$\Rightarrow N_G < 1/2^{-N[H(S)+\varepsilon]} = 2^{N[H(S)+\varepsilon]}$$

(2) ε 典型序列集合 G 中的序列数目 N_G 所占比例。

N 次扩展信源的符号数 q^N, ε 典型序列集合 G 中的序列数目 N_G 最大为 $N_G = 2^{N[H(S)+\varepsilon]}$,所以

$$\frac{N_G}{q^N} \leqslant \frac{2^{N[H(S)+\varepsilon]}}{q^N} = \frac{2^{N[H(S)+\varepsilon]}}{2^{N\log q}} = \frac{1}{2^{N[\log q - H(S) - \varepsilon]}}$$

$$\Rightarrow \lim_{N \to \infty} \frac{1}{2^{N[\log q - H(S) - \varepsilon]}} = 0$$

该结果表明,N 次扩展信源序列可分为两类:一类是经常出现的 ε 典型序列,当 $N \to \infty$ 时,其出现概率趋于1;另一类是不经常出现的符号序列,当 $N \to \infty$ 时,其出现概率趋于0。但是,经常出现的 ε 典型序列所占的数量比例却极小,这样编码只需要表示出经常出现的序列,抛弃极小概率出现的序列,这为等长压缩编码提供了理论依据。

(3) 等长编码。

当 N 足够大时,典型序列在全部 N 长信源序列中占有很少的比例。为此,我们只对很少的高概率典型序列进行一一对应的等长编码。这就要求码字的总数不小于 N_G,即 $r^l \geqslant N_G$。根据 $N_G < 1/2^{-N[H(S)+\varepsilon]} = 2^{N[H(S)+\varepsilon]}$ 可得

$$r^l \geqslant 2^{N[H(S)+\varepsilon]} > N_G$$

取对数有

$$l\log r \geqslant N[H(S) + \varepsilon]$$

则得

$$\frac{l}{N} \geqslant \frac{H(S) + \varepsilon}{\log r} \tag{5-7}$$

因此,当选取等长码的码字长度 l 满足上式要求时,就能使典型序列集合 G 中的 α_i 都有不同的码字与其对应。$\frac{l}{N} \leqslant \frac{H(S) - 2\varepsilon}{\log r}$ 的证明可参考相关书籍,在该条件下,当 N 很大时,将许多经常出现的信源序列被舍弃而没有编码,这样就会造成很大的译码错误。由此证得等长信源编码定理。

当二元编码时,$r = 2$,要无失真编码则需满足 $\frac{1}{N} \geqslant H(S) + \varepsilon \frac{l}{N} \geqslant H(S) + \varepsilon$。可见,定理 5-4 给出了等长编码时平均每个信源符号所需的二元码符号的理论极限,这极限由信源 $H(S)$ 决定。

【定义 5-1】编码速率:设离散无记忆信源的熵为 $H(S)$,若对信源的长为 N 的符号序列进行等长编码,设码字是从 r 个码符号集中选取 l 个码元构成,则定义 $R' = \frac{l\log r}{N}$(比特/符

号)为编码速率。

当编码速率 $R' \geq H(S) + \varepsilon$ 时,则可以实现无失真传输。

【定义 5 - 2】编码效率:为衡量编码效果,定义 $\eta = \dfrac{H(S)}{R'} = \dfrac{H(S)}{\dfrac{l}{N}\log r}$ 为编码效率。

由上式可知,编码效率 $\eta < 1$。最佳等长编码的效率为

$$\eta = \frac{H(S)}{H(S) + \varepsilon}, \varepsilon > 0$$

移项得

$$\varepsilon = \frac{1 - \eta}{\eta}H(S) \tag{5-8}$$

(4) 等长编码中 N 的限制条件。

设 $D[I(s_i)]$ 为离散无记忆信源自信息的方差,当方差 $D[I(s_i)]$ 和 ε 均为定值时,只要 N 足够大,错误概率就可以小于任一正数 δ。可得,当允许错误概率小于 δ 时,信源序列长度 N 必满足

$$N \geq \frac{D[I(s_i)]}{\varepsilon^2 \delta}$$

把式(5 - 8)代入,可得

$$N \geq \frac{D[I(s_i)]}{H^2(S)} \frac{\eta^2}{(1 - \eta)^2 \delta} \tag{5-9}$$

式(5 - 9)给出了在已知方差和信源熵的条件下,信源序列长度 N 与最佳编码效率和允许错误概率的关系。若要容许错误概率越小、编码效率越高,则信源序列长度 N 必须越长。在实际情况下,要实现几乎无失真的等长编码,N 需要大到难以实现的程度。下面举例说明。

【例 5 - 2】设离散无记忆信源 $\begin{bmatrix} S \\ p(s) \end{bmatrix} = \begin{bmatrix} S_1, & S_2 \\ \dfrac{4}{5}, & \dfrac{1}{5} \end{bmatrix}$,若对信源 S 采取等长二元编码时,要

求编码效率 $\eta = 0.92$,允许错误概率 $\delta \leq 10^{-5}$,求 N。

解　信息熵 $H(S) = \dfrac{1}{5}\log 5 + \dfrac{4}{5}\log\dfrac{5}{4} = 0.722$(比特／信源符号)

自信息的方差(平方的均值 - 均值的平方):

$$D[I(S_i)] = \sum_{i=1}^{2} p_i (\log p_i)^2 - [H(S)]^2$$

$$= \frac{4}{5}\left(\log\frac{4}{5}\right)^2 + \frac{1}{5}\left(\log\frac{1}{5}\right)^2 - (0.722)^2 = 0.640$$

根据式(5 - 9),可求得:

$$N \geq \frac{D[I(s_i)]}{H^2(S)} \frac{\eta^2}{(1 - \eta)^2 \delta} = \frac{0.640}{(0.722)^2} \frac{(0.92)^2}{0.08^2 \times 10^{-5}} = 1.62 \times 10^7$$

即信源序列长度需长达 1.6×10^7 以上,才能满足给定的要求,这在实际应用中是很难实现的。由此可见,为提高编码有效性需要付出很大的代价。因此,一般来说,当 N 有限时,高传输效率的等长码往往要引入一定的失真和错误,它不能像下面所讨论变长码那样可以实现无失真编码。

5.3.3 变长无失真信源编码定理(香农第一定理)

变长码往往在 N 不很大时就可编出效率很高且无失真的信源码。对于已知信源 S 用码符号 X 进行变长编码,对同一信源采用同一码符号编成的唯一可译码有许多种。究竟哪一种最好呢?从提高有效性的观点来考虑,希望所编的码的平均码长 $\overline{L} = \sum_{i=1}^{m} p(x_i) l_i$ 越短越好。

在一个通信系统中,信源编码的主要目的是提高编码效率,即每个码元符号要携带更多的信息量。这时考察一下信息传输效率:每个信道码元所携带的平均信息量。

【定义5-3】信息传输效率:若信源的熵 $H(S)$ 给定,编码后每个信源符号平均用 $\overline{L}$ 个码元来变换。那么,平均每个码元携带的信息量可定义为编码后信道的信息传输率,即 $R = H(X) = \dfrac{H(S)}{L}$(比特/编码符号)。

可见,当原始信源一定时,编码后的平均码长越小,信息传输效率就越高。平均码长能否无限小呢?于是,需要寻找使平均码长 $\overline{L}$ 为最短的码。变长无失真信源编码的核心问题就是寻找平均码长 $\overline{L}$ 可能达到的理论极限。

【定义5-4】紧致码:对于某一信源和某一码符号集来说,若有一个唯一可译码,其平均码长 $\overline{L}$ 小于所有其他唯一可译码的平均码长,则该码称为紧致码,或称最佳码。

【定理5-5】平均码长极限定理:对于熵为 $H(S)$ 的离散无记忆信源 $\begin{bmatrix} S \\ p(s) \end{bmatrix} = \begin{bmatrix} S_1 & S_2 & \cdots & S_q \\ p(S_1) & p(S_2) & \cdots & p(S_q) \end{bmatrix}$,若用具有 r 个码元的码符号集 $X = [x_1, \quad x_2, \quad \cdots, \quad x_r]$ 对信源进行编码,则一定存在一种无失真编码方法,构成唯一可译码,使其平均码长 $\overline{L}$ 满足

$$\frac{H(S)}{\log r} \leqslant \overline{L} < 1 + \frac{H(S)}{\log r}$$

该定理指出,码字的平均长度 $\overline{L}$ 不能小于极限值 $\dfrac{H(S)}{\log r}$,否则唯一可译码不存在;同时又给出了平均码长的极小值的上界,显然这并不是说大于该上界不能构成唯一可译码,而是不能保证 $\overline{L}$ 尽可能短。因此,该定理给出了紧致码的最短平均码长,并指出这个最短的平均码长 $\overline{L}$ 与信源的熵有关。

定理的证明可分为两部分,首先证明下界,然后证明上界。

【下界证明】

$$H(S) - \overline{L} \log r = -\sum_{i=1}^{q} p(s_i) \log p(s_i) - \log r \sum_{i=1}^{q} p(s_i) l_i$$

$$= -\sum_{i=1}^{q} p(s_i)\log p(s_i) + \sum_{i=1}^{q} p(s_i)\log r^{-l_i}$$

应用詹森不等式 $E[f(x)] \leqslant f[E(x)]$，可得

$$H(S) - \overline{L}\log r = \sum_{i=1}^{q} p(s_i)\log \frac{r^{-l_i}}{p(s_i)}$$

$$\leqslant \log \sum_{i=1}^{q} p(s_i)\frac{r^{-l_i}}{p(s_i)} = \log \sum_{i=1}^{q} r^{-l_i}$$

由于存在唯一可译码的充要条件是 $\sum_{i=1}^{q} r^{-l_i} \leqslant 1$（满足克拉夫特不等式），所以有

$$H(S) - \overline{L}\log r \leqslant \log \sum_{i=1}^{q} r^{-L_i} \leqslant \log 1 = 0$$

于是证得

$$\overline{L} \geqslant \frac{H(S)}{\log r}$$

当下界等号成立时，效率最高。等式成立的充要条件是

$$\frac{r^{-l_i}}{p(s_i)} = 1 \Rightarrow p(s_i) = r^{-l_i}$$

取对数得

$$I_i = \frac{-\log p(s_i)}{\log r} = -\log_r p(s_i)$$

这要求信源符号的先验概率满足其是以 r 为底的对数为整数，这就要求信源符号的先验概率为 $p(s_i) = r^{-l_i}$ 形式，如果满足这一条件，编出的码字称为最佳码。可见，只有选择每个码长 I_i 等于 $\log_r \frac{1}{p(s_i)}$ 时，$\overline{L}$ 才能达到这个下界值。由于 I_i 必须是正整数，所以 $\log_r \frac{1}{p(s_i)}$ 也必须是正整数。

例如，当 $S:\{s_1,s_2,s_3,s_4\}$; $P(S):\{1/2,1/4,1/8,1/8\}$ 时，编码后码长为 $[1,2,3,3]$，这时平均码长将为 $\overline{L} = H(S) = 1.74$（码元／符号）。

【上界证明】由于上界的含义是表示平均码长 $\overline{L}$ 小于 $(1 + H(S)/\log r)$ 时，仍然存在唯一可译码，因此只需证明可以选择一种唯一可译码满足上式即可。

首先，把信源符号的概率写成 $p(s_i) = \left(\frac{1}{r}\right)^{\partial_i}$ 的形式，然后选取每个码字的长度 I_i 的原则是：若 ∂_i 是整数，取 $I_i = \partial_i$ ；若 ∂_i 不是整数，选取 I_i 满足 $\partial_i < I_i < \partial_i + 1$ 的整数。所以，选择的码长都满足

$$\partial_i \leqslant I_i < \partial_i + 1$$

$$\Rightarrow -\log_r p(s_i) \leqslant I_i < -\log_r p(s_i) + 1$$

由于该对数为单调递增函数，则有

$$\frac{1}{p(s_i)} \leqslant r^{l_i} < \frac{r}{p(s_i)}$$

$$\Rightarrow p(s_i) \geqslant r^{-l_i} > \frac{p(s_i)}{r}$$

将上式对所有的 i 求和,则有

$$\sum_{i=1}^{q} p(s_i) \geqslant \sum_{i=1}^{q} r^{-l_i} > \sum_{i=1}^{q} \frac{p(s_i)}{r}$$

$$\Rightarrow 1 \geqslant \sum_{i=1}^{q} r^{-l_i} > \frac{1}{r}$$

因此,左边的不等式即是克拉夫特不等式。因此,用这样选择的码长满足克拉夫特不等式,l_i 可构造唯一可译码,但是所得码不一定是紧致码。

$$l_i < -\log_r p(s_i) + 1$$

$$\Rightarrow l_i < \frac{-\log p(s_i)}{\log r} + 1$$

两边乘以 $p(S_i)$,并对 i 求和得

$$\sum_{i=1}^{q} p(s_i) l_i < \frac{-\sum_{i=1}^{q} p(s_i) \log p(s_i)}{\log r} + 1$$

从而可得

$$\bar{L} < \frac{H(S)}{\log r} + 1$$

由此证明得到,平均码长 $\bar{L}$ 小于上界的唯一可译码存在。

若熵以 r 进制为单位,则有

$$H_r(S) \leqslant \bar{L} < H_r(S) + 1$$

式中,

$$H_r(S) = -\sum_{i=1}^{q} p(S_i) \log_r p(s_i)$$

于是,平均码长 $\bar{L}$ 的下界为信源的熵 $H_r(S)$。

当一个离散无记忆信源的统计特性确定后,信源熵就确定了,平均编码长度下界也就确定了,编码效率也就确定了,如果进一步提高效率,就要想其他方法。下面的编码定理给出了方法。

【定理 5 - 6】变长无失真信源编码定理(香农第一定理):设离散无记忆信源为 $\begin{bmatrix} S \\ P \end{bmatrix} = \begin{bmatrix} S_1 & S_2 & \cdots & S_q \\ p(S_1) & p(S_2) & \cdots & p(s_q) \end{bmatrix}$,其信息熵为 $H(S)$,它的 N 次扩展信源为 $\begin{bmatrix} S^N \\ P \end{bmatrix} = \begin{bmatrix} \alpha_1 & \alpha_2 & \cdots & \alpha_{q^N} \\ p(\alpha_1) & p(\alpha_2) & \cdots & p(\alpha_{q^N}) \end{bmatrix}$,其熵为 $H(S^N)$。现用码符号集 $X = \{x_1, x_2, \cdots, x_r\}$ 对 N 次扩

展信源 S^N 进行编码,总可以找到一种编码方法,构成唯一可译码,使信源 S 中每个信源符号所需的平均码长满足

$$\frac{H(S)}{\log r} + \frac{1}{N} > \frac{\overline{L}_N}{N} \geq \frac{H(S)}{\log r}$$

式中,$\overline{L}_N$ 是无记忆 N 次扩展信源 S^N 中每个信源符号 α_i 所对应的平均码长,即有 $\overline{L}_N = \sum_{i=1}^{q^N} p(\alpha_i)\lambda_i$,$\lambda_i$ 是 α_i 所对应的码字长度。

证明:设离散无记忆信源 $\begin{bmatrix} S \\ p(s) \end{bmatrix} = \begin{bmatrix} s_1 & s_2 & \cdots & s_q \\ p(s_1) & p(s_2) & \cdots & p(s_q) \end{bmatrix}$,$\sum_{i=1}^{q} p(s_i) = 1$,它的 N

次扩展信源 $\begin{bmatrix} S^N \\ p(s^N) \end{bmatrix} = \begin{bmatrix} \alpha_1 & \alpha_2 & \cdots & \alpha_{q^N} \\ p(\alpha_1) & p(\alpha_2) & \cdots & p(\alpha_{q^N}) \end{bmatrix}$,其中 $\alpha_i = (s_{i_1}s_{i_2}\cdots s_{i_N})$ $i_1,i_2,\cdots,i_N =$

$1,2,\cdots,q$,$p(\alpha_i) = p(s_{i_1})p(s_{i_2})\cdots p(s_{i_N})$。

把定理 5 - 5 应用于扩展信源 S^N 可得

$$H_r(S^N) + 1 > \overline{L}_N \geq H_r(S^N)$$

式中,$H_r(S^N)$ 是以 r 进制为单位的扩展信源 S^N 的熵。而 N 次无记忆扩展信源 S^N 的熵是信源 S 的熵的 N 倍,即 $H_r(S^N) = NH_r(S)$。

将上式代入式 $H_r(S^N) + 1 > \overline{L}_N \geq H_r(S^N)$ 可得

$$NH_r(S) + 1 > \overline{L}_N \geq NH_r(S)$$

两边除以 N,可得

$$H_r(S) + \frac{1}{N} > \frac{\overline{L}_N}{N} \geq H_r(S)$$

于是,定理 5 - 6 得以证明。

显然,当 $N \to \infty$ 时,有

$$\lim_{N \to \infty} \frac{\overline{L}_N}{N} = H_r(S)$$

可见,信源的信息熵(以 r 进制信息量单位测度)是描述信源每个符号平均所需最少的比特数。

香农第一定理指出,要做到无失真信源编码,变换每个信源符号平均所需最少的 r 元码元数就是信源的熵值(以 r 进制信息量单位测度)。若编码的平均码长小于信源的熵值,则唯一可译码不存在。同时定理还指出,可以用信源扩展的方法,达到数据压缩的目的,扩展程度越高,编码效率越高。通过对扩展信源进行变长编码,当 $N \to \infty$ 时,平均码长 $\overline{L}$(这时它等于 $\overline{L}_N/N$)可达到下限值。显然,减少平均码长所付出的代价是增加了编码复杂性。

类似于定义 5 - 1,可以定义变长编码的编码速率为 $R' = \frac{\overline{L}_N}{N}\log r$,它表示编码后平均每个信源符号所能载荷的最大信息量。

为了衡量各种编码是否已达到极限情况,定义变长码的编码效率。

【定义 5 – 5】变长码编码效率:设对信源 S 进行变长编码所得到的平均码长为 $\overline{L}$,定义编码效率 η 为

$$\eta = \frac{H_r(S)}{\overline{L}} \tag{5 – 10}$$

由于 $\overline{L}$ 一定是大于或者等于 $H_r(S)$,所以 η 一定是小于或等于 1 的数。η 越接近于 1 越好,所以可用码的效率 η 来衡量各种编码的优劣。

另外,为了衡量各种编码与最佳码的差距,还引入码的剩余度的概念。

【定义 5 – 6】变长码的剩余度:定义码的剩余度为

$$\gamma = 1 - \eta = 1 - \frac{H_r(S)}{\overline{L}} \tag{5 – 11}$$

【例 5 – 3】有一离散无记忆信源 $\begin{bmatrix} S \\ p(s) \end{bmatrix} = \begin{bmatrix} s_1 & s_2 \\ 4/5 & 1/5 \end{bmatrix}$,试分析对信源 S 和二次扩展信源 S^2 进行编码。

解 信息熵为

$$H(S) = \frac{1}{5}\log 5 + \frac{4}{5}\log \frac{5}{4} = 0.722(\text{比特／信源符号})$$

现用二元码符号(0,1)来构造一个即时码,即

$$s_1 \rightarrow 0, s_2 \rightarrow 1$$

平均码长为

$$\overline{L} = 1(\text{二元码符号／信源符号})$$

则编码效率为

$$\eta = \frac{H(S)}{\overline{L}} = 0.722$$

此时,信道的信息传输效率为 $R = 0.722$(比特／二元码符号)。

二次扩展信源 S^2 和即时码见表 5 – 6。

表 5 – 6 二次扩展信源 S^2 的编码

S^2 的信源符号 α_i	$p(\alpha_i)$	即时码
$s_1 s_1$	16/25	1
$S_1 S_2$	4/25	01
$S_2 S_1$	4/25	001
$S_2 S_2$	1/25	000

于是,可得这个码的平均码长为

$$\overline{L}_2 = \frac{16}{25} \times 1 + \frac{4}{25} \times 2 + \frac{4}{25} \times 3 + \frac{1}{25} \times 3 = 1.56(\text{二元码符号／两个信源符号})$$

信源 S 中每一单个符号的平均码长为

$$\overline{L} = \frac{\overline{L_2}}{2} = 0.78(二元码符号／信源符号)$$

其编码效率为

$$\eta_2 = \frac{0.722}{0.78} = 0.926$$

将此例与例 5 - 2 相比较,对于同一信源,要求编码率都达到92%时,变长码只需对二次扩展信源($N = 2$)进行编码,而等长码则要求 N 大于 1.6×10^7。

显然,用变长码编码时,N 不需很大就可以达到相当高的编码效率,且可实现无失真编码。随着扩展信源次数的增加,编码的效率越来越接近于1。

5.3.4 变长码的常用编码方法

香农第一定理指出了平均码长与信源信息熵之间的关系,同时也指出了可以通过编码使平均码长达到极限值,这是一个很重要的极限定理。至于如何去构造一个紧致码(最佳码),定理并没有直接给出。

1. 香农编码

香农(Shannon)第一定理指出,选择每个码字的长度 I_i 使之满足式 $-\log p(s_i) \leqslant 1_i < -\log p(s_i) + 1$ 的整数,就可以得到唯一可译码,这种编码方法称为香农编码。香农编码算法是一种简单的按概率编码的方法,概率大的编成短码,概率小的编成长码,它是满足 Kraft 不等式的一种直接的应用。按照香农编码方法编出来的码可以使 $\overline{L}$ 不超过上界,但并不一定能使 $\overline{L}$ 为最短,即编出来的不一定是紧致码。

二进制香农码的编码过程如下。

(1)将信源发出的 q 个消息符号按其概率的递减次序依次排列,参见表 5 - 7。

$$p(s_1) \geqslant p(s_2) \geqslant \cdots \geqslant p(s_q)$$

表 5 - 7　香农编码

信源符号 S_i	概率 $p(S_i)$	累加概率 P_i	$-\log p(S_i)$	码字长度 I_i	二进制码字
S_1	0.20	0	2.34	3	000
S_2	0.19	0.2	2.41	3	001
S_3	0.18	0.39	2.48	3	011
S_4	0.17	0.57	2.56	3	100
S_5	0.15	0.74	2.74	3	101
S_6	0.10	0.89	3.34	4	1110
S_7	0.01	0.99	6.66	7	1111110

（2）按下式计算第 i 个信源符号的二进制码字的码长 l_i，并取整。

$$-\log p(s_i) \leqslant l_i < -\log p(s_i) + 1$$

例如，$l_3 = -\log p(s_3) = -\log 0.18 = 2.48$（取整），故 $l_3 = 3$。

（3）为了编成唯一可译码，首先计算第 i 个信源符号的累加概率。

$$P_i = \sum_{k=1}^{i-1} p(s_k)$$

（4）将累加概率 P_i（为小数）变换成二进制数。

计算累加概率 P_3。

$$P_3 = \sum_{k=1}^{2} p(s_k) = p(s_1) + p(s_2)$$
$$= 0.2 + 0.19 = 0.39$$

将累加概率 P_3 变换成二进制数：

$$P_3 = 0.39 \rightarrow 0 \times 2^0 + 0 \times 2^{-1} + 1 \times 2^{-2} + 1 \times 2^{-3} + 0 \times 2^{-4} + \cdots$$

故变换成二进制数为 $0.0110\cdots$。

（5）去除小数点，并根据码长 l_i，取小数点后 l_i 位数作为第 i 个信源符号的码字。l_i 由下式确定。

$$l_i = -\log p(s_i) + 1（取整）$$

在表 5 - 7 中，平均码长为

$$\overline{L} = \sum_{i=1}^{q} p(s_i) l_i = 3.14（码元／符号）$$

平均信息传输速率为

$$R = \frac{H(S)}{\overline{L}} = \frac{2.61}{3.14} = 0.831（比特／符号）$$

从上面的编码过程可知，该香农编码方法需要采用累加概率转换为二进制数的编码方法，比较烦琐。

改进的香农编码方法是求出每个码字码长后，利用树图法找到一组码长满足要求的树码。这样，改进的香农编码方法的具体内容如下。

（1）根据每个信源符号的概率大小，按下式计算其码字的码长 l_i，并取整。

$$-\log p(s_i) \leqslant l_i < -\log p(s_i) + 1$$

（2）利用二进制树图法，根据所求的码字码长大小，构造出即时码。

下面仍以表 5 - 7 中的信源符号集为例来进行阐述说明。

从表 5 - 7 可知，码字长度分别为 3，3，3，3，3，4，7。

于是，可画出如图 5 - 6 所示的二进制树图。

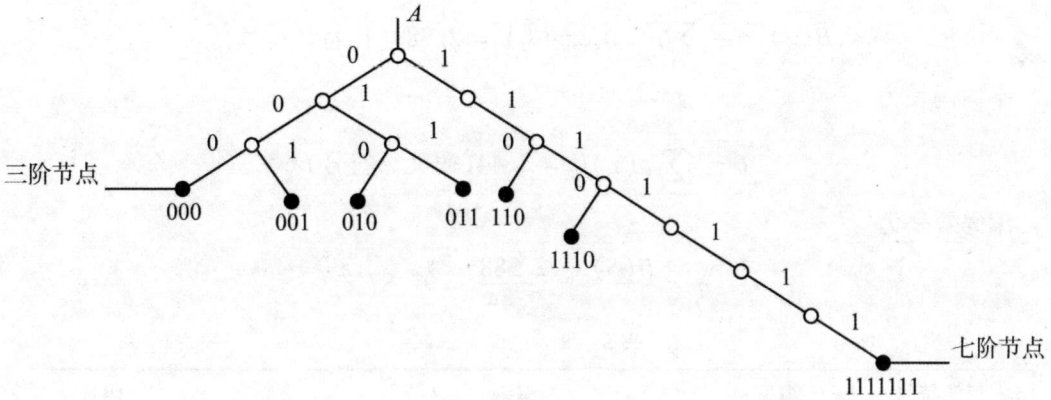

图 5 - 6　二进制地图

从二进制树图,可以得到满足要求的即时码,即"000","001","010","011","110","1110"和"1111111"等码字。

二元香农编码可以推广到 r 元香农编码,改进的 r 元香农编码方法如下。

(1) 根据每个信源符号的概率大小,按下式计算其码字的码长 l_i,并取整。

$$-\log_r p(s_i) \leqslant l_i < -\log_r p(s_i) + 1$$

(2) 利用 r 进制树图法,根据所求的码字码长大小,构造出即时码。

2. 费诺编码

费诺(Fano)编码方法属于概率匹配编码,但它不是最佳的编码方法。不过有时也可得到紧致码的性能。费诺码的编码过程如下。

(1) 将信源发出的 q 个消息符号按其概率的递减次序依次排列,即

$$p_1 \geqslant p_2 \geqslant \cdots \geqslant p_q$$

(2) 将依次排列好的信源符号按编码进制数分组,使每组概率和尽可能接近或相等,并给每组各赋予一个码元。例如,编二进制费诺码就分成两组,各赋予一个二元码符号"0"或"1",而编 r 进制码就分成 r 组,各赋予"0","1",$\cdots$,"$r-1$"码元中的一个。

(3) 将每一大组的信源符号进一步再按编码进制数分组,使每组的概率和尽可能接近或相等,并分别赋予每组一个码元。

(4) 如此重复,直至信源符号不再可分为止。

(5) 信源符号所对应的码元序列(从左向右)则为费诺码。

下面举例说明。

【例 5 - 4】设有离散无记忆信源 $\begin{bmatrix} S \\ P \end{bmatrix} = \begin{bmatrix} s_1 & s_2 & S_3 & s_4 & s_5 & S_6 \\ 0.30 & 0.22 & 0.18 & 0.16 & 0.10 & 0.04 \end{bmatrix}$,对该信源编二元费诺码。

解　编码过程见表 5 - 8。

该信源的熵为

$$H(S) = - \sum_{i=1}^{6} p(s_i) \log p(s_i) = 2.388 (\text{比特／符号})$$

平均码长为

$$\bar{L} = \sum_{i=1}^{6} p(s_i) l_i = 2.44 (\text{码元／符号})$$

编码效率为

$$\eta = \frac{H(S)}{\bar{L}} = \frac{2.388}{2.44} = 97.87\%$$

表 5 - 8　二元费诺码

信源符号	概率	编码			码字	码长
S_1	0.30	0	0		00	2
S_2	0.22		1		01	2
S_3	0.18	1	0		10	2
S_4	0.16		0		110	3
S_5	0.10		1	0	1110	4
S_6	0.04			1	1111	4

可见,费诺码有较高的编码效率。费诺码比较适合于每次分组概率都很接近的信源,这时费诺码可达到理想的编码效率。

当信源符号较多,并且一些符号概率分布很接近时,费诺编码分大组的组合方法就会有很多种。可能某种分大组的结果,会出现后面小组的"概率和"相差较远,因而使平均码长增加,所以费诺码不一定是紧致码。

3. 霍夫曼编码

霍夫曼(Huffman)于 1952 年提出了一种构造紧致码的方法。下面首先给出二元霍夫曼码的编码方法,它的编码过程如下。

(1) 将信源 S 发出的 q 个消息符号按其概率的递减次序依次排列,即

$$p_1 \geqslant p_2 \geqslant \cdots \geqslant p_q$$

(2) 用 0 和 1 码元分别代表概率最小的两个信源符号,并将这两个概率最小的信源符号合并成一个符号,从而得到只包含 q - 1 个符号的新信源,称为 S 信源的缩减信源 S_1。

(3) 把缩减信源 S_1 的符号仍按概率大小以递减次序排列,再将其最后两个概率最小的符号合并成一个符号,并分别用 0 和 1 码元表示,这样又形成了 q - 2 个符号的缩减信源 S_2。

(4) 依次继续下去,直至信源最后只剩下两个符号为止。将这最后两个信源符号分别用 0 和 1 码元表示。然后从最后一级缩减信源开始,依编码路径向前返回(从右往左),就得出各信源符号所对应的码字。

下面给出一个具体的例子来说明这种编码方法。

【例 5 - 5】设有离散无记忆信源, $\begin{bmatrix} S \\ P \end{bmatrix} = \begin{Bmatrix} S_1 & S_2 & S_3 & S_4 & S_5 \\ 0.4 & 0.2 & 0.2 & 0.15 & 0.05 \end{Bmatrix}$,对其进行二进

制霍夫曼编码。

解　编码过程见表 5 - 9。

该信源的熵为

$$H(S) = - \sum_{i=1}^{5} p(s_i) \log p(s_i) = 2.085 (\text{比特／符号})$$

平均码长为

$$\overline{L} = \sum_{i=1}^{5} p(s_i) l_i = 0.4 \times 2 + 0.2 \times 2 + 0.2 \times 2 + 0.15 \times 3 + 0.05 \times 3 = 2.2 (\text{码元／符号})$$

编码效率为

$$\eta = \frac{H(S)}{\overline{L}} = 94.8\%$$

二元霍夫曼码一定是紧致即时码。

表 5 - 9　霍夫曼编码

霍夫曼编码方法得到的码并非是唯一的。造成非唯一的原因如下。

（1）每次对缩减信源最后两个概率最小的符号,用 0 和 1 码是可以任意的,所以可得到不同的码。但它们只是码字具体形式不同,而其码长 l_i 不变,平均码长 $\overline{L}$ 也不变,所以没有本质差别。

（2）若当缩减信源中缩减合并后的符号的概率与其他信源符号概率相同时,这两者在缩减信源中进行概率排序时,其位置放置次序是可以任意的,故会得到不同的霍夫曼码。对这两种不同的码,它们的码长 l_i 各不同,然而平均码长 $\overline{L}$ 是相同的。

现在来观察同一信源可能有的两种不同的霍夫曼码。针对例 5 - 5 的信源 $\begin{bmatrix} S \\ P \end{bmatrix} = \begin{Bmatrix} S_1 & S_2 & S_3 & S_4 & S_5 \\ 0.4 & 0.2 & 0.2 & 0.15 & 0.05 \end{Bmatrix}$,它的另一种霍夫曼编码见表 5 - 10。在这种编码中,将合并后的概率总是放在其他相同概率的信源符号之上。

由表 5 – 10 给出的霍夫曼码,其平均码长为

$$\overline{L} = \sum_{i=1}^{5} p(s_i) l_i = 0.4 \times 2 + 0.2 \times 2 + 0.2 \times 2 + 0.15 \times 3 + 0.05 \times 3 = 2.2 (\text{码元／符号})$$

可见,表 5 – 9 和表 5 – 10 中的每个信源符号的码长不相同,但是这两种码有相同的平均码长,有相同的编码效率,即 $\eta = \dfrac{H(S)}{\overline{L}} = 94.8\%$。

表 5 – 10 另一种霍夫曼码

信源符号	码字	码长	概率	缩减信源		
				S_1	S_2	S_3
s_1	00	2	0.4	00 → 0.4	00 → 0.4	0.6 0 / 0.4 1
s_2	10	2	0.2	10 → 0.2	01 → 0.2	00 01
s_3	11	2	0.2	11 → 0.2	0 10 / 1	
s_4	010	3	0.15	0 010 → 0.2		
s_5	011	3	0.05	1 011		

在这两种不同的码中,究竟选择哪个码好呢?

于是引进码字长度 l_i 偏离平均长度 $\overline{L}$ 的方差 σ^2 来表示码的质量,即

$$\sigma^2 = E[(l_i - \overline{L})^2] = \sum_{i=1}^{q} p(s_i)(l_i - \overline{L})^2$$

分别计算表 5 – 9 和表 5 – 10 中两种码的方差:

$$\sigma'^2 = 0.4(1 - 2.2)^2 + 0.2(2 - 2.2)^2 + 0.2(3 - 2.2)^2 + 0.15(4 - 2.2)^2 + 0.05(4 - 2.2)^2 = 1.36$$

$$\sigma''^2 = 0.4(2 - 2.2)^2 + 0.2(2 - 2.2)^2 + 0.2(2 - 2.2)^2 + 0.15(3 - 2.2)^2 + 0.05(3 - 2.2)^2 = 0.16$$

可见,第二种编码方法的方差要小许多。所以对于有限长的不同信源序列,用第二种方法所编的码序列长度变化较小。相对而言,选择第二种编码方法其质量要更好些。

由此得出,在霍夫曼编码过程中,为得到码长方差最小的码,当缩减信源的概率分布重新排列时,应使合并的概率和尽量处于最高的位置,这样可使合并的信源符号重复编码次数减少,充分利用短码。

从以上编码的实例中可以看出,霍夫曼编码的核心思想为"合二为一",即把两个概率最小的信源符号合并成一个新的信源符号。

上面讨论的是二元霍夫曼码,它的编码方法同样可以推广到 r 元编码中来。不同的是"合 r 为一",即每次把 r 个概率最小的符号合并成一个新的信源符号,并分别用 $0,1,\cdots,(r-1)$

等码元表示。

霍夫曼码在具体实用时,设备较复杂,其原因有两点。

(1) 每个信源符号所对应的码长不同,在编码器中需增加缓冲寄存器,否则会造成输入和输出的速率不平衡。

(2) 信源符号与码字之间不能用某种有规律的数学方法对应起来,只能通过某种查表方法建立它们的对应关系。当 N 增大时,信源符号数目增多,所需存储的容量越大,故使设备复杂化,同时也使编、译码时,查表搜索时间增大。

尽管如此,霍夫曼编码方法还是一种较具体和有效的无失真信源编码的方法,它可以编制成适合计算机实现的程序。于是,它仍应用于文件传真、语音处理和图像处理的数据压缩中。

5.4　限失真信源编码

前面讨论了无失真离散信源编码问题(香农第一定理)。在实际生活和应用中,有时候人们并不要求获得完全无失真的信息,通常只要求近似地再现信息就可以达到要求。对于连续信源和波形信源而言,实际上不可能也没必要进行无失真的编码,一般总是要求在保证一定质量(一定保真度)的条件下近似地再现原来的消息,也就是允许有一定的错误(失真)存在。

对于给定的信源[即给定信源熵 $H(X)$],在允许一定程度失真的条件下,信源熵所能压缩的极限[即信息率失真函数 $R(D)$]理论值是多少?这是下面将要讨论的问题。

5.4.1　失真测度

分析如图 5 - 6 所示的信源编码器简单模型。

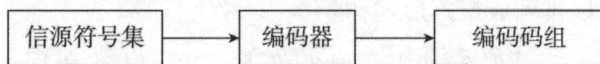

图 5 - 6　信源编码器简单模型

根据系统的观点,可将信源编码器看成一个系统,信源符号集和编码码组分别是该系统的输入和输出,将信源编码的过程看作一次信息传输的过程。因此可以把编码器看成一个广义信道,信源编码所引起的失真(或误差)相当于信道传输上的失真。这就可将图 5 - 6 的信源编码模型转化成图 5 - 7 的信道模型。由于这个信道是假想的,因此叫作试验信道。假想出试验信道的好处是后面就可以利用描述信道的数学工具和语言来描述信源编码。

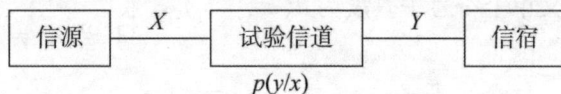

图 5 - 7　信源编码器的试验信道模型

从编码的角度看,当原始信源一定时,编码后的平均码长越小,信息传输效率($R = \dfrac{H(S)}{L}$)就越高。无失真信源编码定理指出,码字的平均长度不能小于极限值$\dfrac{H(S)}{\log r}$,二元编码时码字的平均长度不能小于极限值$H(S)$,否则唯一可译码不存在。从直观感觉可知,若允许一定失真,则许可的编码码字最小平均长度就会增加,增加的极限值是由失真的条件决定的。下面先讨论失真的测度问题。

1. 失真度

失真度顾名思义就是失真的度量。

【定义 5 − 7】单个符号的失真度:设离散无记忆信源为$\begin{bmatrix} X \\ p(x) \end{bmatrix} = \begin{bmatrix} a_1 & a_2 & \cdots & a_r \\ p(a_1) & p(a_2) & \cdots & p(a_r) \end{bmatrix}$,信源符号经过信道传输后的输出序列为$Y = \{b_1, \quad b_2, \cdots, b_s\}$。对于每一对$(a_i, b_j)$,设定一个非负的函数$d(a_i, b_j) \geqslant 0$,来测度信源发出一个符号$a_i$、接收为符号$b_j$所引起的误差或失真。这个函数就称为单个符号的失真度(或称失真函数)。

下面列举一些常用的单符号失真度。

(1)汉明失真,即

$$d(a_i, b_j) = \begin{cases} 0, a_i = b_j \\ 1, a_i \neq b_j \end{cases}$$

(2)平方误差失真,即

$$d(a_i, b_j) = (a_i - b_j)^2$$

(3)绝对值失真,即

$$d(a_i, b_j) = |a_i - b_j|$$

由于信源变量X有r个符号,而接收变量Y有S个符号,所以$d(a_i, b_j)$就有$r \times s$个。这$r \times s$个非负的函数可以排列成矩阵形式,即

$$[D] = \begin{bmatrix} d(a_1, b_1), & d(a_1, b_2), & \cdots & d(a_1, b_s) \\ d(a_2, b_1), & d(a_2, b_2), & \cdots & d(a_2, b_s) \\ \vdots & \vdots & & \vdots \\ d(a_r, b_1), & d(a_r, b_2), & \cdots & d(a_r, b_s) \end{bmatrix}_{r \times s}$$

【定义 5 − 8】失真矩阵:由单个符号的失真度的全体构成的矩阵称为失真矩阵。

【例 5 − 6】离散对称信源($r = s$)。信源变量$X = \{a_1, \quad a_2, \quad \cdots, \quad a_r\}$,接收变量$Y = \{b_1, \quad b_2, \quad \cdots, b_r\}$,定义单个符号失真度为$d(a_i, \quad b_j) = \begin{cases} 0, 当\ a_i = b_j \\ 1, 当\ a_i \neq b_j \end{cases}$,求该信源的汉明失真矩阵。

解 汉明失真矩阵$[D]$是一方阵,并且对角线上的元素为零,即

$$[D] = \begin{bmatrix} 0 & 1 & 1 & \cdots & 1 \\ 1 & 0 & 1 & \cdots & 1 \\ \vdots & & & & \\ 1 & 1 & 1 & \cdots & 0 \end{bmatrix}, r \times r \text{ 阶矩阵}$$

【定义5-9】符号序列的失真度：设发送的信源序列为 $\alpha_i = (a_{i_1}, a_{i_2}, \cdots, a_{i_N})$，而再现的接收序列为 $\beta_j = (b_{j_1}, b_{j_2}, \cdots, b_{j_N})$，因此 N 长的信源符号序列的失真度为

$$d(\alpha_i, \beta_j) = \sum_{k=1}^{N} d(a_{i_k}, b_{j_k})$$

信源序列的失真度等于序列中对应单个信源符号失真度之和。假设信源输出的符号序列 $X = (X_1, X_2, \cdots, X_N)$，其中每个随机变量 X_i 取自于同一符号集 $[a_1, a_2, \cdots, a_r]$，所以 X 共有 r^N 个不同的符号序列 α_i。而接收端的符号序列为 $Y = (Y_1, Y_2, \cdots Y_N)$，其中每个随机变量 Y_j 取自于同一符号集 $[b_1, b_2, \cdots, b_s]$，那么，Y 共有 s^N 个不同的符号序列 β_j。

【例5-7】假设某离散信源输出的符号序列为 $X = \{X_1, X_2, X_3\}$，其中 X_i 的取值为 $\{0, 1\}$；经信道传输后的输出序列为 $Y = \{Y_1, Y_2, Y_3\}$，其中 Y_i 的取值为 $\{0, 1\}$。定义失真度为 $d(0,0) = d(1,1) = 0; d(0,1) = d(1,0) = 1$，求信源序列的失真矩阵。

解　根据信源序列的失真度定义：

$$d(\alpha_i, \beta_i) = \sum_{k=1}^{N} d(a_{i_k}, b_{i_k}) = d(a_{i_1}, b_{i_1}) + d(a_{i_2}, b_{i_2}) + d(a_{i_3}, b_{i_3})$$

于是有

$$d(000, 000) = d(0,0) + d(0,0) + d(0,0) = 0 + 0 + 0 = 0$$

$$d(000, 001) = d(0,0) + d(0,0) + d(0,1) = 0 + 0 + 1 = 1$$

依次计算可以得到其他元素数值，则信源序列的失真矩阵为

$$[D] = \begin{bmatrix} 0 & 1 & 1 & 2 & 1 & 2 & 2 & 3 \\ 1 & 0 & 2 & 1 & 2 & 1 & 3 & 2 \\ 1 & 2 & 0 & 1 & 2 & 3 & 1 & 2 \\ 2 & 1 & 1 & 0 & 3 & 2 & 2 & 1 \\ 1 & 2 & 2 & 3 & 0 & 1 & 1 & 2 \\ 2 & 1 & 3 & 2 & 1 & 0 & 2 & 1 \\ 2 & 3 & 1 & 2 & 1 & 2 & 0 & 1 \\ 3 & 2 & 2 & 1 & 2 & 1 & 1 & 0 \end{bmatrix}$$

根据实际信源的失真，还可以定义不同的失真的度量。

2. 平均失真度

为了能在平均意义上表示每传递一个符号所引起的失真的大小，引入平均失真度的概念。

【定义5-10】单个符号失真度 $d(a_i, b_j)$ 的数学期望定义为平均失真度，即

$$\overline{D} = E[d(a_i, b_j)]$$

在离散情况下,信源 $X = \{a_1, a_2, \cdots, a_r\}$,其概率分布为 $\{p(a_1), p(a_2), \cdots, p(a_r)\}$,信宿 $Y = \{b_1, b_2, \cdots, b_s\}$。若已知试验信道的转移概率为 $p(b_j/a_i)$ 时,则平均失真度为

$$\overline{D} = \sum_{X,Y} p(a_i, b_j) d(a_i, b_j) = \sum_{i=1}^{r} \sum_{j=1}^{s} p(a_i) p(b_j/a_i) d(a_i, b_j)$$

可见,单个符号的失真度 $d(a_i, b_j)$ 描述了某个信源符号通过传输后失真的大小,对于不同的信源符号和不同的接收符号,其值是不同的。但是,平均失真度已对信源和信道进行了统计平均,所以此值是描述某一信源在某一试验信道传输下总的失真大小,是从总体上描述整个系统的失真情况。

【定义 5 – 11】对于 N 维信源符号序列,假设发送的信源序列为 $\alpha_i = (a_{i_1}, a_{i_2}, \cdots, a_{i_N})$,而再现的接收序列为 $\beta_j = (b_{j_1}, b_{j_2}, \cdots, b_{j_N})$,那么 N 维信源符号序列的平均失真度定义为

$$\overline{D}(N) = E[d(\alpha_i, \beta_j)] = \sum_{i=1}^{r^n} \sum_{j=1}^{s^n} p(\alpha_i) p(\beta_j/\alpha_i) d(\alpha_i, \beta_j)$$

$$= \sum_{i=1}^{r^n} \sum_{j=1}^{s^n} p(\alpha_i) p(\beta_j/\alpha_i) \sum_{k=1}^{N} d(a_{i_k}, b_{j_k})$$

由此所得的信源平均失真度(单个符号的平均失真度)为

$$\overline{D}_N = \frac{1}{N} \overline{D}(N) = \frac{1}{N} \sum_{i=1}^{r^N} \sum_{j=1}^{s^N} p(\alpha_i) p(\beta_j/\alpha_i) d(\alpha_i, \beta_j)$$

当信源与信道都是无记忆时,N 维信源序列的平均失真度为单个符号平均失真度的 N 倍。

3. 保真度准则

【定义 5 – 12】离散无记忆信源的平均失真度 $\overline{D}$ 不允许超过规定的最大失真度 D,即

$$\overline{D} \leqslant D \qquad\qquad (5 – 12)$$

则称 D 是允许失真的上限,称此为保真度准则。

4. D 允许信道

【定义 5 – 13】凡满足保真度准则(平均失真度 $\overline{D} \leqslant D$)的这些试验信道称为失真度 D 允许信道(D 允许的试验信道)。把所有这些试验信道组成一个集合,用符号 B_D 表示,即 $B_D = \{p(b_j/a_i): \overline{D} \leqslant D\}$。

5.4.2 信息率失真函数

对限失真信源编码,失真越大,说明编码后的数据能够提供的关于编码前的数据的信息量越小,即需要通过试验信道传输的信息量越小,因此平均每个码元携带的信息量越小,即信息传输率越小。

系统所允许的失真 D 是失真的最大值,因此当失真达到 D 的时候,信息传输率达到最小,我们关心的就是这个最小值,它是 D 的函数,记作 $R(D)$,这就是信息率失真函数。

由第二章的讨论可知:平均互信息 $I(X;Y) = H(X) - H(X/Y)$ 就是接收到符号 Y 后平均每个符号获得的关于 X 的信息量。

类似地,编码后的数据能够提供的关于编码前的数据的信息量是编码前后数据之间的平均互信息,因此 $R(D)$ 就是平均互信息的最小值。

1. 信息率失真函数的定义

【定义 5 - 14】在 D 允许的试验信道 B_D 中可以寻找一个信道 $p(b_j/a_i)$,使给定的信源经过此信道传输时,其平均互信息 $I(X;Y)$ 达到最小,这个最小值定义为信息率失真函数 $R(D)$,也称为率失真函数,即

$$R(D) = \min_{p(b_j/a_i) \in B_D} \{I(X;Y)\} \qquad (5-13)$$

信息率失真函数的单位是奈特/信源符号或比特/信源符号。

注意:在研究 $R(D)$ 时,引用的条件概率 $p(b_j/a_i)$ 实际针对的是不同的限失真信源编码方式。所以改变试验信道求平均互信息的最小值,实质上是选择一种编码方式使信息传输率为最小。

从数学上来看,平均互信息 $I(X;Y)$ 是信源概率分布 $p(a_i)$ 的 $\cap$ 型凸函数,但它又是信道转移概率 $p(b_j/a_i)$ 的 $\cup$ 形凸函数。信息率失真函数 $R(D)$ 是在允许失真 D 和信源概率分布 $p(a_i)$ 已知的条件下,求平均互信息的最小值问题;而信道容量 C 是在信道转移概率 $p(b_j/a_i)$ 已知的条件下求平均互信息的最大值问题。

信息率失真函数 $R(D)$ 是在假定信源给定的情况下,在用户可以容忍的失真度内再现信源消息所必须获得的最小平均信息量,它反映了信源可以压缩的程度,即在满足一定失真度要求下($\overline{D} \leq D$),信源可压缩的最小值。信息率失真函数找到后,就与试验信道不再有关,只是信源特性的参量,不同的信源,其信息率失真函数 $R(D)$ 不同。而信道容量 C 是在假定信道固定的前提下,选择信源使平均互信息最大,它反映了信道传输信息的能力,是信道可靠传送的最大信息传输率,信道容量确定后,它就与信源无关,只是信道特性的参量。不同的信道,其信道容量也不同。

在实际应用中,研究信息率失真函数 $R(D)$ 是为了在已知信源和允许失真度的条件下,使信源必须传送给信宿的信息传输率最小,即用尽可能少的码符号尽快地传送尽可能多的消息,以提高通信的有效性,这是信源编码问题。而研究信道容量 C 是为了解决在已知信道中传送最大信息传输率问题,目的是充分利用已给信道,使传输的信息量最大而发生错误的概率最小,这就是信道编码问题。

2. 信息率失真函数的定义域

(1) D_{min} 和 $R(D_{min})$。

根据平均失真度的定义,$\overline{D} \geq 0$,所以 $\overline{D}$ 的下限是零,那么,允许失真度 D 的下限也必然是零,这实质就是无失真的情况。

一般,当给定信源 $[X, p(x)]$ 及失真矩阵 $[D]$ 时,信源的最小平均失真度为

$$D_{\min} = \min \Big[\sum_X \sum_Y p(a_i) p(b_j/a_i) d(a_i, b_j) \Big]$$

$$= \sum_{i=1}^r p(a_i) \min \Big[\sum_{j=1}^s p(b_j/a_i) d(a_i, b_j) \Big]$$

由上式可知,若选择试验信道 $p(b_j/a_i)$ 使对每一个 a_i,其求和号 $\sum_{j=1}^s p(b_j/a_i) d(a_i, b_j)$ 为最小,则总和值达到最小。当固定某个 a_i,那么对于不同的 b_j,其 $d(a_i, b_j)$ 不同(即在失真矩阵 $[D]$ 中第 i 行的元素不同),其中必有最小值,也可能有若干个相同的最小值。于是,可以选择这样的试验信道,它满足

$$\begin{cases} \sum_{b_j} p(b_j/a_i) = 1, \text{所有} \ d(a_i, b_j) = \text{最小值的} \ b_j \in Y, \\ p(b_j/a_i) = 0, d(a_i, b_j) \neq \text{最小值的} \ b_j \in Y, \end{cases} \quad i = 1, 2, \cdots, r$$

则可得信源的最小平均失真度为

$$D_{\min} = \sum_X p(a_i) \min_Y d(a_i, b_j) = \sum_{i=1}^r p(a_i) \min_j d(a_i, b_j) \qquad (5-14)$$

根据上式,只有当失真矩阵中每行至少有一个零元素时,信源的平均失真度才能达到零值。否则,信源的最小平均失真度不等于零值。

假如 $D_{\min} \neq 0$ 时,可以适当改变单个符号的失真度,令 $d'(a_i, b_j) = d(a_i, b_j) - \min_j d(a_i, b_j)$,使 $D_{\min} = 0$。而对信息率失真函数来说,它只是起了坐标平移作用。所以,可以假设 $D_{\min} = 0$ 而不失其普遍性。

当 $D_{\min} = 0$ 时,表示信源无失真。对于无失真信息传输,信息传输率应小于或等于信源的熵,即 $R(0) \leq H(X)$。

【例 5-8】二元删除信源 X 取值于 $[0,1]$,Y 取值于 $[0,1,2]$,而失真矩阵为 $[D] = \begin{bmatrix} 0 & 1 & \frac{1}{2} \\ 1 & 0 & \frac{1}{2} \end{bmatrix}$,求 $D_{\min}$。

解 根据式 5-14,可得 $D_{\min}$ 为

$$D_{\min} = \sum_{i=1}^r p(a_i) \min_j d(a_i, b_j) = \sum_{i=1}^r p(a_i) \cdot 0 = 0$$

满足最小允许失真度的试验信道是一个无噪无损的试验信道,信道转移矩阵为

$$[P] = \begin{bmatrix} 1 & 0 & 0 \\ 0 & 1 & 0 \end{bmatrix}$$

可以看出,若取允许失真度 $D = D_{\min} = 0$,则 B_D 集合中只有这个信道是唯一可取的试验信道,也就是无失真——对应的编码。

(2) $D_{\max}$ 和 $R(D_{\max})$。

失真越大,平均互信息量 $I(X;Y)$ 越小。平均互信息 $I(X;Y)$ 达到最小值 0 时,失真 $\overline{D}$ 达到

$D_{\max}$。如果 $\overline{D}$ 继续增加，情况变得更糟，$I(X;Y)$ 仍然为 0。所以，$D_{\max}$ 是 $I(X;Y) = 0$ 时最小的平均失真度。所以规定：当 $R(D)$ 等于零时，所对应的平均失真度 $\overline{D}$ 下界就是上界值 $D_{\max}$，如图 $5-8$ 所示。

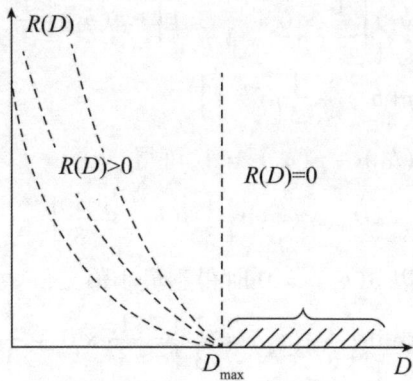

图 $5-8$ $D_{\max}$ 的位置

如何求上界值 $D_{\max}$ 呢？可根据下述方法来求 $D_{\max}$。

由于 $R(D) = 0$ 意味着 $I(X;Y) = 0$，这时试验信道输入与输出是相互统计独立的，即 $p(b_j/a_i) = p(b_j)$，平均失真度为

$$\overline{D} = \sum_{X,Y} p(a_i,b_j)d(a_i,b_j) = \sum_{i=1}^{r} \sum_{j=1}^{s} p(a_i)p(b_j/a_i)d(a_i,b_j)$$

$$= \sum_{i=1}^{r} \sum_{j=1}^{s} p(a_i)p(b_j)d(a_i,b_j)$$

取上式 $\overline{D}$ 的最小值为 $D_{\max}$，即

$$D_{\max} = \min \sum_{i=1}^{r} \sum_{j=1}^{s} p(a_i)p(b_j)d(a_i,b_j)$$

$$= \min \sum_{j=1}^{s} p(b_j) \sum_{i=1}^{r} p(a_i)d(a_i,b_j) \qquad (5-15)$$

$$= \min_{j} \sum_{i=1}^{r} p(a_i)d(a_i,b_j)$$

综上所述，$R(D)$ 的定义域一般为 $(0,D_{\max})$，于是有

$$R(D) = \begin{cases} H(X), & D = D_{\min} = 0\text{（有条件）} \\ 0, & D \geqslant D_{\max} \\ < H(X), & D_{\min} < D < D_{\max} \end{cases}$$

【例 $5-9$】信源 $\begin{bmatrix} X \\ p(x) \end{bmatrix} = \begin{bmatrix} a_1 & a_2 \\ \dfrac{1}{3} & \dfrac{2}{3} \end{bmatrix}$，信宿 $Y = [0,1]$。失真矩阵为 $[D] = \begin{bmatrix} 0 & 1 \\ 1 & 0 \end{bmatrix}$，

求 $D_{\max}$。

第五章　信源编码

解　根据式(5-15),可得 $D_{\max}$ 为

$$D_{\max} = \min \sum_{j=1}^{s} p(b_j) \sum_{i=1}^{r} p(a_i) d(a_i, b_j)$$

$$= \min \left\{ p(b_1) \left[\frac{1}{3} \times 0 + \frac{2}{3} \times 1 \right] + p(b_2) \left[\frac{1}{3} \times 1 + \frac{2}{3} \times 0 \right] \right\}$$

$$= \min \left\{ \frac{2}{3} p(b_1) + \frac{1}{3} p(b_2) \right\}$$

根据概率的完备性,即 $p(b_1) + p(b_2) = 1$,可得

$$D_{\max} = \min \left\{ \frac{1}{3} p(b_1) + \frac{1}{3} \right\}$$

由于 $0 \leqslant p(b_1) \leqslant 1$,所以 $p(b_1) = 0$ 时得到最小值

$$D_{\max} = \min \left\{ \frac{1}{3} p(b_1) + \frac{1}{3} \right\} = \frac{1}{3} \times 0 + \frac{1}{3} = \frac{1}{3}$$

3. 信息率失真函数的性质

(1) $R(D)$ 是允许失真度 D 的下凸函数。

(2) $R(D)$ 在区间 $(0, D_{\max})$ 上是严格递减的连续函数。

一般信源(有记忆,无记忆) $R(D)$ 函数的典型曲线图,如图 5-9 所示。图 5-9(b) 中设 $D_{\min} \neq 0$。图中 $R(D_{\min}) \leqslant H(X)$, $R(D_{\min}) = 0$ 决定了曲线边缘上的两个点。而在 0 和 $D_{\max}$ 之间, $R(D)$ 是单调递减的下凸函数。在连续信源的情况下, $R(0) \to \infty$,则曲线将不与 $R(D)$ 轴相交,如图 5-9(a) 中虚线所示。

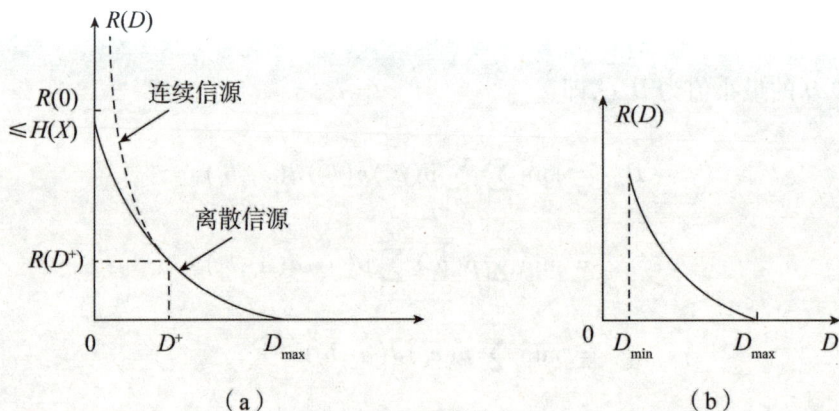

图 5-9　$R(D)$ 函数的典型图形

5.4.3　信息率失真函数的计算

在数学上,信息率失真函数的计算就是在失真受约束条件下求函数的极小值。由于在计算中变量是信道转移矩阵,包含了许多变量,所以使计算极为困难。

1. 计算条件

计算信源的信息率失真函数 $R(D)$,即在

（1）已知信源的概率分布

$$\begin{bmatrix} X \\ p(x) \end{bmatrix} = \begin{bmatrix} a_1 & a_2 & \cdots & a_r \\ p(a_1) & p(a_2) & \cdots & p(a_r) \end{bmatrix}$$

（2）失真函数 $d(a_i, b_j)(i = 1, 2, \cdots, r, j = 1, 2, \cdots, s)$
的条件下就可求得。

原则上它与信道容量一样，它是在有约束条件下求极小值的问题。即是适当选取试验信道 $p(b_j/a_i)$ 使平均互信息

$$I(X;Y) = \sum_{i=1}^{r} \sum_{j=1}^{s} p(a_i) p(b_j/a_i) \log \frac{p(b_j/a_i)}{\sum_{i=1}^{r} p(a_i) p(b_j/a_i)}$$

最小化，并使 $p(b_j/a_i)$ 满足以下约束条件：

$$p(b_j/a_i) \geq 0, i = 1, 2, \cdots, r, j = 1, 2, \cdots, s$$

$$\sum_{j=1}^{s} p(b_j/a_i) = 1, i = 1, 2, \cdots, r$$

$$\sum_{i=1}^{r} \sum_{j=1}^{s} p(a_i) p(b_j/a_i) d(a_i, b_j) = D$$

2. 计算方法

应用拉格朗日乘子法，原则上可以求出解来。但是，若要求得到明显的解析表达式，那是比较困难的，通常只能用参量形式来表达。

即便如此，除简单情况外，实际计算仍然是相当困难的。特别是约束条件式 $p(b_j/a_i) \geq 0$，它是求解 $R(D)$ 函数的最主要障碍。由于应用拉格朗日乘子法解得的一个或某几个 $p(b_j/a_i)$ 很可能是负的。在这种情况下，必须假设某些 $p(b_j/a_i) = 0$，然后重新计算，这就使得计算复杂化了。目前，可采用收敛的迭代算法在计算机上求解 $R(D)$ 函数。$R(D)$ 的解析算法及计算机迭代算法请参考相关书籍。

5.4.4 限失真信源编码定理（香农第三定理）

限失真信源编码定理（即香农第三定理）描述了在允许失真度为 D 的条件下，每个信源符号能够被压缩的最低值。

【定理 5 - 7】限失真信源编码定理（香农第三定理）：设 $R(D)$ 为一离散无记忆信源的信息率失真函数，D 为允许的失真测度。对于任意 $D \geq 0, \varepsilon > 0, \delta > 0$，以及任意足够长的码长 n，则一定存在一种信源编码 C，其码字个数为 $M = e^{\{n[R(D)+\varepsilon]\}}$，而编码后码的平均失真度为 $d(C) \leq D + \varepsilon$。若用二元编码，$R(D)$ 取比特为单位，则 $M = 2^{\{n[R(D)+\varepsilon]\}}$。

该定理说明：对于任何失真度 $D \geq 0$，只要码长 n 足够长，总可以找到一种编码 C，使编码后每个信源符号的信息传输率为 $R' = \frac{\log M}{n} = R(D) + \varepsilon$，即 $R' \geq R(D)$，而码的平均失真度

$d(C) \leq D$。

定理说明,在允许失真度 D 的条件下,信源最小的、可达的信息传输率是信源的 $R(D)$。

【定理 5 - 8】限失真信源编码逆定理:不存在平均失真度为 D,而平均信息传输率 $R' < R(D)$ 的任何信源码。亦即对任意码长为 n 的信源码 C,若码字个数 $M < e^{n[R(D)]}$,一定有 $d(C) > D$。

逆定理说明:若编码后平均每个信源符号的信息传输率 R' 小于信息率失真函数 $R(D)$,就不能在保真度准则下再现信源的消息。

保真度准则下的信源编码及其逆定理在实际通信理论中有重要的意义。这两个定理证实了允许失真度 D 确定后,总存在一种编码方法,使编码的信息传输率 R' 大于 $R(D)$ 且可任意接近于 $R(D)$,而平均失真度小于允许失真度 D。反之,若 $R' < R(D)$,那么编码的平均失真度将大于 D。

可见,在允许一定失真的情况下,信源的 $R(D)$ 函数可以作为衡量各种压缩编码方法性能优劣的一种标准。

香农第三定理同样也是一个存在定理。至于如何寻找这种最佳压缩编码方法,定理中并没有给出。因此,有关理论的实际应用有待于进一步研究。

(1)如何计算符合实际信源的信息率失真函数 $R(D)$?

(2)如何寻找最佳编码方法才能达到信息压缩的极限值 $R(D)$?

这是香农第三定理在实际应用中存在的两大问题。目前,这两方面工作都有进展。尤其是对实际信源的各种压缩方法,如对语音信号、电视信号和遥感图像等信源的各种压缩算法有了较大进展。相信随着数据压缩算法和技术的发展,信息率失真理论中存在的问题也会得到很好的解决和发展。

习题

一、填空题

1. 提高通信系统的有效性可以通过_____编码方式来实现。

2. 信源编码就是通过减少或消除信源的_____来提高通信的传输效率,也就是提高通信的_____。

3. 信源编码分为_____信源编码和_____信源编码。

4. _____称为香农第一定理。

5. _____称为香农第三定理。

6. 离散可数信源_____进行无失真编码,连续信源_____进行无失真编码。

7. 唯一可译码_____Kraft 不等式。

8. 满足 Kraft 不等式的码_____唯一可译码。

9. 无失真信源编码要求编码后的符号集的熵值_____编码前的符号集的熵值。

10. 无失真信源编码要求编码后的符号集的符号数_____编码前的符号集的符号数。

11. 无失真信源编码要求编码前后两个符号集的符号之间存在_____关系。

12. 变长无失真信源编码的核心问题就是寻找平均码长 $\bar{L}$ 可能达到的理论极限。若有一个唯一可译码，其平均码长 $\bar{L}$ 小于所有其他唯一可译码的平均码长，则该码称为_____，或称_____。

13. 限失真编码定理即是香农_____。

14. 对于_____信源，实际上不可能也没有必要进行无失真编码。

15. 若允许存在一定失真，则许可的编码码字最小平均码长_____无失真编码时的最小平均码长。

16. 信源编码失真越大，编码后的数据能够提供的关于编码前的数据的信息量_____。

17. 信息传输率（即信息率）是指信源中平均每个码元携带的信息量，若系统允许的最大失真为 D，此时信息传输率为最小，它是 D 的函数，这就是_____。

18. 信息率失真函数 $R(D)$ 是在允许失真 D 和信源概率分布 $p(a_i)$ 已知的条件下，求平均互信息的_____问题。

19. 信道容量 C 是在信道转移概率 $p(b_j/a_i)$ 已知的条件下求平均互信息的_____问题。

二、计算题

1. 若有一信源

$$\begin{bmatrix} S \\ P(s) \end{bmatrix} = \begin{bmatrix} s_1, & s_2 \\ 0.8, & 0.2 \end{bmatrix}$$

每秒钟发出 2.66 个信源符号。将此信源的输出符号送入某一个二元信道中进行传输（假设信道是无噪无损的），而信道每秒钟只传递 2 个二元符号。试问信源不通过编码能否直接与信道连接？若通过适当编码能否在此信道中进行无失真传输？若能连接，试说明如何编码并说明原因。

2. 求概率分布为 $\left(\dfrac{1}{3}, \dfrac{1}{5}, \dfrac{1}{5}, \dfrac{2}{15}, \dfrac{2}{15}\right)$ 信源的二元霍夫曼码。

3. 设信源符号集

$$\begin{bmatrix} S \\ P(s) \end{bmatrix} = \begin{bmatrix} s_1, & s_2 \\ 0.1, & 0.9 \end{bmatrix}$$

求 $H(S)$ 和信源剩余度。

4. 设信源符号集

$$\begin{bmatrix} S \\ P(s) \end{bmatrix} = \begin{bmatrix} s_1, & s_2 \\ 0.1, & 0.9 \end{bmatrix}$$

设码符号为 $X = \{0,1\}$，把信源的 N 次无记忆扩展信源 S^N 编成霍夫曼码，$N = 2$，并求平均码长 $\left(\dfrac{\overline{L_N}}{N}\right)$。

5. 设信源符号集

$$\begin{bmatrix} S \\ P(s) \end{bmatrix} = \begin{bmatrix} s_1, & s_2 \\ 0.1, & 0.9 \end{bmatrix}$$

设码符号为 $X = \{0,1\}$，把信源的 N 次无记忆扩展信源 S^N 编成霍夫曼码，$N = 3$，并求平均码长 $\left(\dfrac{\overline{L_N}}{N}\right)$，当 $N = \infty$ 时的平均码长 $\left(\dfrac{\overline{L_N}}{N}\right)$ 是多少？

6. 信源空间为

$$\begin{bmatrix} S \\ P(s) \end{bmatrix} = \begin{bmatrix} s_1, & s_2, & s_3, & s_4, & s_5, & s_6, & s_7, & s_8, \\ 0.4, & 0.2, & 0.1, & 0.1, & 0.05, & 0.05, & 0.05, & 0.05, \end{bmatrix}$$

码符号为 $X = \{0,1,2\}$，试构造一种三元的紧致码。

7. 某气象员报告气象状态，有四种可能的消息：晴、云、雨和雾。若每个消息是等概率分布的，那么发送每个消息最少所需的二元码元数是多少？又若四个消息出现的概率分别为 $\dfrac{1}{4}, \dfrac{1}{8}, \dfrac{1}{8}$ 和 $\dfrac{1}{2}$，问在此情况下消息所需的二元码元数是多少？如何编码？

8. 若某一信源有 N 个符号，并且每个符号等概率出现，对这信源用最佳霍夫曼码进行二元编码，问当 $N = 2^i$ 和 $N = 2^i + 1$（i 是正整数）时，每个码字的长度等于多少？平均码长是多少？

9. 现有一幅已离散量化后的图像，该副图像由 $10 \times 10 = 100$ 个像素点构成。每个像素点的灰度量化分成 8 级，见表 5 – 11。表 5 – 11 中数字为相应像素上的灰度级。

表 5 – 11   第 9 题表

1	1	1	1	1	1	1	1	1	1
1	1	1	1	1	1	1	1	1	1
1	1	1	1	1	1	1	1	1	1
1	1	1	1	1	1	1	1	1	1
2	2	2	2	2	2	2	2	2	2
2	2	2	2	2	2	2	3	3	3
3	3	3	3	3	3	3	4	4	4
4	4	4	4	4	4	4	5	5	5
5	5	5	5	6	6	6	6	6	6
7	7	7	7	7	8	8	8	8	8

另有一无噪无损二元信道,单位时间(秒)内传输100个二元符号。现将图像通过该信道进行传输,不考虑图像的任何统计特性,每个灰度值采用二元等长码,问需多长时间才能传送完这幅图像?

10. 现有一幅已离散量化后的图像,该副图像由 $10 \times 10 = 100$ 个像素点构成。每个像素点的灰度量化分成 8 级,见表 5 – 12。表 5 – 12 中数字为相应像素上的灰度级。

表 5 – 12   第 10 题表

1	1	1	1	1	1	1	1	1	1
1	1	1	1	1	1	1	1	1	1
1	1	1	1	1	1	1	1	1	1
1	1	1	1	1	1	1	1	1	1
2	2	2	2	2	2	2	2	2	2
2	2	2	2	2	2	2	3	3	3
3	3	3	3	3	3	3	4	4	4
4	4	4	4	4	4	4	5	5	5
5	5	5	5	6	6	6	6	6	6
7	7	7	7	7	8	8	8	8	8

另有一无噪无损二元信道,单位时间(秒)内传输100个二元符号。现将图像通过该信道进行传输,若考虑图像的统计特性(不考虑图像的像素之间的依赖性,根据此图像进行灰度出现概率统计),求这图像的信源熵 $H(S)$,并对每个灰度级进行二元霍夫曼编码,问平均每个像素需用多少二元码符号来表示?这时需多少时间才能传送完这幅图像?

11. 一个含有 8 个消息的无记忆信源,其概率各自为 0.2,0.15,0.15,0.1,0.1,0.1,0.1,0.1。试编成三元霍夫曼码并计算其平均码长。

12. 有信源 X 如下:

$$\begin{bmatrix} X \\ P(x) \end{bmatrix} = \begin{bmatrix} x_1, & x_2, & x_3, & x_4, & x_5, & x_6, & x_7 \\ 0.20, & 0.19, & 0.18, & 0.17, & 0.15, & 0.10, & 0.01 \end{bmatrix}$$

用霍夫曼码编成二元变长唯一可译码,并计算其编码效率。

13. 有信源 Y 如下:

$$\begin{bmatrix} Y \\ P(y) \end{bmatrix} = \begin{bmatrix} y_1, & y_2, & y_3, & y_4, & y_5, & y_6, & y_7, & y_8, & y_9 \\ 0.49, & 0.14, & 0.14, & 0.07, & 0.07, & 0.04, & 0.02, & 0.02, & 0.01 \end{bmatrix}$$

用霍夫曼码编成二元变长唯一可译码,并计算其编码效率。

14. 有信源 X 如下:

$$\begin{bmatrix} X \\ P(x) \end{bmatrix} = \begin{bmatrix} x_1, & x_2, & x_3, & x_4, & x_5, & x_6, & x_7 \\ 0.20, & 0.19, & 0.18, & 0.17, & 0.15, & 0.10, & 0.01 \end{bmatrix}$$

用香农编码法编成二元变长唯一可译码,并计算其编码效率。

15. 有信源 Y 如下:

$$\begin{bmatrix} Y \\ P(y) \end{bmatrix} = \begin{bmatrix} y_1, & y_2, & y_3, & y_4, & y_5, & y_6, & y_7, & y_8, & y_9 \\ 0.49, & 0.14, & 0.14, & 0.07, & 0.07, & 0.04, & 0.02, & 0.02, & 0.01 \end{bmatrix}$$

用香农编码法编成二元变长唯一可译码,并计算其编码效率。

16. 有信源 X 如下:

$$\begin{bmatrix} X \\ P(x) \end{bmatrix} = \begin{bmatrix} x_1, & x_2, & x_3, & x_4, & x_5, & x_6, & x_7 \\ 0.20, & 0.19, & 0.18, & 0.17, & 0.15, & 0.10, & 0.01 \end{bmatrix}$$

用费诺编码方法编成二元变长唯一可译码,并计算编码效率。

17. 有信源 Y 如下:

$$\begin{bmatrix} Y \\ P(y) \end{bmatrix} = \begin{bmatrix} y_1, & y_2, & y_3, & y_4, & y_5, & y_6, & y_7, & y_8, & y_9 \\ 0.49, & 0.14, & 0.14, & 0.07, & 0.07, & 0.04, & 0.02, & 0.02, & 0.01 \end{bmatrix}$$

用费诺编码方法编成二元变长唯一可译码,并计算编码效率。

18. 判断下面的码组 C 是不是唯一可译码。

C:$(c_0 = 101, c_1 = 0011, c_2 = 1001, c_3 = 1110, c_4 = 00001, c_5 = 11001, c_6 = 11100, c_7 = 010100)$。

19. 设信源符号集

$$\begin{pmatrix} X \\ P(x) \end{pmatrix} = \begin{bmatrix} x_1 & x_2 \\ 0.1 & 0.9 \end{bmatrix}$$

对信源进行二次扩展,并构造 Huffman 码,求其平均码长、编码效率。

20. 设信源符号集 $\{x_1, x_2, x_3, x_4, x_5, x_6\}$,相应的先验概率 $\{p_i\} = \{1/2, 1/4, 1/16, 1/16, 1/16, 1/16\}$,采用 5 种分组编码方式,见表 5 – 13。

表 5 – 13　第 20 题表

信源符号	码 A	码 B	码 C	码 D	码 E
x_1	000	0	0	1	0
x_2	001	01	10	10	100
x_3	010	011	110	1100	101
x_4	011	0111	1110	1101	110
x_5	100	01111	1011	1110	111
x_6	101	011111	1101	1111	011

(1) 这些码中哪些是唯一可译码?

(2) 求唯一可译码的平均码长。

21. 对信源

$$\begin{bmatrix} X \\ p(x) \end{bmatrix} = \begin{bmatrix} x_1 & x_2 & x_3 & x_4 & x_5 & x_6 & x_7 & x_8 \\ 0.4 & 0.2 & 0.1 & 0.1 & 0.05 & 0.05 & 0.05 & 0.05 \end{bmatrix}$$

进行 Fano 编码,并求其平均码长。

三、简答题

在信息论中,针对有损信源编码的有香农第三定理,简述其内容。

第六章

信道编码

一个典型的数字通信系统如图 6-1 所示。信息在传输过程中，不可避免地存在各种噪声干扰，使得接收到的信息出现不同程度的差错。为了对抗信道干扰，保证信息传输的可靠性，需要进行信道编码，这就意味着不得不引入一些冗余信息。然而，冗余信息的引入会导致额外的比特传输，致使信息传输效率下降。如何克服干扰，减少信息传输差错，且尽量不降低信息传输效率，成为通信系统中信道编码最主要的任务之一。

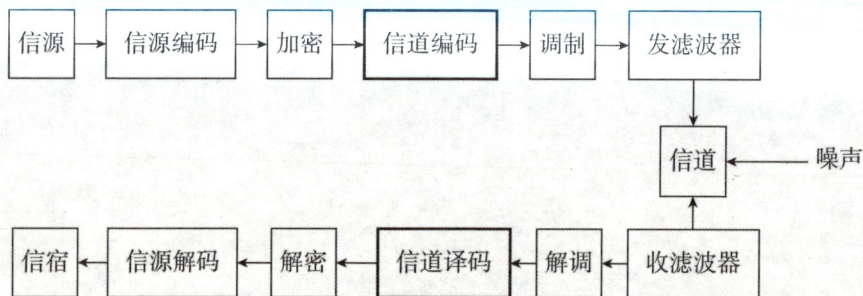

```
信源 → 信源编码 → 加密 → 信道编码 → 调制 → 发滤波器
                                              ↓
                                          信道 ← 噪声
                                              ↑
信宿 ← 信源解码 ← 解密 ← 信道译码 ← 解调 ← 收滤波器
```

图 6-1　数字通信系统框图

6.1 信道编码的基本概念

6.1.1 编码信道

在图 6 – 1 中,我们只考察信道编码的影响,除了信道噪声的影响外,其余都认为是理想状态。因此,将信道编码器的输出端到信道译码器输入端之间的部分抽象为一个新的信道,称为编码信道,如图 6 – 2 所示。

图 6 – 2　编码信道

由于信道编码的编码对象通常是由二元符号 0,1 构成的信息序列,且符号 0 和 1 是独立等概率的,所以编码信道是典型的数字信道。信道的特征是由信道转移概率 $p(Y/X)$ 来描述的。

在图 6 – 2 中,信道编码就是按一定的规则给数字序列 M 增加一些多余的码元,使不具有相关性的信息序列 M 变换为具有某种规律的相关性的数字序列 X。在接收端,信道译码器利用数字序列 X 具有的特定相关性来检验接收到的数字序列,判定接收序列是否有错,或者纠正其中的差错。根据相关性来检测和纠正传输过程中产生的差错就是信道编码的基本思想。

6.1.2 译码准则

设一个有噪声离散信道,输入符号集 $X:\{x_1,x_2,\cdots,x_n\}$,输出符号集 $Y:\{y_1,y_2,\cdots,y_m\}$,信道转移概率为 $P(Y/X):\{p(y_j/x_i);i=1,2,\cdots,n,j=1,2,\cdots,m\}$,如图 6 – 3 所示。

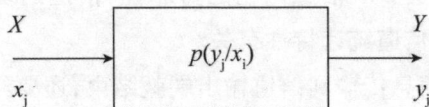

图 6 – 3　有噪声离散信道

这时定义一个收到 y_j 后判定为 x_i 的单值函数,即 $F(y_j)=x_i(i=1,2,\cdots,n,j=1,2,\cdots,m)$,这个函数称为译码函数。它构成一个译码函数组,这些函数的值组成了译码准则。对于有 n 个输入,m 个输出的信道来说,可以有 n^m 个不同的译码准则。

【例 6 – 1】有一个 BSC 信道,如图 6 – 4 所示。分析该信道的译码准则。

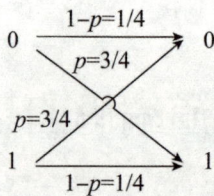

图 6-4 BSC 信道

解 该信道存在 4 种译码准则。

$$A:\{F(0)=0;F(1)=0\} \qquad B:\{F(0)=0;F(1)=1\}$$
$$C:\{F(0)=1;F(1)=0\} \qquad D:\{F(0)=1;F(1)=1\}$$

6.1.3 错误概率

在确定译码准则 $F(y_j)=x_i$ 后，若信道输出端接收到的符号为 y_j，则一定译成 X_i。若发送端发送的就是 X_i，就认为正确译码；若发送的不是 X_i，就认为错误译码。收到符号 y_j 条件下译码的条件正确概率为

$$p[F(y_j)/y_j]=p(x_i/y_j)$$

令 $p(e/y_j)$ 为条件错误概率，其中 e 表示除了 $F(y_j)=x_i$ 以外的所有输入符号的集合。条件错误概率与条件正确概率之间有关系

$$p(e/y_j)=1-p(x_i/y_j)=1-p[F(y_j)/y_j]$$

经过译码后的平均错误概率 P_E 表示经过译码后平均接收到一个符号所产生错误的大小。它是条件错误概率 $p(e/y_j)$ 对 Y 空间取平均值，即

$$P_E=E[p(e/y_j)]=\sum_{j=1}^{s}p(y_j)p(e/y_j) \qquad (6-1)$$

这就是平均错误译码概率的基本表达式，在通信系统设计和分析时，总是希望得到最可能小的平均错误译码概率。因此，所有通信系统都将平均译码错误概率作为系统可靠性的一个重要指标。

译码错误概率与哪些因素有关呢？

很容易想到信道的好坏会影响信息传输的可靠性，信道的统计特性可由信道的转移矩阵来描述，所以，错误概率与信道统计特性有关。

但是，通信过程并不是信息传输到信道输出端就结束，还要经过译码过程（或判决过程）才到达信宿。译码过程和译码准则对系统的错误概率影响很大。

在例 6-1 中，如果采用译码准则 B，即收 0 判 0，收 1 判 1。当信源先验概率 $p(0)=p(1)=1/2$ 时，系统正确的译码概率为 1/4，错误译码概率为 3/4；如果采用另一种译码准则 C，收 0 判 1，收 1 判 0，这时系统正确的译码概率为 3/4，错误译码概率为 1/4，通信的可靠性提高了。

可见，错误概率不仅与信道的统计特性有关，也与译码准则有关。

信道的统计特性是由信道本身的特性决定的,所以,降低错误概率的方法主要考虑选择合理的译码准则。

6.1.4　码字空间

如果原始信源空间有 M 个码字,对其进行 q 元等长码的信道编码,码长为 N,信道码字空间的所有码字为 q^N 个,编码器将在这 q^N 个可用码字中选择 M 个码字分别代表原始信源中的 M 个码字,信道编码码字空间的这 M 个码字称为"许用码字",而另外的 $q^N - M$ 个码字称为"禁用码字"。为了实现纠错编码,一定有 $q^N > M$。这 M 个许用码字也称为一个码组,或称为码字集合。

6.1.5　汉明距离

【定义 6 – 1】汉明距离(**Hamming distance**):设 $\alpha_i = (\alpha_{i_1}\alpha_{i_2}\cdots\alpha_{i_n})$,$\beta_j = (\beta_{j_1}\beta_{j_2}\cdots\beta_{j_n})$ 为两个长度为 n 的二元序列(码字),则 α_i 和 β_j 之间的汉明距离定义为

$$D(\alpha_i,\beta_j) = \sum_{k=1}^{n} \alpha_{i_k} \oplus \beta_{j_k}$$

式中, $\oplus$ 为模二和运算。

可见,两个码字之间的汉明距离就是它们在相同位上不同码符号数目的总和。

【定义 6 – 2】最小码距:在一个码字集合 C 中,任何两个码字之间的汉明距离组成一个集合 $\{D(c_i,c_j), c_i,c_j \in C\}$。集合中的最小值称为最小汉明距离,简称最小码距,记为 d_{min}。即 $d_{min} = \min\{D(c_i,c_j)\}, c_i \neq c_j, c_i,c_j \in C$。

码的最小距离 d_{min} 与该码的纠检错能力密切相关,码组纠检错能力受最小汉明距离限制,这与"木桶效应"中木桶的容量受到最短板的限制类似。码组中最小距离越大,受干扰后,越不容易把一个码字错变为另一码字,因而错误概率小。若码的最小距离小,受干扰后很容易把一码字变成另一码字,因而错误概率大。

【定义 6 – 3】码字重量(汉明重量)(**Hamming weight**):在二元编码的码字集合中,码字中"1"码元的个数称为这个码字的重量,记为 $W(\alpha)$。

利用码字重量的概念,汉明距离可以表示为

$$D(\alpha,\beta) = W(\alpha \oplus \beta)$$

6.1.6　纠检错能力

码的最小距离与纠错、检错能力的关系如下:

(1) 要发现(检测) e 个随机错误,则要求码的最小距离 $d_{min} \geq e + 1$;

(2) 要纠正 e 个随机错误,则要求 $d_{min} \geq 2e + 1$;

(3) 要纠正 e 个随机错误同时检测 $t(t \geq e)$ 个错误,则要求 $d_{min} \geq e + t + 1$。

例如,如图 6 - 5 所示,$d_{min} = 3$,该码组可以纠一位错,或检两位错。

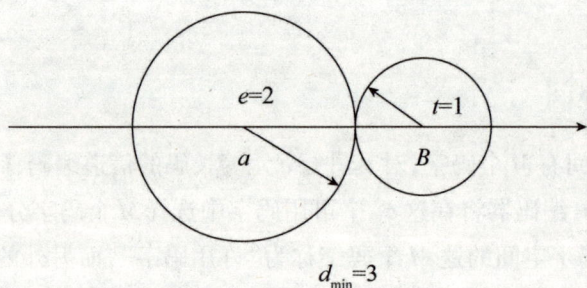

图 6 - 5　纠检错

6.2　两种典型的译码准则

译码准则的选择应该根据什么原则呢?一个很自然的原则当然就是要使平均错误译码概率为最小。

在平均错误译码概率表达式(6 - 1)中,错误译码概率与信道输出端随机变量 Y 的概率分布 $p(y_j)$ 有关,也与译码准则有关。当信道转移概率 $p(y_j/x_i)$ 确定,且信源统计特性 $p(x_i)$ 确定后,信道输出端的 $p(y_j)$ 也就确定了。因此,在这种情况下,平均错误译码概率只与译码准则有关了。通过选择译码准则可以使平均译码概率达到最小值。

6.2.1　最大后验概率准则

设信源 X 的信源空间为

$$\begin{bmatrix} X \\ p(x) \end{bmatrix} = \begin{bmatrix} x_1 & x_2 & \cdots & x_n \\ p(x_1) & p(x_2) & \cdots & p(x_n) \end{bmatrix} \quad \sum_{i=1}^{n} p(x_i) = 1$$

信道的转移矩阵为

$$(\text{输出}) \longrightarrow \quad y_1 \qquad y_2 \qquad \cdots \qquad y_m$$

$$\begin{pmatrix} \text{输} \\ \text{入} \end{pmatrix} \longrightarrow \begin{matrix} X_1 \\ X_2 \\ \vdots \\ X_n \end{matrix} \begin{bmatrix} p(y_1/X_1) & p(y_2/X_1) & \cdots & p(y_m/X_1) \\ p(y_1/X_2) & p(y_2/X_2) & \cdots & p(y_m/X_2) \\ \vdots & \vdots & & \vdots \\ p(y_1/X_n) & p(y_2/X_n) & \cdots & p(y_m/X_m) \end{bmatrix} = [P]$$

收到每一个 $y_j(j = 1,2,\cdots,m)$ 后,推测发送为 $x_i(i = 1,2,\cdots,n)$ 的后验概率共有 n 个,为 $p(x_1/y_j),p(x_2/y_j),\cdots,p(x_n/y_j)$。

这其中必有一个为最大的,设其为 $p(x*/y_j)$,即有

$$p(x*/y_j) \geqslant p(x_i/y_j), \text{对一切的 } i$$

这表明收到符号 y_j 后就译为输入符号 $x*$，即译码函数选为

$$F(y_j) = x*, j = 1, 2, \cdots, m$$

这种译码准则称为"最大后验概率准则"。

利用这种准则就可以使平均译码错误概率公式(6-1)中的 s 项求和的每一项达到最小值。这时的平均错误译码概率的最小值为

$$
\begin{aligned}
P_{emin} &= \sum_{i=1}^{m} p(y_j) \cdot \{1 - p(x^*/y_j)\} \\
&= \sum_{i=1}^{n} \sum_{j=1}^{m} p(x_i, y_j) - \sum_{j=1}^{m} p(x^*, y_j) \\
&= \sum_{i=1}^{m} p(y_j) - \sum_{i=1}^{m} p(y_j) p(x^*/y_j) \\
&= \sum_{j=1}^{m} \sum_{i \neq *} p(x_i, y_j) \\
&= \sum_{j=1}^{m} \sum_{i \neq *} p(x_i) p(y_j/x_i)
\end{aligned}
$$

这个平均错误译码概率的最小值，是把每一个 y_j 对应的后验概率排除后再连续求和。

从表达式中可以看到，这个最小值与信源先验概率和信道转移概率有关，特别是针对信道转移概率。如果除了 $p(y_j/x*)$ 外，其他的项都很小，错误译码概率会减小。

6.2.2　最大似然译码准则

使用最大后验概率译码准则必须求得后验概率，但一般情况下，信道的统计特性描述总是给出信道转移概率，由概率论中的贝叶斯定理可有

$$p(x_i/y_j) = \frac{p(x_i)p(y_j/x_i)}{p(y_j)}, p(x^*/y_j) = \frac{p(x^*)p(y_j/x^*)}{p(y_j)}$$

这样，根据最大后验概率译码准则，有

$$p(x^*/y_j) \geqslant p(x_i/y_j)$$

$$\Rightarrow \frac{p(x^*)p(y_j/x^*)}{p(y_j)} \geqslant \frac{p(x_i)p(y_j/x_i)}{p(y_j)}$$

$$\Rightarrow p(x^*)p(y_j/x^*) \geqslant p(x_i)p(y_j/x_i)$$

若输入符号的先验概率 $p(x_i)$ 均相等，选择译码函数 $F(y_j) = x^*$，使满足：

$$p(y_j/x^*)p(x^*) = \max_i p(y_j/x_i)p(x_i)$$

$$p(y_j/x^*) \geqslant \max_i p(y_j/x_i)$$

这样定义的译码规则称为最大似然译码准则。最大似然准则不再考虑先验概率，根据最大似然译码规则，可以直接从信道矩阵的转移概率中去选定译码函数。

在输入符号的先验概率相等时，最大后验准则和最大似然准则这两个译码规则是等价

的。如果 $p(y_j/x*)$ 是 y_j 相应的 n 个信道转移概率中的最大者,则就将 y_j 译成 $x*$。最大似然译码准则利用了信道转移概率,而不用后验概率,将会比最大后验概率准则更方便。

最大似然译码准则如果用汉明距离表示为:当接收到码字 y_j 后,在输入码字集 C 中寻找一个 X^*,使之与 y_j 的汉明距离为最短,即最为相似。这就是最小距离译码规则。

若输入符号的先验概率不相等,最大似然准则不一定能使 P_E 最小。

【例 6 – 2】已知信道矩阵 $[P] = \begin{bmatrix} \dfrac{1}{2} & \dfrac{1}{3} & \dfrac{1}{6} \\ \dfrac{1}{6} & \dfrac{1}{2} & \dfrac{1}{3} \\ \dfrac{1}{3} & \dfrac{1}{6} & \dfrac{1}{2} \end{bmatrix}$,设计如下两种译码准则:

$$A: \begin{cases} F(b_1) = a_1 \\ F(b_2) = a_2 \\ F(b_3) = a_3 \end{cases} \qquad B: \begin{cases} F(b_1) = a_1 \\ F(b_2) = a_3 \\ F(b_3) = a_2 \end{cases}$$

(1)当输入为等概分布时,求 A,B 两种译码准则所对应的平均错误概率;

(2)若输入的概率分布为 $p(a_1) = \dfrac{1}{4}, p(a_2) = \dfrac{1}{4}, p(a_3) = \dfrac{1}{2}$。求 A,B 两种译码准则所对应的平均错误概率。

解 (1)当输入为等概分布时,译码准则 A 就是最大似然译码准则。两种译码准则所对应的平均错误概率分别为

$$P_E(A) = \frac{1}{3} \sum_{Y,X-z*} p(b_j/a_i) = \frac{1}{3}\left[\left(\frac{1}{6} + \frac{1}{3}\right) + \left(\frac{1}{6} + \frac{1}{3}\right) + \left(\frac{1}{6} + \frac{1}{3}\right) \right] = \frac{1}{2}$$

$$P_E(B) = \frac{1}{3} \sum_{Y,X-z*} p(b_j/a_i) = \frac{1}{3}\left[\left(\frac{1}{6} + \frac{1}{3}\right) + \left(\frac{1}{2} + \frac{1}{3}\right) + \left(\frac{1}{6} + \frac{1}{2}\right) \right] = \frac{2}{3}$$

可见,输入等概分布时,最大似然译码准则是最优的。

(2)若输入的概率分布为 $p(a_1) = \dfrac{1}{4}, \quad p(a_2) = \dfrac{1}{4}, \quad p(a_3) = \dfrac{1}{2}$ 时,根据最大似然译码准则仍可选择译码函数为 A,计算其平均错误概率:

$$P'(A) = \sum_{Y,X-s*} p(a_i)p(b_j/a_i) = \frac{1}{4}\left(\frac{1}{6} + \frac{1}{3}\right) + \frac{1}{4}\left(\frac{1}{6} + \frac{1}{3}\right) + \frac{1}{2}\left(\frac{1}{6} + \frac{1}{3}\right) = \frac{1}{2}$$

但采用最小错误概率译码准则,它的联合概率矩阵 $[p(a_ib_j)]$ 为

$$[p(a_ib_j)] = \begin{bmatrix} \dfrac{1}{8} & \dfrac{1}{12} & \dfrac{1}{24} \\ \dfrac{1}{24} & \dfrac{1}{8} & \dfrac{1}{12} \\ \dfrac{1}{6} & \dfrac{1}{12} & \dfrac{1}{4} \end{bmatrix}$$

于是得译码函数为

$$C: \begin{cases} F(b_1) = a_3 \\ F(b_2) = a_2 \\ F(b_3) = a_3 \end{cases}$$

计算平均错误概率为

$$P'_E(C) = \sum_Y \sum_{X-a^*} p(a_i)p(b_j/a_i)$$

$$= \left(\frac{1}{8} + \frac{1}{24}\right) + \left(\frac{1}{12} + \frac{1}{12}\right) + \left(\frac{1}{12} + \frac{1}{24}\right) = \frac{11}{24}$$

从计算结果可知,此时 $P'_E(A) > P'_E(C)$。所以,输入不是等概分布时最大似然译码准则的平均错误概率不是最小。

6.3 有噪信道编码定理(香农第二定理)

1948 年,香农在他著名的论文《通信的数学理论》中给出了下述有关信息传输的最基本的定理 —— 有噪信道编码定理,即香农第二定理。

【定理 6 - 1】(有噪信道编码定理) 设离散无记忆信道的信道容量为 C,信息传输率为 R, R 和 C 为任意小的正数,则只要 $R < C$,就总存在码长为 n,码字数为 $M = 2^{nR}$ 的一组码和相应的译码规则,使译码的平均错误概率任意小($P_E < \varepsilon$)。

从香农第二定理可以看出,总存在一种编码,只要码长 n 足够长时,总能使平均错误概率任意小,且信息传输率接近信道容量。这从理论上证明,在有噪信道中可以有效和可靠地传输信息。

香农证明了满足这种特性的码的存在性,但是并没有给出得到这种码的具体方法。尽管如此,有噪信道编码定理仍然具有根本性的重要意义。它有助于指导各种通信系统的设计,有助于评价各种通信系统及编码的效率。人们在该理论指导下,致力于研究实际信道中的各种易于实现的实际编码方法,赋予码以各种形式的代数结构。

【定理 6 - 2】(有噪信道编码定理的逆定理) 设离散无记忆信道的信道容量为 C,信息传输率为 R,ε 为任意小的正数。当 $R > C$ 时,无论码长 n 多长,总也找不到一种编码($M = 2^{nR}$, n),使译码错误概率任意小。

由逆定理可知:要想使信息传输率大于信道容量而又无错误地传输消息是不可能的。也就是说,在任何信道中信道容量是可靠传输的最大信息传输率。

香农第二定理对连续信道、有记忆信道同样成立。有关定理的一般证明以及定理在有记忆和连续信道中的推广等内容可参阅有关书籍。

6.4 信源信道联合编码定理

在保真度准则下的信源编码讨论中,限失真信源编码定理(即香农第三定理)描述了在允许失真度为 D 的条件下,每个信源符号能够被压缩的最低值,即总存在一种信源编码方法,使编码的信息传输率 R' 大于 $R(D)$ 且可任意接近于 $R(D)$,而平均失真度小于允许失真度 D。定理说明,在允许失真度 D 的条件下,信源最小的、可达的信息传输率是信源的 $R(D)$。

香农第二定理与第三定理结合起来,可得信息传输的另一重要定理。

【定理 6 - 3】(信源信道联合编码定理)设 $R(D)$ 为一离散无记忆信源的信息率失真函数,D 为允许的失真测度,通过某信道来传送信源输出的消息,若信道的信道容量 $C \geqslant R(D)$,则在信源和信道处用足够复杂的处理后,总能以保真度 D 再现信源的消息;若 $C < R(D)$,则不管如何处理,在信道接收端总不能以保真度 D 的要求再现信源的消息。

在给定信源 X 和允许失真度 D 后,可以求得信源的信息率失真函数 $R(D)$。根据香农第三定理,$R(D)$ 是信源压缩的极限(最小值)。若按此极限信息传输速率通过某信道,根据香农第二定理,必须满足 $C \geqslant R(D)$,才能使错误概率趋于零。反之,若 $C < R(D)$,信道中引起的失真或错误无法避免,总的失真将必然大于 D。这意味着引起的失真是由信源压缩造成的,而信道传输不会造成新的失真或错误。

大多数通信系统中,信源编码与信道编码是分开考虑的,各自追求达到理论的极限。然而,直接将两种一定意义上的最优编码连在一起不一定能达到系统整体的最佳。因此 C. Elience(1977)提出了实现通信系统整体优化的"信源信道联合编码"技术。联合编码去掉了两个编码器之间的分界,可以从整体的角度考虑各种因素的影响,更好地进行整体优化。信源信道联合编译码技术按其采用的方法不同大致可以分为三类,如图 6 - 6 所示。

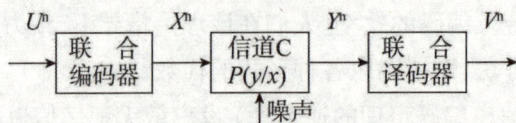

（a）编码和译码都采用联合方式

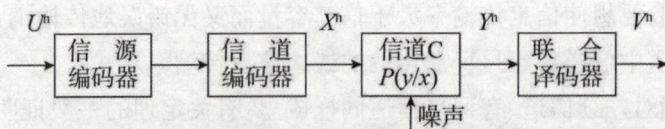

（b）采用传统的分离编码、联合译码方式

图 6 - 6　信源信道联合编码示意图

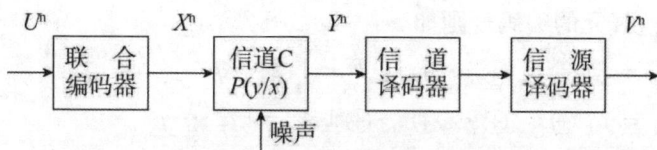

（c）采用联合编码、传统的分离译码方式

图 6 – 6　信源信道联合编码示意图（续）

图 6 – 6(a) 中，编码和译码都采用联合方式；图 6 – 6(b) 中，编码采用传统的分离编码方式，译码则采用联合译码器；图 6 – 6(c) 中，编码采用联合编码器，译码采用传统的分离译码方式。由于编译码方式中，最复杂、对系统影响最大的是译码部分，而第三种联合方式在系统复杂度和译码时延中都不具有优势，所以一般不采用。

6.5　信道编码

本节介绍几种信道编码方法，以此说明信道编码的特点和规律，其他编码方法请参考相关的编码理论书籍。

6.5.1　奇偶校验码

奇偶校验码（Parity Check Code）是一种通过增加冗余位使得码字中"1"的个数恒为奇数（奇校验）或偶数（偶校验）的编码方法，它是一种检错码。在实际使用时又可分为垂直奇偶校验、水平奇偶校验和水平垂直奇偶校验等几种。

1. 垂直奇偶校验

垂直奇偶校验又称为纵向奇偶校验，它是将要发送的整个信息块分为定长 p 位的若干段（如 q 段），每段后面按"1"的个数为奇数或偶数的规律加上一位奇偶位（监督元），如图 6 –7 所示。

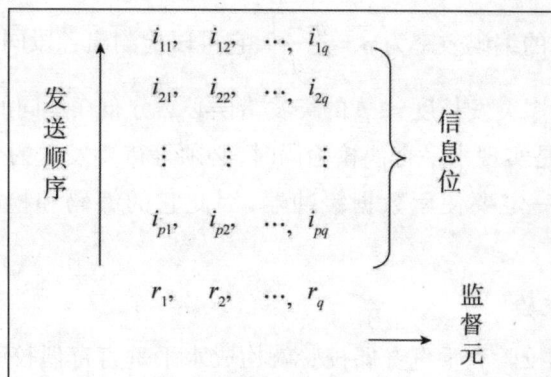

图 6 – 7　垂直奇偶校验

图 6 - 7 中的监督元的编码规则如下：

（1）偶校验：$r_k = i_{1k} \oplus i_{2k} \oplus \cdots \oplus i_{pk}, k = 1, 2, \cdots q$。

（2）奇校验：$r_k = i_{1k} \oplus i_{2k} \oplus \cdots \oplus i_{pk} \oplus 1, k = 1, 2, \cdots q$。

根据该编码规则可知，该奇偶校验码的最小码距为 $d_{\min} = 2$，可检一位错。可用码字 $= 2^{p+1}$，许用码字 $= 2^p$，禁用码字 $= = 2^{p+1} - 2^p$。

垂直奇偶校验方法的编码效率为 $\eta = \dfrac{p-1}{p}$，它能检测出每列中的所有奇数位错，但检测不出偶数位的错。对于突发错误来说，奇数位错与偶数位错的发生概率接近于相等，因而对差错的漏检率接近于 $1/2$。

2. 水平奇偶校验

水平奇偶校验又称为横向奇偶校验，它是对各个信息段的相应位横向进行编码，产生一个奇偶校验冗余位，如图 6 - 8 所示。

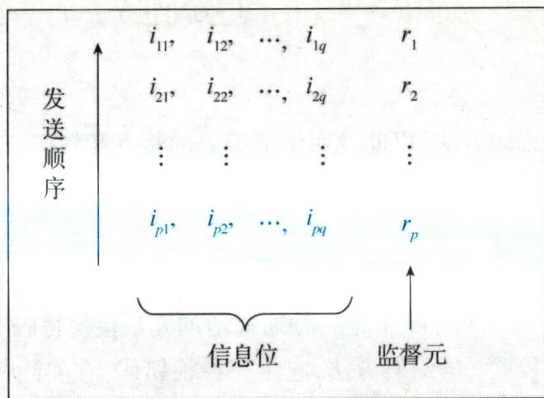

图 6 - 8　水平奇偶校验

图 6 - 8 中的监督元的编码规则如下：

（1）偶校验：$r_k = i_{k1} \oplus i_{k2} \oplus \cdots \oplus i_{kq}, k = 1, 2, \cdots, p$。

（2）奇校验：$r_k = i_{k1} \oplus i_{k2} \oplus \cdots \oplus i_{kq} \oplus 1, k = 1, 2, \cdots, p$。

水平奇偶校验方法的编码效率为 $\eta = \dfrac{q-1}{q}$，它可以检测出各段同一行上奇数位错。从图 6 - 8 中可见，按发送顺序突发长度 $\leqslant p$ 的突发错误必然分布在不同的行中，且每行一位，所以可以检查出差错。但是实现水平奇偶校验码时，必须等待要发送的全部信息块到齐后，才能计算监督元，也就是一定要使用数据缓冲器，因此它的编码和检测实现起来都要复杂一些。

3. 水平垂直奇偶校验

同时进行水平奇偶校验和垂直奇偶校验就构成水平垂直奇偶校验，也称为纵横奇偶校实验，如图 6 - 9 所示。

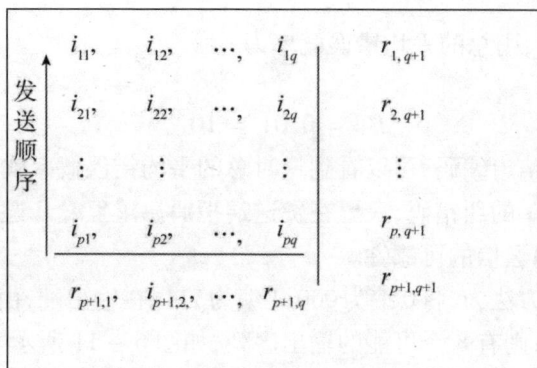

$$\begin{array}{c}\text{发}\\\text{送}\\\text{顺}\\\text{序}\end{array} \left. \begin{array}{cccc} i_{11}, & i_{12}, & \cdots, & i_{1q} \\ i_{21}, & i_{22}, & \cdots, & i_{2q} \\ \vdots & \vdots & & \vdots \\ i_{p1}, & i_{p2}, & \cdots, & i_{pq} \end{array} \right| \begin{array}{c} r_{1,q+1} \\ r_{2,q+1} \\ \vdots \\ r_{p,q+1} \end{array}$$

$$r_{p+1,1}, \quad i_{p+1,2}, \quad \cdots, \quad r_{p+1,q} \qquad r_{p+1,q+1}$$

图 6 – 9　水平垂直奇偶校验

图 6 – 9 中的监督元的编码规则如下:

(1) 偶校验:

$r_{k,q+1} = i_{k1} \oplus i_{k2} \oplus \cdots \oplus i_{kq}, k = 1,2,\cdots,p$

$r_{p+1,j} = i_{1j} \oplus i_{2j} \oplus \cdots \oplus i_{pj}, j = 1,2,\cdots,q$

　　　　$= r_{p+1,1} \oplus r_{p+1,2} \oplus \cdots \oplus r_{p+1,q}$

　　　　$= r_{1,q+1} \oplus r_{2,q+1} \oplus \cdots \oplus r_{p,q+1}$

(2) 奇校验:

$r_{k,q+1} = i_{k1} \oplus i_{k2} \oplus \cdots \oplus i_{kq} \oplus 1, k = 1,2,\cdots,p$

$r_{p+1,j} = i_{1j} \oplus i_{2j} \oplus \cdots \oplus i_{pj} \oplus 1, j = 1,2,\cdots,q$

$r_{p+1,q+1} = r_{p+1,1} \oplus r_{p+1,2} \oplus \cdots \oplus r_{p+1,q} \oplus 1$

　　　　　　$= r_{1,q+1} \oplus r_{2,q+1} \oplus \cdots \oplus r_{p,q+1} \oplus 1$

水平垂直奇偶校验的编码效率为 $\eta = \dfrac{pq}{(p+1)(q+1)}$。水平垂直奇偶校验能检测出所有 3 位或 3 位以下的错误(因为此时至少在某一行或某一列上有一位错)、奇数位错、突发长度 $\leqslant (p+1)$ 的突发错,以及很大一部分偶数位错。测量表明,这种方式的编码可使误码率降至原误码率的百分之一到万分之一。水平垂直奇偶校验不仅可检错,还可用来纠正部分差错。例如数据块中仅存在 1 位错时,便能确定错码的位置就在某行和某列的交叉处,从而可以纠正它。

6.5.2　简单重复码

重复码是一种最简单的纠错码,在实际系统中有较广泛的应用,如 *CDMA*2000 系统中就使用了它。

设有二元对称信道,如图 6 – 10 所示。

其信道矩阵为 $[P] = \begin{bmatrix} 0.99 & 0.01 \\ 0.01 & 0.99 \end{bmatrix}$。若选择最佳译码规则

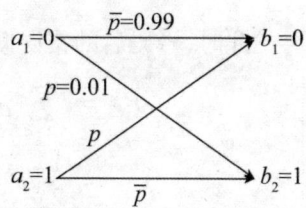

图 6 – 10　二元对称信道

$$\begin{cases} F(b_1 = 0) \Rightarrow (a_1 = 0) \\ F(b_2 = 1) \Rightarrow (a_2 = 1) \end{cases}$$，则总的平均错误概率为

$$P_E = 0.01 = 10^{-2}$$

这里没有采用任何信道编码,可以看到这时总的平均错误概率就等于信道的误码率。

重复码是一种最简单的纠错码,只要在发送端把消息重复发几遍,就可使接收端接收消息时错误减小,从而提高通信的可靠性。

三次重复码的编码方法为,将 0 编为 000,1 编为 111。在输出端,由于信道干扰的作用,各个码元都可能发生错误,则有 8 个可能的输出序列,如图 6 – 11 所示。

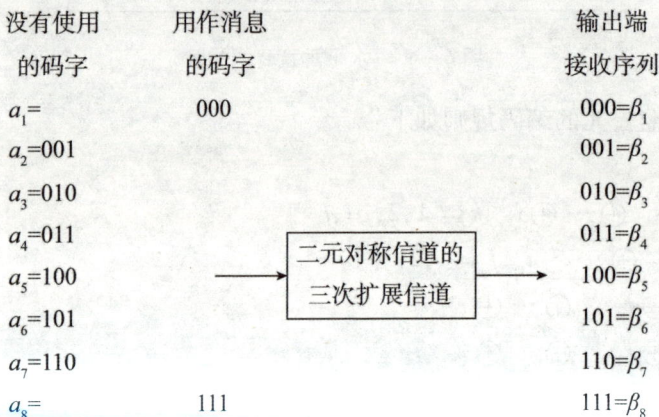

没有使用的码字	用作消息的码字	输出端接收序列
$a_1=$	000	$000=\beta_1$
$a_2=001$		$001=\beta_2$
$a_3=010$		$010=\beta_3$
$a_4=011$		$011=\beta_4$
$a_5=100$	二元对称信道的三次扩展信道	$100=\beta_5$
$a_6=101$		$101=\beta_6$
$a_7=110$		$110=\beta_7$
$a_8=$	111	$111=\beta_8$

图 6 – 11　简单的重复编码

显然,这种信道可以看成是三次无记忆扩展信道。其输入是在 8 个可能出现的二元序列中选两个作为消息(符号),而输出端这 8 个可能的输出符号都是接收序列。这时信道矩阵为

$$\begin{array}{c} \quad\ \ \beta_1 \quad \beta_2 \quad\ \ \beta_3 \quad\ \beta_4 \quad\ \ \beta_5 \quad\ \beta_6 \quad\ \ \beta_7 \quad\ \beta_8 \\ \begin{array}{c} \alpha_1 \\ \alpha_8 \end{array} \left[\begin{array}{cccccccc} \bar{p}^3 & \bar{p}^2 p & \bar{p}^2 p & \bar{p}p^2 & \bar{p}^2 p & \bar{p}p^2 & \bar{p}p^2 & p^3 \\ p^3 & \bar{p}p^2 & \bar{p}p^2 & \bar{p}p^2 & \bar{p}p^2 & \bar{p}^2 p & \bar{p}^2 p & \bar{p}^3 \end{array} \right] \end{array}$$

现假设输入符号是等概分布的,按最大似然法则译码,即取信道矩阵中每列数值最大的元素所对应的 α_i 为 α^*,可得简单重复编码的译码规则为

$$F(\beta_1) = \alpha_1 \quad F(\beta_5) = \alpha_1$$
$$F(\beta_2) = \alpha_1 \quad F(\beta_6) = \alpha_8$$
$$F(\beta_3) = \alpha_1 \quad F(\beta_7) = \alpha_8$$
$$F(\beta_4) = \alpha_8 \quad F(\beta_8) = \alpha_8$$

此时,译码后的错误概率为

$$P_E = \sum_{Y,X-a^*} p(\alpha_i)p(\beta_j/\alpha_i) = \frac{1}{M}\sum_{Y,X-a^*} p(\beta_j/\alpha_i)$$

$$= \frac{1}{2}\left[p^3 + \bar{p}p^2 + \bar{p}p^2 + \bar{p}p^2 + \bar{p}p^2 + \bar{p}p^2 + \bar{p}p^2 + p^3 \right]$$

$$= p^3 + 3\bar{p}p^2 \approx 3 \times 10^{-4}(当\ p = 0.01)$$

此处 M 是输入符号集中消息（符号）的个数。另外，也可以采用"择多译码"的译码规则，即根据输出端接收序列中"0"多还是"1"多。若有两个以上是"0"，则译码器就判决为"0"；若有两个以上是"1"，则判决为"1"。这样得到的平均错误概率与最大似然译码规则是一致的。

与原来 $P_E = 10^{-2}$ 比较，显然这种简单重复的编码方法（现在码元 $n = 3$，重复三次），已把错误概率降低了接近两个数量级。

采用简单重复编码方法，若进一步增大重复次数 n，则会继续降低平均错误概率 P_E，$n = 7$ 时，$P_E \approx 4 \times 10^{-7}$。可见，当 n 很大时，P_E 变得很小。但是，在重复编码次数 n 增大时，实际的信息传输率同时也要减小。重复 n 次，实际的信息传输率就降为原来的 $\frac{1}{n}$。由此可见，利用简单重复编码来减少平均错误概率 P_E 是以降低信息传输率作为代价的，即"牺牲有效性，换取可靠性"。

6.5.3　线性分组码

分组码是一种代数编码，它的一个码字包括独立的信息元和监督元，其监督元与信息元之间是一种代数关系。如果这种代数关系为线性的，则称为线性分组码。

图 6-12 为线性分组码的一般构成。对于二元编码来说，k 位信息码元共有 2^k 个不同组合，长度为 n 的二元序列共有 2^n 个可能的码字矢量，编码器只是在这 2^n 个可能码字中选择 2^k 个码字，被选中的 2^k 个码字称为许用码字，其余的 $2^n - 2^k$ 个码字称为禁用码字，称这 2^k 个码字矢量的集合为 (n,k) 分组码。

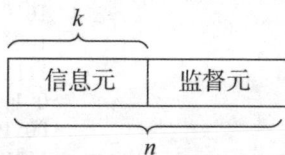

图 6-12　线性分组码的构成

现在分析 $(5,2)$ 线性分组码。其中，$n = 5$，$k = 2$ 表示有 2 位信息元，$n - k = 3$ 位监督元。2 位信息元可以表示为：$00,01,10,11$。下面推导如何根据信息元生成监督元。

设输入序列信息元为 $x_i = (\alpha_{i1},\alpha_{i2})$，则监督元为 $y_i = (\alpha_{i3},\alpha_{i4},\alpha_{i5})$，码字表示为 $\alpha_i = (\alpha_{i1},\alpha_{i2},\alpha_{i3},\alpha_{i4},\alpha_{i5})$，根据线性分组码编码规则，$\alpha_i$ 中各分量满足方程，即

$$\begin{cases} \alpha_{i3} = \alpha_{i1} \oplus \alpha_{i2} \\ \alpha_{i4} = \alpha_{i1} \\ \alpha_{i5} = \alpha_{i1} \oplus \alpha_{i2} \end{cases}$$

根据编码规则，$x_1 = (\alpha_{11},\alpha_{12}) = (0,0)$，$\alpha_{13} = \alpha_{11} \oplus \alpha_{12} = 0$，$\alpha_{14} = \alpha_{11} = 0$，$\alpha_{15} = \alpha_{11} \oplus \alpha_{12} = 0$，则 $y_1 = (\alpha_{13},\alpha_{14},\alpha_{15}) = (0,0,0)$，$\alpha_1 = (x_1,y_1) = (0,0,0,0,0)$，以此类推。

$$\alpha_i = \begin{bmatrix} \alpha_1 \\ \alpha_2 \\ \alpha_3 \\ \alpha_4 \end{bmatrix} = \begin{bmatrix} 00000 \\ 01101 \\ 10111 \\ 11010 \end{bmatrix}$$

现选取此序列 α_i 作为码字，可得一种 (5,2) 线性分组码，如图 6 - 13 所示。

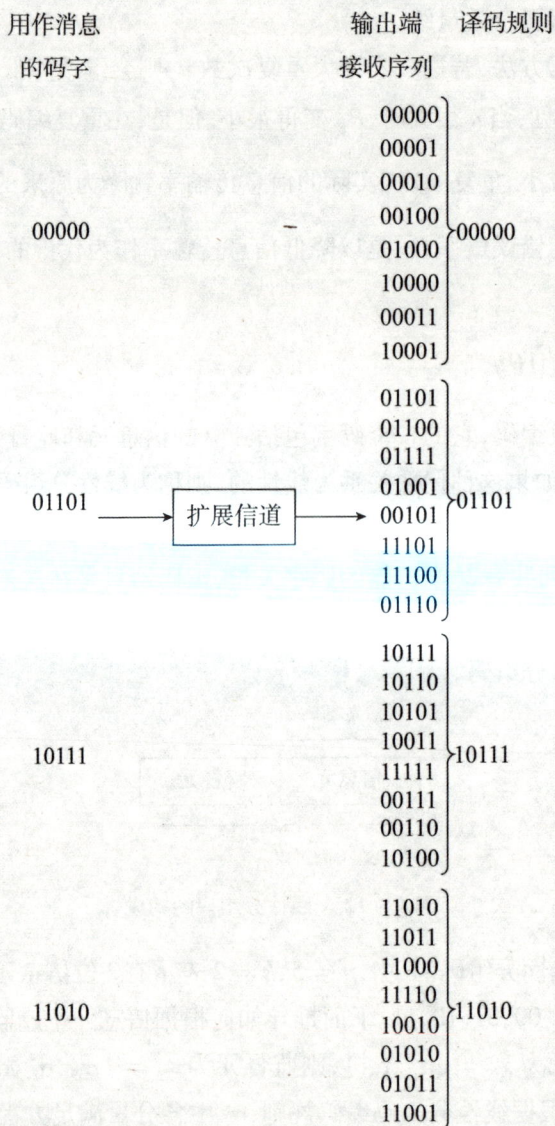

用作消息 的码字		输出端 接收序列	译码规则
		00000	
		00001	
		00010	
00000		00100	00000
		01000	
		10000	
		00011	
		10001	
		01101	
		01100	
		01111	
01101	扩展信道	01001	01101
		00101	
		11101	
		11100	
		01110	
		10111	
		10110	
		10101	
10111		10011	10111
		11111	
		00111	
		00110	
		10100	
		11010	
		11011	
		11000	
11010		11110	11010
		10010	
		01010	
		01011	
		11001	

图 6 - 13 （5,2）线性分组码

从图 6 - 13 可以看出，选用此码，接收端译码规则能纠正码字中所有发生一位码元的错误，也能发现其中两个两位码元的错误，所以可计算得

正确译码概率：

$$\overline{P}_E = \overline{p}^5 + 5\overline{p}^4 p + 2\overline{p}^3 p^2$$

错误译码概率：

$$P_E = 1 - \overline{P_E} = 1 - \overline{p}^5 - 5\overline{p}^4 p - 2\overline{p}^3 p^2 \approx 8\overline{p}^3 p^2 \approx 7.8 \times 10^{-4}(p = 0.01)$$

(5,2)码的编码效率(2/5)比3次重复码的编码效率(1/3)高,误码率在同一数量级。

6.5.4　循环码

循环码是线性分组码的一个重要的子类,不仅能够检错还能纠正随机错误和突发错误,并且易于硬件实现,应用广泛。

设 C 是某 (n,k) 线性分组码的码字集合,如果对任意 $C = (c_{n-1}, c_{n-2}, \cdots, c_0) \in C$,它的循环移位 $C^{(1)} = (c_{n-2}, c_{n-3}, \cdots, c_0, c_{n-1})$ 也属于 C,则称该 (n,k) 码为循环码。

表 6-1 为(7,3)循环码的图示。从图中可以看出,每个码字左移一位即是下一码字,如序号2左移一位即得到序号3的码字。另外,每个码字(除0以外)左移或右移之后,无论移多少位都是属于(7,3)循环码码字的。

表 6-1　一种(7,3)循环码的全部码字

序号	码字		序号	码字	
---	信息位 $c_6 c_5 c_4$	监督位 $c_3 c_2 c_1 c_0$		信息位 $c_6\ c_5\ c_4$	监督位 $c_3 c_2\ c_1\ c_0$
1	0 0 0	0 0 0 0	5	1 0 0	1 0 1 1
2	0 0 1	0 1 1 1	6	1 0 1	1 1 0 0
3	0 1 0	1 1 1 0	7	1 1 0	0 1 0 1
4	0 1 1	1 0 0 1	8	1 1 1	0 0 1 0

为了更方便地研究循环码,一般将码组用代数多项式来表示。一个 n 元码字可以用一个次数不超过 $n-1$ 的多项式唯一表示,对于循环码 $c = (c_{n-1} c_{n-2} \cdots c_1 c_0)$,其多项式为

$$c(x) = c_{n-1} x^{n-1} + c_{n-2} x^{n-2} + \cdots + c_1 x^1 + c_0$$

上式称为 c 的码字多项式。

例如,表 6-1 中的第2码字可以表示为

$$C^{(2)}(x) = 0 \cdot x^6 + 0 \cdot x^5 + 1 \cdot x^4 + 0 \cdot x^3 + 1 \cdot x^2 + 1 \cdot x + 1$$
$$= x^4 + x^2 + x + 1$$

在循环码中,可以根据一个码字循环得到其他码字,同样,对于码字多项式而言,也存在一个码字多项式 $g(x)$ 可以推导得出其他的多项式,这种多项式命名为生成多项式,顾名思义,生成多项式表示所有的其他多项式都是由此多项式生成的。生成多项式具有以下性质：

(1) $g(x)$ 是一个常数项为1的 $r = n-k$ 次多项式;

(2) $g(x)$ 是 $x^n + 1$ 的一个因式;

(3) 该循环码中,其他码多项式都是 $g(x)$ 的倍式。

根据以上性质,可得 $g(x)$ 的表达式为

$$g(x) = g_{n-k}x^{n-k} + g_{n-k-1}x^{n-k-1} + \cdots + g_1 x + g_0$$

在实际循环码设计过程中,通常只给出码长和信息位数,这就需要设计生成多项式,下面仍以(7,3)循环码为例进行分析。

首先,得到生成多项式。生成多项式 $g(x)$ 是 $x^n + 1$ 的一个因式,且 $g(x)$ 是一个 r 次因式。因此,就可以先对 $x^n + 1$ 进行因式分解,找到它的 r 次因式。对 $x^7 + 1$ 进行因式分解得

$$x^7 + 1 = (x + 1)(x^3 + x^2 + 1)(x^3 + x + 1)$$

从中找到 $r = n - k = 4$ 次的因子。很明显,其中有两组为 4 次因式:

$$(x + 1)(x^3 + x^2 + 1) = x^4 + x^2 + x + 1$$
$$(x + 1)(x^3 + x + 1) = x^4 + x^3 + x^2 + 1$$

以上两组任选一组都可作为循环码的生成多项式。选用不同的生成多项式,循环码的码字就不同。这里选择第一组作为生成多项式,即

$$g(x) = (x + 1)(x^3 + x^2 + 1) = x^4 + x^2 + x + 1$$

其次,根据信息位求取监督位。信息位的多项式以 $m(x)$ 表示,监督位的多项式以 $r(x)$ 表示,码字可以表示为最左边 k 位是信息元,其余是校验元,其多项式形式为

$$C(x) = x^{n-k}m(x) + r(x)$$

因为 $C(x)$ 都可以被 $g(x)$ 整除,用 $Q(x)$ 表示一个整式因式,则

$$\frac{C(x)}{g(x)} = \frac{x^{n-k}m(x) + r(x)}{g(x)} = Q(x)$$

进一步推导:

$$\frac{x^{n-k}m(x)}{g(x)} = Q(x) + \frac{r(x)}{g(x)}$$

至此得到监督位的多项式 $r(x)$。

其中,码多项式的计算是按模 2 法则进行运算的,即只取值 0 和 1,其运算法则见表6-2。

表6-2 模2法则

模2加	0 + 0 = 0	0 + 1 = 1	1 + 0 = 1	1 + 1 = 0
模2乘	0 × 0 = 0	0 × 1 = 0	1 × 0 = 0	1 × 1 = 1

在模2运算中,加与减是等同的,因此全部以加号表示,如 $x^2 + x$ 等同于 $x^2 - x$,并且根据模2法则 $x^2 + x^2 = 0$。以信息位 011 为例说明如何求取监督位,其对应的多项式为 $m(x) = 0 \cdot x^2 + 1 \cdot x + 1 = x + 1$,对多项式模2运算得

$$\frac{x^{n-k}m(x)}{g(x)} = \frac{x^4(x + 1)}{x^4 + x^2 + x + 1} = \frac{x^5 + x^4}{x^4 + x^2 + x + 1} = x + 1 + \frac{x^3 + 1}{x^4 + x^2 + x + 1}$$

监督位为(1001),与表6-1序号4对应。

最后,根据信息位和监督位即可获得循环码字。

6.5.5 卷积码

分组码编译码时必须把整个信息码组存储起来,由此产生的延时随着 n 的增加而线性

增加,并且码组长度 n 通常都比较大。为了减少延迟,同时达到一定的纠错能力和编码效率,相继提出了各种编码方式,卷积码就是其中一种。卷积码同样是把 k 个信息比特编成 n 个比特,但 k 和 n 通常很小,特别适宜于以串行形式传输信息,可以减小编码延时,并且性能不低于或高于分组码。

卷积码与前面介绍的线性分组码不同。在线性分组码中,每个码字的码元只与本码字中的信息码元有关,或者说,各码字中的监督码元只对本码字中的信息码元起监督作用。卷积码则不同,每个码字(常称子码)内的码元不仅与该码字内的信息码元有关,而且还与前面 m 个码字内的信息码元有关。所以,卷积码常用 (n,k,m) 表示,其中各子码内的监督码元不仅对本子码起监督作用,而且对前面 m 个子码内的信息码元也起监督作用。因此,编码过程中相互关联的码字为 $n(m+1)$ 个,码元数目 $n(m+1)$ 通常被称为码的约束长度。

下面举例说明卷积码的编码工作原理。图 6-14 为 $(2,1,2)$ 卷积码的编码器,该卷积码的 $n=2,k=1,m=2$。因此,它的约束长度 $nN = n \times (m+1) = 2 \times 3 = 6$。

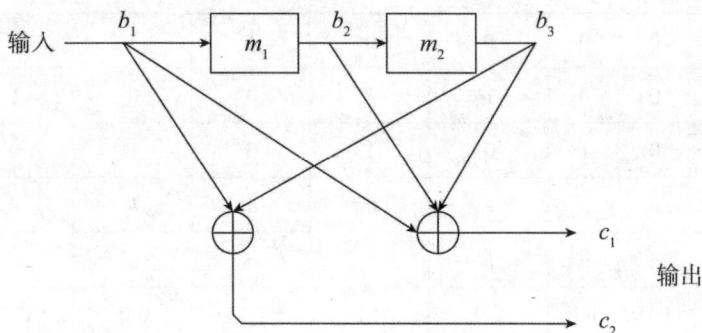

图 6-14 $(2,1,2)$ 卷积码编码器

其中,m_1 和 m_2 为移位寄存器,工作的起始状态均为零,则输出为

$$c_1 = b_1 + b_2 + b_3$$

$$c_2 = b_1 + b_3$$

假如输入的信息为 $D = [1100]$,对信息 D 进行卷积编码的过程见表 6-3。

表 6-3 对信息 D 进行卷积编码

时间	-2	-1	0	1	2	3
输入 $D(b_1)$	0	0	1	1	0	0
b_2			0	1	1	0
b_3			0	0	1	1
输出 c_1			$1+0+0=1$	$1+1+0=0$	$0+1+1=0$	$0+0+1=1$
输出 c_2			$1+0=1$	$1+0=0$	$0+1=1$	$0+1=1$
输出 c_1c_2			1 1	0 1	0 1	1 1

分组码有严格的代数结构,但卷积码至今尚未找到如此严密的数学手段,把纠错性能与码的结构十分有规律地联系起来,目前大都采用计算机来搜索好码。对于描述卷积码的方法有两类:图解表示和解析表示。解析表示较为抽象,而用图解表示法来描述卷积码简单明了。常用的图解描述法包括树状图、状态图和网格图等。

1. 树状图

前面所述的卷积码的编码器工作原理也可用图 6 – 15 的码树图来表示,它描述了编码器在工作过程中可能产生的各种序列,然后根据不同的输入码字直接查找即可。

在树图描述中,涉及记忆状态的概念,简称状态,当前状态对应于编码器即为 b_2, b_3 的取值,记为 $M_1 = (b_2, b_3)$,当有输入时,下一状态记为 M_2,对应于编码器即为 b_1, b_2 的取值,记为 $M_2 = (b_1, b_2)$。在二元码中,其状态有 $2^2 = 4$ 种,分别定义为 $a = (0,0), b = (0,1), c = (1,0), d = (1,1)$,则编码器在工作过程中可能产生的各种序列见表 6 – 4。

表 6 – 4　编码器可能产生的各种序列

输入 $D(b_1)$	0	0	0	0	1	1	1	1
b_2	0	0	1	1	0	0	1	1
b_3	0	1	0	1	0	1	0	1
M_1	a	b	c	d	a	b	c	d
M_2	a	a	b	b	c	c	d	d
输出 $c_1 c_2$	0 0	1 1	1 0	0 1	1 1	0 0	0 1	1 0

按照表 6 – 4,以 $a = (0,0)$ 为起点,绘制树图。如输入为 0 时,当前状态为 a 时,下一状态依然为 a,输出为 $c = (0\ 0)$;如输入为 1 时,当前状态为 a 时,根据上表下一状态为 c,输出为 $c = (1\ 1)$,树图如图 6 – 15 所示。

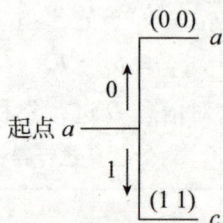

图 6 – 15　树图表示

依次类推得到整个树图如图 6 – 16 所示,可以根据树图求得任意输入信息的卷积码,如信息为 $D = [1100]$,对应树图走向如虚线所示,对应卷积码为 $(1\ 1), (0\ 1), (0\ 1), (1\ 1)$,与前面编码器上得到的码字序列完全相同。

其中,有时为了表述方便,也会令 $c = (0,1), b = (1,0)$,这样获得的树图排列顺序从 (a, c, b, d) 变为 (a, b, c, d)。树图分支数目的增加会随着信息位的增加而呈指数性增长,在实际应用中更多地采用状态图和网格图描述。

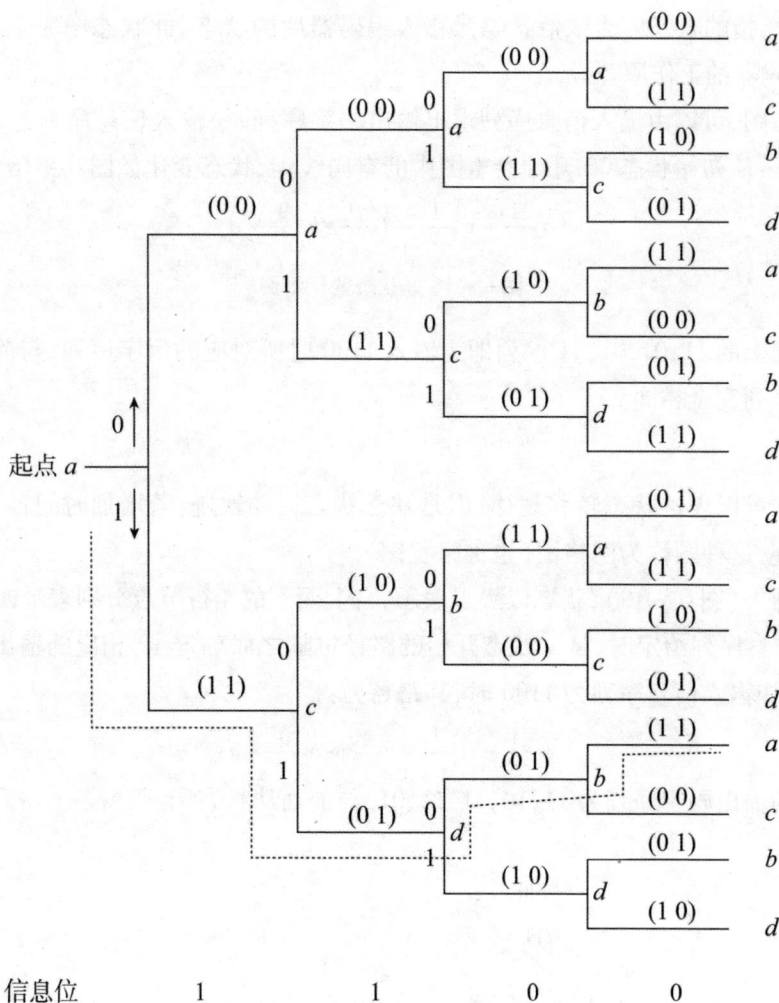

图 6 - 16   编码器对应树图表示

2. 状态图

编码器的输出子码是由当前输入比特和当前状态所决定的。每当编码器移入一个信息比特,编码器的状态就发生一次变化。用来表示输入信息比特所引起的编码器状态的转移和输出码字的图形就是编码器的状态图。

图 6 - 17 为 (2,1,2) 卷积码编码器的状态图。图中用小圆内的数字表示编码器的状态,分别为 a, b, c, d。连接圆的连线箭头表示状态转移的方向。连线旁的两位数字表示相应的输出子码,如 0/00,0 为当前输入比特,00 为输出子码,对应于表 6 - 4 中编码器的

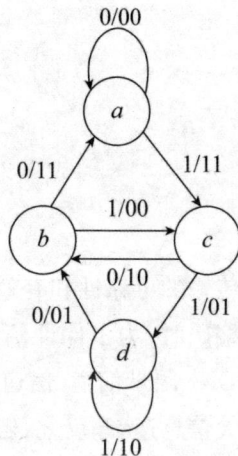

图 6 - 17   编码器对应状态图表示

b_1/c_1c_2。箭头所指的状态即为该信息码元移入编码器后的状态。此状态图完全反映了(2,1,2)卷积码编码器的工作原理。

根据状态图,可以由输入信息序列求出输出码字序列。如输入信息序列为1100,求输出码字的方法是:从初始状态00开始沿着图中的有向线走,状态变化如图6-18所示。

$$a \xrightarrow{1} c \xrightarrow{1} d \xrightarrow{0} b \xrightarrow{0} a$$

图6-18　状态变化示例

所经路径上的11,01,01,11序列即为输入1100时所对应的码字序列,与前面从数图上得到的码字序列完全相同。

3.网格图

状态图中可以表达状态转移规律,但是缺乏状态运动轨迹,若增加时间轴,则可表示状态的转移轨迹,这种图称为网格图(也称格状图)。

在网格图中(图6-19),状态以黑点表示,自上而下的4行节点分别表示四种状态a,b,c,d。当输入信息序列给定时,从a状态开始的路径也随之而确定了,相应的输出码字序列也就确定了。假如输入信息序列为1100时,其路径为:

$$a \xrightarrow{1} c \xrightarrow{1} d \xrightarrow{0} b \xrightarrow{0} a$$

则相应的输出码字序列为11,10,11,11,01,与前面从状态图、码树图上得到的码字序列完全相同。

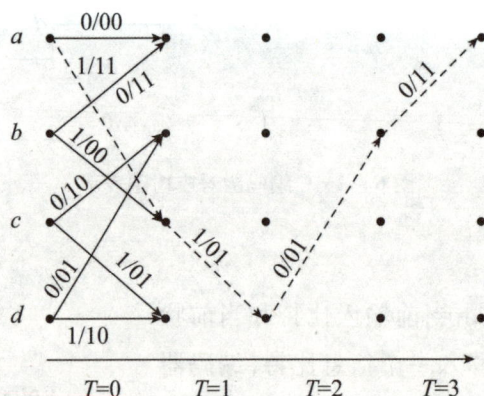

图6-19　编码器对应网格图表示

信息传输的可靠性和有效性永远是通信中的一对矛盾,为了追求二者的平衡,对信源进行可靠性编码时,为了保证信息传输的有效性,要尽可能地减少其冗余度。对于加性高斯白噪声(AWGN)限带信道,信道容量C取决于信噪比(SNR),给定的信噪比就确定了所能无误传输的最大信息速率。反之,若给定信息速率,也就确定了无误传输所需的最小信噪比。这个最小信噪比,就是通常所说的Shannon限,达到或最大限度地逼近Shannon限是信道编码理论研究的理想目标。Shannon限的证明引用了三个基本条件:(1)采用随机编码方式;

(2) 码字长度趋于无穷大;(3) 采用最大似然译码。但 Shannon 并没有给出具体的编译码方案,所以从 20 世纪 50 年代起,通信技术界就把主要的精力集中于信源编码和信道编码的具体构造方法上,并在这方面取得了稳步的进展。然而,目前已有的(构造的)码都不是真正 Shannon 意义下的好码,而如何构造好码仍是人们为之努力和奋斗的目标。

习题

一、填空题

1. 信道编码则是通过增加信源的_____来提高通信的抗干扰能力,即提高通信的_____。

2. _____、_____、_____构成了现代通信系统对信息传输的基本要求。

3. 码组纠检错能力与_____有关。

4. 要发现(检测)e 个随机错误,则要求码的最小距离满足_____。

5. 要纠正 e 个随机错误,则要求码的最小距离满足_____。

6. 要纠正 e 个随机错误同时检测 $t(t \geq e)$ 个错误,则要求码的最小距离满足_____。

7. 差错控制的基本方式大致可以分为_____、_____和混合纠错 HEC 等。

8. 在一定的误码率或误比特率的条件下,采用某种纠错编码方式后,相对于没有采用编码的系统所获得的信噪比减少的分贝数称为_____。

9. ARQ 方式包括_____、_____和_____三种模式。

10. n 位重复码的编码效率是_____。

11. 提高通信系统的可靠性可以通过_____编码方式来实现。

12. 通信系统优化指标主要有三类:_____、_____和_____。

13. 若码的任意一串有限长的码符号序列只能被唯一地译成所对应的信源符号序列,则此码为_____。

14. 编码信道是典型的_____信道。

15. 传输错误概率不仅与信道的_____有关,也与_____准则(或规则)有关。

16. 译码准则的选择的原则就是要使_____为最小。

17. 常见的译码准则有_____和_____。

18. 有噪信道编码定理,即香农_____定理。该定理指出,在任何信道中_____是可靠传输的最大信息传输率。

19. 信道编码是"牺牲_____,换取可靠性"。

20. 提高系统可靠性和提高有效性常常会_____。

21. 在二元编码的码字集合中,码字中"1" 码元的个数称为这个码字的_____。

22. 两个二元码字的_____等于两个码字模加后所得码字的码重。

23. 一个分组码的最小码距为 $d_{\min}$，$d_{\min}=6$，能够纠_____位错，同时检_____位错。

24. 检错码不能发现错误码字的概率称为_____。

二、简答题

1. 试说明信道编码中最小距离 d_0 与码字纠检错能力之间的关系。

2. 差错控制方式有几种？简述它们的基本原理。

3. 生成多项式 $g(x)$ 是 (n,k) 循环码 C 中最低次数的非零码多项式，试证明循环码所有的码字多项式 $g(x)$ 是生成多项式的倍式。

4. 试证明线性分组码的最小距离等于非零码的最小码重。

5. (n,k) 循环码的生成多项式为 $g(x)$，信息位多项式为 $m(x)$，请给出基于 $g(x)$ 的循环码系统编码方法。

6. 线性分组码校验矩阵 H 中，若任意 m 列线性无关，但存在 $m+1$ 列线性相关，则最小距离等于 $d_0=m+1$。

7. 在信息论中，针对有噪信道编码的有香农第二定理，简述其内容。

8. 如果把香农第二定理、第三定理，即信道编码和限失真信源编码定理结合起来考虑，会得出什么结论？

三、计算题

1. 下面是某 (n,k) 线性二元码的全部码字：

$$C_1 = 000000 \quad C_2 = 000111 \quad C_3 = 011001 \quad C_4 = 011110$$
$$C_5 = 101011 \quad C_6 = 101100 \quad C_7 = 110010 \quad C_8 = 110101$$

（1）求 n,k 为何值；

（2）构造这码的生成矩阵 G；

（3）构成这码的一致校验矩阵 H。

2. 设一分组码具有一致校验矩阵

$$H = \begin{bmatrix} 1 & 0 & 0 & 1 & 0 & 1 \\ 0 & 1 & 0 & 0 & 1 & 1 \\ 0 & 0 & 1 & 1 & 1 & 1 \end{bmatrix}$$

（1）求这分组码 $n=?k=?$，共有多少个码字？

（2）此分组码的生成矩阵。

（3）矢量 101010 是不是码字，并列出所有码字。

（4）设发送码字 $C=(001111)$，但接收到的序列为 $R=(000010)$，其伴随式 S 是什么，这伴随式指出已发生的错误在什么地方，为什么与实际错误不同？

3. 已知二元码为 $\{11100, 01001, 10010, 00111\}$。

（1）计算此码的最小汉明距离。

（2）如果要求误码率最小，试问接收序列 10000,01100 和 00100 应该译成什么码字？

（3）此码能检出几位错误？此码能纠正几位错误？

4. 已知某线性分组码一致监督矩阵为 $H = \begin{bmatrix} 1 & 1 & 0 & 1 & 0 & 0 \\ 0 & 1 & 1 & 0 & 1 & 0 \\ 1 & 0 & 1 & 0 & 0 & 1 \end{bmatrix}$，求：

（1）此码的编码效率。

（2）生成矩阵。

（3）此码的全部码字。

（4）若接收码字为（111011），传输过程是否发生错误？若有错，试纠正并分析改码的纠检错能力。

5. 某（7,3）循环码含有码字（0010111），求：（1）该循环码的生成多项式；（2）当输入的信息组是（110）时的码字；（3）如何由生成多项式构造系统循环码。

6. 某（7,3）循环码的生成多项式

$$g(x) = x^4 + x^2 + x + 1$$

求：（1）生成矩阵；（2）当输入的信息组是（100）时的码字；（3）如何由生成多项式构造系统循环码。

7. 某线性分组码的生成矩阵为 $G = \begin{bmatrix} 0101010 \\ 0111001 \\ 1110010 \\ 1010101 \end{bmatrix}$，求：

（1）用系统码 $[IP]$ 的形式表示 G，并写出对应的系统码校验阵 H。

（2）计算该码的最小距离。

（3）接收到的码字为 $R_1 = 0010100$，如何判断是否有错？

（4）接收码字 $R_2 = 1010100$ 对应的伴随式 $S = ?$

8. 如图 6 - 20 所示卷积码，若消息序列 $u = (110011000)$，利用状态图和篱笆图（栅格图）求编码输出。

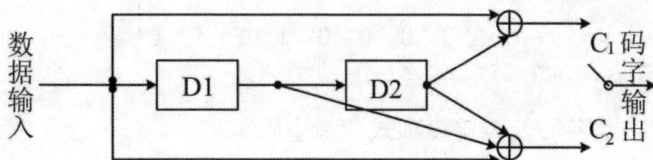

图 6 - 20　第 8 题图

9. 某线性分组码的生成矩阵为 $G = \begin{bmatrix} 1000011 \\ 0100101 \\ 0010111 \\ 0001110 \end{bmatrix}$，求：

(1) 写出对应的系统码校验阵 H。

(2) 计算该码的最小距离。

(3) 接收到的码字为 $R_1 = 0010100$,如何判断是否有错?

(4) 接收码字 $R_2 = 1010100$ 对应的伴随式 $S = ?$

10. 某(7,4)循环码的生成多项式

$$g(x) = x^3 + x + 1$$

求:(1) 信息组(1101)对应的系统码码字;(2) 系统码的生成矩阵。

11. 考虑一个(8,4)系统线性分组码,其一致校验方程如下:

$$\begin{cases} c_3 = m_1 + m_2 + m_4 \\ c_2 = m_1 + m_3 + m_4 \\ c_1 = m_1 + m_2 + m_3 \\ c_0 = m_2 + m_3 + m_4 \end{cases}$$

其中,m_1, m_2, m_3, m_4 是信息数字;c_3, c_2, c_1, c_0 是校验位数字。

(1) 求出这码的生成矩阵和一致校验矩阵;

(2) 证明这码的最小重量为 4;

(3) 若某接收序列 R 的伴随式为 $S = [1011]$,求其错误图样 E 及发送码字 C;

(4) 若某接收序列 R 的伴随式为 $S = [0111]$,问发生了几位错。

12. 设(7,3)循环码,其生成多项式为 $g(x) = x^4 + x^2 + x + 1$:

(1) 列出其所有码字,并求此码的最小码距;

(2) 写出其系统循环码的标准生成矩阵;

(3) 写出此码的校验多项式及标准校验矩阵。

13. 已知(8,5)线性分组码的生成矩阵为

$$G = \begin{bmatrix} 1 & 0 & 0 & 0 & 0 & 1 & 1 & 1 \\ 0 & 1 & 0 & 0 & 0 & 1 & 0 & 0 \\ 0 & 0 & 1 & 0 & 0 & 0 & 1 & 0 \\ 0 & 0 & 0 & 1 & 0 & 0 & 0 & 1 \\ 0 & 0 & 0 & 0 & 1 & 1 & 1 & 1 \end{bmatrix}$$

(1) 证明此码是循环码;

(2) 求该码的生成多项式,校验多项式和最小码矩。

14. 设一个(2,1,3)卷积码的编码器如图 6 − 21 所示。

(1) 试写出此(2,1,3)卷积码的生成矩阵,生成子矩阵和基本生成矩阵;

(2) 画出此卷积码的状态流图和网格图;

(3) 输入信息序列为(0110010111 10…)求输出码字序列。

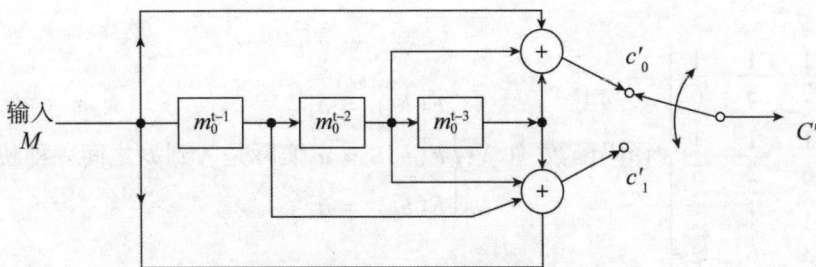

图 6 - 21　第 14 题图

15. 设有一离散信道,其信道传递矩阵为

$$
\begin{bmatrix}
\dfrac{1}{2} & \dfrac{1}{3} & \dfrac{1}{6} \\[2mm]
\dfrac{1}{6} & \dfrac{1}{2} & \dfrac{1}{3} \\[2mm]
\dfrac{1}{3} & \dfrac{1}{6} & \dfrac{1}{2}
\end{bmatrix}
$$

并设 $P = (x_1) = \dfrac{1}{2}, P(x_2) = P(x_3) = \dfrac{1}{4}$,试按最小的错误概率准则,即最大后验概率准则确定译码规则,并计算相应的平均错误概率。

16. 设有一离散信道,其信道传递矩阵为

$$
\begin{bmatrix}
\dfrac{1}{2} & \dfrac{1}{3} & \dfrac{1}{6} \\[2mm]
\dfrac{1}{6} & \dfrac{1}{2} & \dfrac{1}{3} \\[2mm]
\dfrac{1}{3} & \dfrac{1}{6} & \dfrac{1}{2}
\end{bmatrix}
$$

并设 $P = (x_1) = \dfrac{1}{2}, P(x_2) = P(x_3) = \dfrac{1}{4}$,试按最大似然译码准则确定译码规则,并计算相应的平均错误概率。

17. 计算码长 $n = 5$ 的二元重复码的译码错误概率。假设无记忆二元对称信道中正确传递概率 $\bar{p}$,错误传递概率 $p = 1 - \bar{p}$。此码能检测出多少错误呢?又能纠正多少错误,若 $p = 0.01$,译码错误概率是多大?

18. 设某二元码为 $C = \{11100, 01001, 10010, 00111\}$。

（1）计算此码的最小距离 $d_{\min}$;

（2）采用最小距离译码准则,试问接受序列 10000,01100 和 00100 应译成什么码字?

（3）此码能纠正几位码元的错误?

19. 信源 A 的符号概率分布为 $p(a_1) = \dfrac{1}{4}, p(a_2) = \dfrac{1}{4}, p(a_3) = \dfrac{1}{2}$,已知信道转移矩阵:

$$[P] = \begin{array}{c} a_1 \\ a_2 \\ a_3 \end{array} \begin{bmatrix} \overset{b_1}{\dfrac{1}{2}} & \overset{b_2}{\dfrac{1}{3}} & \overset{b_3}{\dfrac{1}{6}} \\ \dfrac{1}{6} & \dfrac{1}{2} & \dfrac{1}{3} \\ \dfrac{1}{3} & \dfrac{1}{6} & \dfrac{1}{2} \end{bmatrix}$$，译码函数，如 X：$\begin{cases} F(b_1) = a_1 \\ F(b_2) = a_2 \\ F(b_3) = a_3 \end{cases}$ 实际是 A 到 B 之间一种映射，试设计

一种最小错误概率译码规则函数，并计算平均错误概率。

第七章

网络信息论

1948年以来，香农经典信息理论逐步形成并得到快速发展。信息论为促进通信领域的全面发展起到了关键的理论指导作用，经典信息理论以提高信息系统的有效性、可靠性和保密性为基本目标，在数学层面论证了系统性能极限的存在性，为相关工程实践指明了方向。

前面各章所涉及的都是只有一个信源和一个信宿的单向通信的单用户通信系统。随着通信网络的飞速发展，信息传输网络化理论也引起了人们的关注。对于现代通信网络而言，通常通信业务对线路的占用模式不再是独占线路资源的模式，而是多路数据业务共享线路的模式，共享的方式包括时分、频分、码分和网络编码等。数据业务的到达时间分布、数据包的服务时间分布、中心节点的交换和转发策略等都与传统的业务有很大的差别，尤其是在交换节点处有可能出现数据风暴，即单位时间内有大量的数据包同时到达。另外，接入交换中心的每一条线路，其各自的容量也会有很大的差异。当信息在网络通信系统中多用户和多方向流通时，如何让信息有效而可靠的传输，这与单信源、单信道时的情况有很大的不同，需要研究网络信息理论等问题，这对于网络通信系统的设计和使用有重要的指导意义。

网络信息论存在如下3个主要的研究领域。

(1) 网络信道容量的定义及计算方法。网络容量反映了该网络的最大信息速率的承载能力。现代的数据网的运行架构不同于以前基于电路交换的电话网的独享线路资源模式，而是基于分组交换的存储转发模式，是一种共享线路的模式。在物理层，体现为时分、频分、码分(波分)等复用模式。网络信息论研究的容量问题远远复杂于仅在网络层讨论的容量问题，网络信息论要将网络层、传输层以及物理链路层多层的特点融合到一起，从网络整体分析容量。因此，综合考虑各种因素，提炼出一个反映共性的网络容量的定义，并对其进行评估和测试，已成为目前通信学界关注的焦点问题。

(2) 网络容量的有效利用。如何有效地使用网络容量，提高网络的有效性是网络信息论研究的另一个重要问题。网络容量使用率最大化问题是一个全局优化问题，主要包括网络信源和信道编码技术，该技术涉及因素众多。一是传输线路的带宽、时变性差异；二是网络节点的路由、交换及控制策略；三是网络承载业务的差异。因此，网络使用效率的提高是学术界非常重要的研究课题。

（3）异构网络的融合问题。通信网络种类繁多，设计理念和用途差异很大。以光纤为代表的主干网强调大容量、高带宽；以程控交换机为代表的话务网强调实时性和服务质量；以TCP/IP协议为核心协议的国际互联网是基于军事需要而研发的，重点在于网络的健壮性，并主要是为了数据传输的需要，实时性和服务质量并没有得到优化设计；数字电视业务网主要是基于高带宽的广播模式，交互性比较弱。综合业务数字网概念的提出，是为了对数字网进行整合和优化，而互联网、电话、广播数据的三网合一问题的研究是为了建立更大范围的一体化通信网，优化资源利用。历史上还出现了基于软交换的下一代网络，ATM（异步传输模式）就是为了整合优化电路交换和分组交换的优点，弥补各自的不足而提出的虚电路技术。最近几年来，基于全IP的通信网发展迅猛，加上IP技术固有的服务质量、实时性方面的不足，改进和优化IP技术的研究也已成为目前通信界研究的主流方向之一。

随着微波技术、集成电路技术、数字信号处理和智能理论的快速发展，无线超宽带通信成为研究的热点。无线局域网、无线城域网、无线个人网、无线自组织网及无线传感器网都得到了迅猛发展。无线信道的带宽差异性大，且时变特性明显，其网络容量的界定、使用效率的最大化、基于特定使用场合的方案及其优化设计等面临重要的发展机遇。

7.1 网络信道的分类

将复杂网络通信系统进行分解,可以得到的各类基本组成单元,这对于网络通信系统问题的分析是很有意义的。下面介绍构成网络的一些典型网络信道单元。

7.1.1 多源接入信道

需要指出的是,接入信道的各个信源在地理上是分散的,所以无论是信源编码或信道编码都必须分散进行。多源接入信道的这一特点使其有别于第4章所述的各种并联信道。和双向信道中提到的问题类似,在通信工程中多源或多址接入是用时分、频分或码分等方法将一个物理信道分成若干独立的子信道来实现的,因此各输入信号被局限在某种互不相交的子空间内。而在用信息论观点分析多源接入信道时就没有这样的限制。

多个不同信源的信息经过几个编码器编码后,送入同一信道传送。从信道来看,它是一个多输入单输出信道,如图7-1所示。

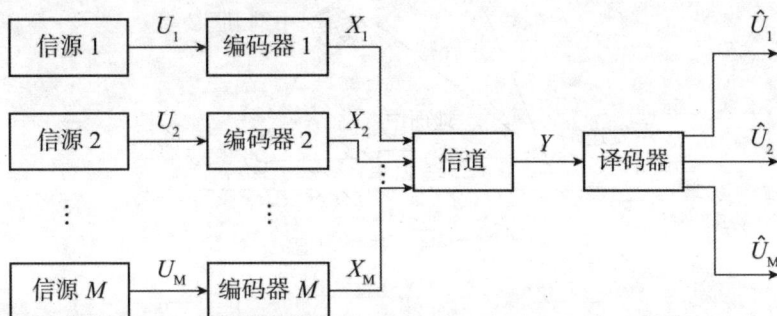

图7-1 多源接入信道

卫星通信系统中,M 个地面站同时与一个公用卫星通信的上行线路就是多源接入信道的典型实例,如图7-2所示。

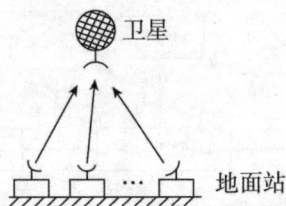

图7-2 卫星通信的上行线路

7.1.2 广播信道

将多源接入信道中的信息流向全部反过来就可得到广播信道,其特点是单一输入和多个输出，与一般的广播概念不同的是多个输出并不要求一定是相同的信息。当广播信道向所有信宿传送相同的信息且各输出端口的干扰情况相同时，广播信道的问题就转化为单信道问题；当向所有信宿传送不同的信息时，可采用时分方式。

卫星与 M 个地面站的下行通信系统可看成是广播信道，如图 7 - 3 所示。

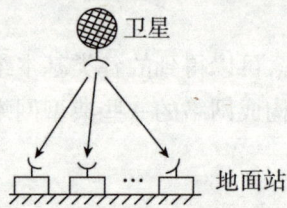

图 7 - 3　广播信道

7.1.3　中继信道

一对用户之间经过多种途径中转所进行的单向通信。如图 7 - 4 所示，图中一对地面站，可经一个或多个卫星中转或者经地面通信转接而实现单向通信。

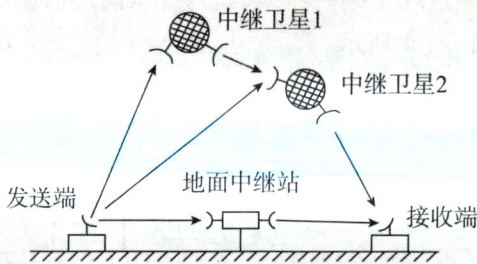

图 7 - 4　中继信道

7.1.4　串扰信道

串扰信道有两个发送端和两个接收端，它们通过一个公共信道传送信息，彼此会产生相互干扰，如图 7 - 5 所示。

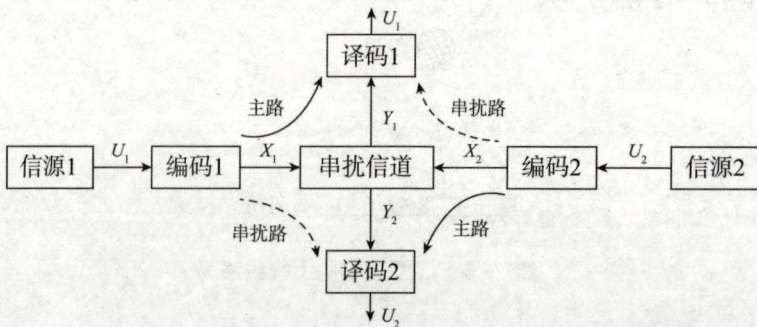

图 7 - 5　串扰信道

7.1.5 反馈信道

如图 7 - 6 所示,系统的译码器输出有信息反馈传送到编码器,它是在香农的单向通信系统上加了一个反馈线路,这种信道称为反馈信道。

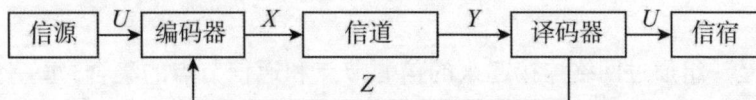

图 7 - 6 反馈信道

为了分析简单起见,一些基本信道可用图 7 - 7 中的符号来表示。

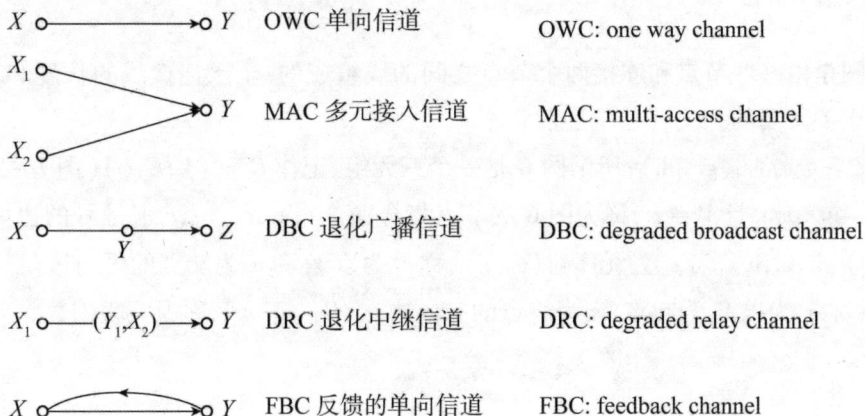

图 7 - 7 基本信道的符号表示

一个复杂的网络通信系统可分解为若干个基本信道的组合。如图 7 - 8 所示,卫星通信网就可用几个基本信道的组合来表示。

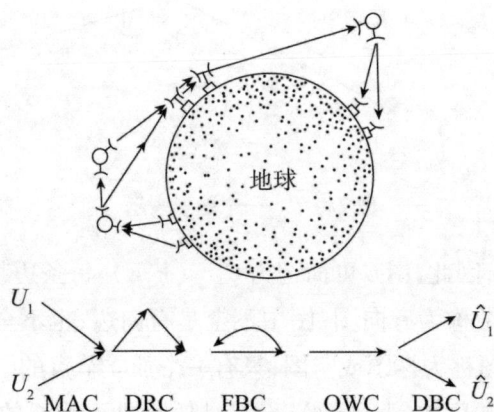

图 7 - 8 卫星通信网的基本信道组合图

7.2 网络信道的容量

网络系统是一组通过网络连接起来的信源节点和通信节点的集合,每一个节点观察一个或者多个信源,试图恢复信源发出的信息或计算信源输出的某个函数值。为了完成这些功能,节点需要通过网络进行通信。那么,所需通信量的极限在哪里,如何达到这个极限,是本节将要讨论的问题。为了便于理解,下面先对图论中涉及的几个相关基本概念进行简要介绍。

一个图是由一些节点和连接两个节点之间的线组成的,至于连接线的长度和节点的具体位置是无关紧要的。

【定义 7 - 1】图(graph):所谓图 G 是一个三元组,记作 $G = (V, E, \varphi)$(图 7 - 9)。其中,$V = \{v_1, v_2, \cdots, v_n\}$ 且 $V \neq \varphi$,称为图 G 的节点集合;$E = \{e_1, e_2, \cdots, e_m\}$ 是 G 的边集合,其中 e_i 为 (v_j, v_t) 或 $\langle v_j, v_t \rangle$。若 e_i 为无序对 (v_j, v_t),称 e_i 为以 V_j 和 v_t 为端点的无向边;若 e_i 为有序对 $\langle v_j, v_t \rangle$,称 e_i 为以 V_j 为起点,v_t 终点的有向边;$\varphi: E \rightarrow V \times V$ 称为关联函数。

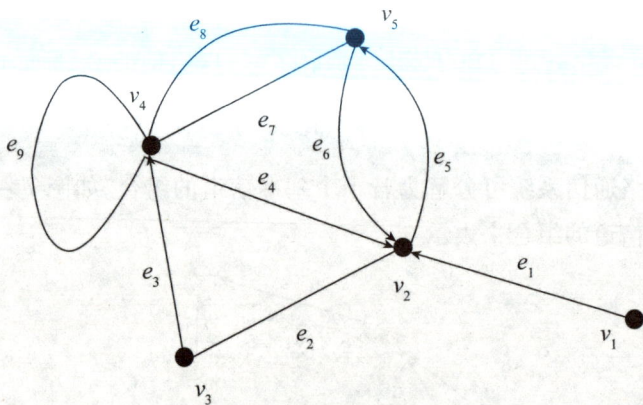

图 7 - 9 一个图形表示

若不考虑关联函数 φ,因此,图 G 可简记为 $G = (V, E)$。每条边都是无向边的图称为无向图;每条边都是有向边的图称为有向图;图中不全是有向边,也不全是无向边的图称为混合图;仅有一些孤立节点的图称为零图或空图;只有一个孤立节点的图称为平凡图。

【定义 7 - 2】节点 V 的度数(deg(v)):设 G 是任意图,V 为 G 的任一节点,与节点 V 关联的边数(一条环要计算两次)称为 V 的度数。

如果 G 是任意有向图,V 为 G 的任一节点,射入 V 的边数称为 V 的入度,射出 V 的边数称为 V 的出度。有向图任意节点的度数是该节点入度和出度之和。

【定义 7 - 3】网络(net):一个网络 G 是满足下列条件的简单加权有向图,即

(1) 存在一个入度为 0 的节点,称为源(source);

(2) 存在一个出度为 0 的节点,称为汇或者宿(sink);

(3) 有向边 $\langle V_i, V_j \rangle$ 的权 C_{ij} 是一个非负数,称为有向边 $\langle V_i, V_j \rangle$ 的容量。

【定义 7 - 4】网络流(flow):设 G 是一个网络,令 C_{ij} 表示有向边 $\langle V_i, V_j \rangle$ 的容量,G 的一个流 F 赋予每个有向边 $\langle V_i, V_j \rangle$ 一个非负数 F_{ij},使得满足两个条件:(1) $F_{ij} \leqslant C_{ij}$;(2) 对于既不是源也不是汇的每个节点 V_j,$\sum_i F_{ij} = \sum_i F_{jt}$。其中,除非另有说明,总是对所有节点 v_i 求和,且如果 $\langle V_i, V_j \rangle$ 不是边,则设 $F_{ij} = 0$。

【定义 7 - 5】流 F 的值 val(F):设 F 是网络 G 的一个流,其源为 S,汇为 t,称 $\sum_i F_{si} = \sum_i F_{it}$ 为流 F 的值,用 val(F) 表示。G 中的一个最大流是具有最大值的流。一般可能存在几个具有相同的最大值的流。

【定义 7 - 6】网络的切割(cut):设 G 是一个网络,其源为 S,汇为 t,存在 $P \subseteq V$,$\overline{P} = V - P$,使得 $s \in P, t \in \overline{P}$,称 $(P, \overline{P})$ 为 G 的切割。$(P, \overline{P})$ 的容量是数值 $C(P, \overline{P}) = \sum_{i \in P} \sum_{j \in \overline{P}} C_{ij}$,具有最小容量的切割为最小切割。

【定理 7 - 1】最大流最小割定理:对于已知的网络流,从源点到汇点的流量 F 的最大值小于或等于任何一个切割的容量,即 $\max F \leqslant \min C(P, \overline{P})$。

由于通信网组成与结构的千变万化,对通信网中信道容量问题的一般性研究有很大的困难,因此这方面的研究一开始就是从特殊的、典型的、有代表性的容量问题入手,先求得各种典型情况下的解,然后加以推广和拓展。

1. 多源接入系统

多源接入信道是一种典型的网络信道模型,本节将以多源接入信道为例来探讨网络信道的容量问题。如图 7 - 10 所示,以离散无记忆二源接入信道为例,深入细致地分析其容量,该结果可以推广到多源接入信道容量的分析。

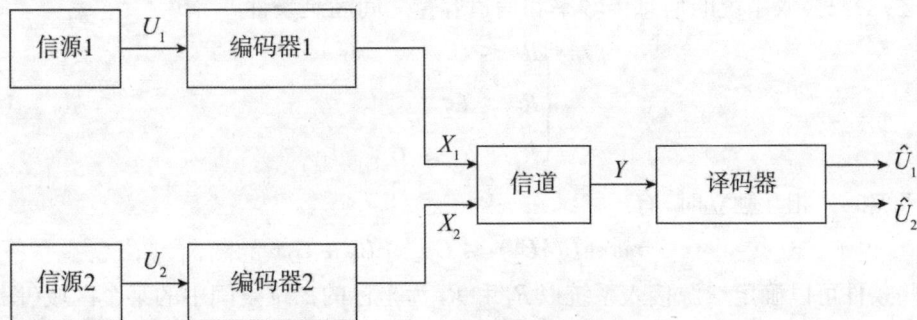

图 7 - 10   二源接入系统模型

设信道的两个输入端分别由随机变量 X_1 和 X_2 表示,它们的符号集分别为 $X_1:\{a_{11}, a_{12}, \cdots, a_{1r}\}$ 和 $X_2:\{a_{21}, a_{22}, \cdots, a_{2s}\}$。信道的信宿由随机变量 Y 表示,其符号集为 $Y:\{b_1, b_2, \cdots, b_k\}$。

二源接入系统的信道特性由条件转移概率表示为

$$P(Y \mid X_1X_2) : \{ p(b_j \mid a_{1i}, a_{2m}) \}, j = 1, 2, \cdots, k, i = 1, 2, \cdots, r, m = 1, 2, \cdots, s$$

两个编码器分别将两个原始信源 U_1 和 U_2 的符号编成适合于信道传输的信号 X_1 和 X_2，译码器把信道输出 Y 译成相应的信源符号 $\hat{U}_1$ 和 $\hat{U}_2$，将 U_1 传至 $\hat{U}_1$ 的信息传输率用 R_1 表示。它是从 Y 中获取的关于 X_1 的平均信息，即 $R_1 = I(X_1 ; Y)$。

若 X_2 已知的情况下，使 R_1 达到最大，即有

$$R_1 = I(X_1 ; Y) \leqslant \max_{P(X_1), P(X_2)} I(X_1 ; Y \mid X_2) \qquad (7-1)$$

取最大值是通过改变编码器 1 和编码器 2，使之有最适合的 X_1 和 X_2 的概率分布 $P(X_1)$ 和 $P(X_2)$，从而使条件互信息 $I(X_1 ; Y \mid X_2)$ 达到最大值。把式(7-1)所得的最大值称为条件信道容量。

$$C_1 = \max_{P(X_1), P(X_2)} I(X_1 ; Y \mid X_2) = \max_{P(X_1), P(X_2)} [H(Y \mid X_2) - H(Y \mid X_1X_2)] \qquad (7-2)$$

由式(7-1)和式(7-2)可得 $R_1 \leqslant C_1$，同理

$$C_2 = \max_{P(X_1), P(X_2)} I(X_2 ; Y \mid X_1) = \max_{P(X_1)P(X_2)} [H(Y \mid X_1) - H(Y \mid X_1X_2)] \qquad (7-3)$$

$$R_2 = I(X_2 ; Y) \leqslant \max_{P(X_1), P(X_2)} I(X_2 ; Y \mid X_1) = C_2 \qquad (7-4)$$

式中，R_2 是 X_1 确知的条件下，从 Y 中获取的关于 X_2 的平均信息量。

从 Y 中获取的关于 (X_1X_2) 的联合平均互信息

$$I(X_1X_2 ; Y) = I(X_1 ; Y) + I(X_2 ; Y \mid X_1) = H(Y) - H(Y \mid X_1X_2) \qquad (7-5)$$

总信道容量

$$C_{12} = \max_{P(X_1), P(X_2)} I(X_1X_2 ; Y) \geqslant I(X_1 ; Y) + I(X_2 ; Y) = R_1 + R_2 \qquad (7-6)$$

故

$$C_{12} \geqslant R_1 + R_2 \qquad (7-7)$$

当 X_1 和 X_2 相互独立时，可以证明 C_1, C_2 和 C_{12} 之间满足不等式

$$\max(C_1, C_2) \leqslant C_{12} \leqslant C_1 + C_2 \qquad (7-8)$$

总之，二源接入系统的信息传输率和信道容量之间满足条件

$$\begin{cases} R_1 \leqslant C_1 \\ R_2 \leqslant C_2 \\ R_1 + R_2 \leqslant C_{12} \end{cases} \qquad (7-9)$$

当 X_1 和 X_2 相互独立时，有

$$\max(C_1, C_2) \leqslant C_{12} \leqslant C_1 + C_2 \qquad (7-10)$$

这些条件可以确定二源接入系统以 R_1 和 R_2 为坐标的二维空间中的某个区域(图7-11中的阴影部分)，这个区域的界限就是二源接入系统的信道容量。

图7-11中的阴影区是由线段 C_2M, MN, NC_1 和两个坐标轴围成的截角四边形。直线 MN 与两个坐标轴的夹角都是45°，线段 MN 上任一点的横、纵坐标之和是 C_{12}，所以 MN 的直线方程为 $R_1 + R_2 = C_{12}$。图7-10中阴影区域内的任何一点都是满足限制条件，即式(7-9)。

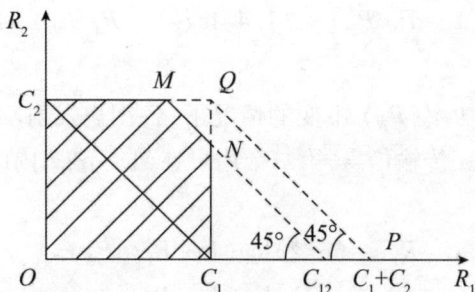

图 7 – 11　二源接入系统容量

由于线段 NC_1 与线段 C_1C_{12} 相等,即 C_1C_{12} 表示 R_2 的实际取值,所以直线 MN 只能在直线 QP 左边,最多与之重叠。这在几何上体现了 $C_{12} \leqslant C_1 + C_2$ 的条件。为了满足 $C_{12} \geqslant \max(C_1, C_2)$ 的条件,直线 MN 与 R_1 轴的交点 C_{12} 必须在点 C_1 的右边(当 $C_1 \geqslant C_2$ 时),或者直线 MN 与 R_2 轴的交点必须在点 C_2 的右边(当 $C_2 \geqslant C_1$ 时)。

通过对二源接入系统的信道容量的一般理论分析,可以得到这样一个明显的结论:像二源接入系统这样的多用户信道的信道容量,不能与单用户信道一样由一个数字来表示,而要由二维空间(或多维空间)中的某一个区域的界限来表示。这就是多用户信道与单用户信道不同的一个重要特征。

二源接入系统的结论很容易推广到多址接入系统的情况。若信道有 N 个输入端和一个输出端,第 i 个编码器输出信息的信息传输率为 R_i,相应的条件信道容量为 C_i,信道总容量为 C_Σ,则信息传输率和信道容量之间应满足如下限制条件:

$$\begin{cases} R_i \leqslant C_i = \max\limits_{P(X_1) - P(X_N)} I(X_i; Y \mid X_1 \cdots X_{i-1}X_{i+1} \cdots X_N) \\ \sum\limits_{i=1}^{N} R_i \leqslant C_\Sigma = \max\limits_{P(X_1) \cdots P(X_N)} I(X_1 \cdots X_N; Y) \end{cases} \qquad (7-11)$$

当输入各信源互相独立时,有

$$\sum_{i=1}^{N} C_i \geqslant C_\Sigma \leqslant \max_i C_i \qquad (7-12)$$

这些限制条件规定了一个在 N 维空间中的体积,这个体积的外形是一个截去角的多面体,多面体是信道允许的信息传输率,多面体的上界就是多址接入系统的信道容量。

2. 时分多址系统

时分多址系统中,信息传输的总时间为 T,每一个用户占用一定的时隙为 T/N。以两用户系统为例,若第一个用户占用的时隙为 $T/2$,第二个用户占用的时隙也为 $T/2$,且互不重叠。用户可实现的信息传输率满足

$$R_1 \leqslant (T/4)\log(1 + P_1/P_N)/T = (1/4)\log(1 + P_1/P_N) \qquad (7-13)$$

$$R_2 \leqslant (T/4)\log(1 + P_2/P_N)/T = (1/4)\log(1 + P_2/P_N) \qquad (7-14)$$

且有

$$R_1 + R_2 \leqslant (1/4)\log(1 + P_1/P_N) + (1/4)\log(1 + P_1/P_N) \leqslant \max\{C_1, C_2\} < C_{12}$$

$$(7 - 15)$$

假如在系统平均发射功率(P_N)不变的情况下,各用户发射功率各自可调,即第一个用户在αT内以发射功率P_1/α传输信息,第二个用户在$(1-\alpha)T$内以发射功率$P_2/(1-\alpha)$传输信息,有

$$R_1 \leqslant (\alpha/2)\log(1 + P_1/\alpha P_N) \tag{7-16}$$

$$R_2 \leqslant [(1-\alpha/2)]\log(1 + P_2/(1-\alpha)P_N) \tag{7-17}$$

且有

$$R_1 + R_2 \leqslant (\alpha/2)\log(1 + P_1/\alpha P_N) + [(1-\alpha)/2]\log(1 + P_2/(1-\alpha)P_N)$$

$$(7 - 18)$$

这种时分多址系统无法实现按信道容量进行传输,即信道容量的利用率达不到100%。同时,当系统中有N个用户时,每个用户的平均发射功率相同,在分配时隙时,每个用户的平均功率要放大N倍,此时的$\alpha = 1/N$。若N非常大,用户的发射功率受放大器非线性的限制,则不可能放大到所要求的倍数。

3. 频分多址系统

频分多址系统中,每一个用户占用一定的带宽,不同的用户占用不同的频段,各用户的传输速率与其占用的频带宽度成正比。以两用户系统为例,设第一个用户占用的带宽为B_1,第二个用户占用的带宽为B_2,且互不重叠,则系统总带宽$B = B_1 + B_2$。用户可实现的信息传输率满足

$$R_1^\alpha \leqslant (B_1/2)\log(1 + P_1/N_0 B_1) \tag{7-19}$$

$$R_2^\alpha \leqslant (B_2/2)\log(1 + P_2/N_0 B_2) \tag{7-20}$$

式中,N_0为噪声功率密度。

设第一个用户所占用带宽比为$\beta = B_1/B$,第二个用户所占带宽比为$1 - \beta$。上述不等式可写为

$$R_1^\alpha \leqslant (\beta/2)\log(1 + P_1/\beta P_N) \tag{7-21}$$

$$R_2^\alpha \leqslant [(1-\beta)/2]\log(1 + P_2/(1-\beta)P_N) \tag{7-22}$$

式中,$R_1 = R_1^\alpha/B$为第一个用户在整个频带内的平均信息传输率,$R_2 = R_2^\alpha/B$为第二用户在整个频段内的平均信息传输率,$P_N = N_0 B$为整个频带内的平均噪声功率。

这与采用功率调整模式的时分多址系统得到的结果相同。在频分多址的模式下,为保证不同用户发送消息互不干扰,还需在用户的传输子频带之间设立一定宽度的保护带,这会进一步降低频带的利用率。所以,采用频分多址技术的系统是无法实现按信道容量进行传输的,即在相同的平均功率约束下,时分多址系统和频分多址系统可实现的信息传输率均小于理论信道容量值。

4. 码分多址系统

码分多址系统中,各信息之间不存在时隙和带宽分配问题,用户可以占用全部时间和带

宽。各用户按时间同步发送信息,且每个用户的扩频波形都是确定的,接收端可以接收到所有用户的信息,再进行联合解调和检测,并用多用户检测算法对多用户信息进行判决。若系统中有 N 个用户,各自发射功率限制分别为 $P_i(i = 1, 2, \cdots, N)$,系统中每个用户可实现的信息传输率为 R_i,则有

$$\sum_{i \subset N} R_i \leqslant \frac{1}{2} \log \left(1 + \frac{\sum\limits_{i \in N} P_i}{P_N} \right) \tag{7 - 23}$$

可以看出,码分多址系统是一种较理想的多址系统。但是,由于传输中扩频码字的正交性受到破坏,多用户之间的信息会自动引入信息干扰,即它是一个自扰系统。

7.3 网络编码的基本原理

蝴蝶网络的例子说明传统路由无法实现最高的传输效率。在单信源组播网络中,使用网络编码可以达到信息传输的最大流界。有一些学者提出了线性网络编码理论,并证明了使用线性网络编码在单信源网络中可达最大流界,通过线性网络编码达到最大流界的线性算法,降低了中间节点编码的复杂度,为网络编码的实用创造了条件。

目前,网络编码理论及其应用的研究引起了国内外专家学者的广泛关注。在国外,许多著名大学和IT公司的研究中心都在积极开展网络编码的相关研究,如麻省理工学院、普林斯顿大学、多伦多大学、瑞士 EPFL 学院等以及微软研究院、贝尔实验室、AT&T 的香农信息实验室等。在国内,中科院软件研究所和清华大学、中国科技大学、国防科技大学、上海交通大学、华中科技大学、西安电子科技大学、香港中文大学等高校均有网络编码相关的研究组进行该领域研究。

本节将阐述了网络编码的相关问题,介绍网络编码技术所需有关图论中的各种基本概念,并分析网络编码在吞吐量、传输延迟、降低能耗、均衡负载、可靠性以及安全性等方面的优点以及当前线性网络编码的三种主要构造算法:指数时间算法、多项式时间算法和随机网络编码算法,最后指出了网络编码的适用条件。

7.3.1 网络编码相关概念

为了便于对网络编码基本原理的分析,下面讨论的通信网络都满足以下基本假设。

(1) 有向图中的任意一条边的容量均为常数(如一个比特每单位时间)。如果某条边上的容量是整数,且超过了一个比特每单位时间,可以用并行边来表示;如果某条边上的容量是分数,则可以通过选择足够大的时间单位来精确的表示。这种假设的好处是可以达到任意的精度。

(2) 通信网络中没有环路存在,且任意链路时延均为0。

（3）不考虑链路上的传输差错。网络编码的操作是处于网络中的网络层，在 ISO 体系模型中，差错控制可以由底层完成，并给网络层提供一个无差错的系统。

下面将通过著名的"蝶形网络"进行分析。如图 7 - 12 所示的通信网络，这是一个拥有单个信源和 2 个接收节点的网络，假设每条链路都无时延和无差错，且信道容量为 1，即单位时间内只能传输一个单位信息量（如一个比特）。S 是信源节点，Y 和 Z 是信宿节点，T,U,W,X 是中间节点。源节点 S 要同时向两个信宿节点 Y 和 Z 发送组播信息。根据图论的"最大流最小割"定理，该多播的最大理论传输容量为 2，即理论上信宿 Y 和 Z 能够同时收到信源 S 发出的 2 个单位的信息，也就是说能同时收到 b_1 和 b_2。

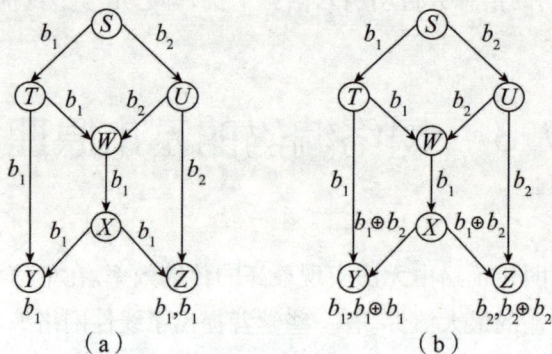

图 7 - 12 "单信源二信宿"蝴蝶网络

如果是传统的信息传输方式，如图 7 - 12(a) 所示，链路 $ST \to TY$ 和 $ST \to TW \to WX \to XZ$ 传送 b_1，链路 $SU \to UZ$ 和 $SU \to UW \to WX \to XY$ 传送 b_2，信道容量为 1 的要求约束了链路 WX，使得链路 WX 无法同时传输 b_1 和 b_2，b_1 和 b_2 传输到节点 W 时，若 WX 传输 b_1（这里以先传输 b_1 为例，若传输 b_2，同理），则 b_2 需要等待 b_1 传输完毕才能传输。所以在单位时间内，信宿 Y 获得两个 b_1，信宿 Z 获得 b_1 和 b_2，则该方式不能够实现最大传输容量。

如果采用网络编码的思想，则如图 7 - 12(b) 所示，令节点 W 为编码节点，b_1 和 b_2 传输到节点 W 时，W 对接收到的 b_1 和 b_2 进行编码，压缩传输信息流，从而使得链路 $ST \to TY$ 和 $SU \to UZ$ 分别给信宿 Y 和 Z 传输 b_1 和 b_2，链路 $WX \to XY$ 和 $WX \to XZ$ 给信宿 Y 和 Z 传输 $b1 \oplus b2$，Y 收到 $b1$ 和 $b1 \oplus b2$ 后，通过译码操作 $b_1(b1 \oplus b2)$ 就能解出 b_2，因此，信宿 Y 同时收到了 b_1 和 b_2。同理，信宿 Z 也同时收到 b_1（通过译码操作 $b_2(b1 \oplus b2)$）和 b_2，由此，基于网络编码思想的传输方式能够实现理论上的最大传输容量。

7.3.2 网络编码的优点

通过前面"蝶形网络"对网络编码基本原理进行的介绍，可以知道，网络编码技术是一种全新的信息传输方式，它是利用中间节点，在保持所接收信息流的原有信息基础上，对所需传输的信息流进行压缩，从而实现传输吞吐量的提高。但随着研究的不断深入，人们发现网络编码的作用不仅仅局限于提高网络的吞吐量，在减少传输延迟、降低能耗、提高传输可靠性、安全性以及均衡负载等多方面也都体现出了其优点。下面分别对以上优点进行具体分析。

1. 吞吐量

吞吐量是衡量一个网络综合性能的关键指标之一。特别是在无线网络中，由于无线信道频率资源有限，另外，多径衰落、噪声和干扰影响也比较严重，因此，相对有线网络而言，无线网络的吞吐量较小且难以得到提高。在未引入网络编码的传统网络中，通常采用以下方法提高无线网络的吞吐量：

（1）分配更多的可用频谱段；

（2）更高阶的数字调制；

（3）MIMO + OFDM；

（4）更高效的 MAC 机制；

（5）MAC 层或传输层拥塞控制。

利用有关熵的理论可以证明，通过网络编码可以使网络的传输容量达到最大流最小割给定的理论极限。

然而，对信息组播网络而言，在利用网络编码获取编码增益的同时，它在网络管理方面也带来了一些问题。例如，网络节点处理复杂度的增加量分析，网络信息流的同步管理与调整以及网络部分链路失效对网络编码性能的影响与处理等。基于这些考虑，人们就会想到利用网络编码带来的增益与付出代价是否匹配，即利用网络编码带来的增益是否远大于付出代价的问题。

最初，一些学者根据典型的"蝶形网络"推断出网络编码带来的吞吐量增益大约为30%，也有一些学者通过对一些特定的实际应用网络进行测量，发现平均的吞吐量增益大约为10%。显然，这一结果引起了人们对网络编码研究和应用价值的质疑。然而，Harvey 等人用一个有趣的构造性证明表明：在存在瓶颈链路的网络中，网络编码带来的吞吐量的最大增益可以逼近无穷大。这一理论结果从本质上消除了人们对网络编码的质疑，为网络编码研究的发展提供了强有力的保证。

另外，Yunnan Wu 等人以最优化吞吐量来更经济地分配网络资源为目的，通过在中心节点处搜集全局编码向量信息，采用集中式算法，提出了一种考虑网络编码的跨层设计方案；Jun Yuan 等人提出了一种分布式跨层优化框架方案来最优化无线网状网的吞吐量；Yunnan Wu 和 Sunyuan Kung 把网络链路分为输入中继节点的链路和输入接收节点的链路，并证明只需对输入中继节点的链路进行网络编码即可达到相同的组播容量。

2. 传输延迟

时延是实时性要求较高的系统中的一个重要因素。随着网络的不断发展，人们通过网络不再局限于传输一些文本信息、图片等非实时性要素，而对在线语音聊天、视频聊天以及视频播放等实时性较高的需求量更大。另外，在信息化条件下的局部战争中对信息实时性的要求也越来越高，哪一方先得到有用的信息，哪一方就拥有信息优势，从而获得战争的主动权。

网络编码可以通过减少信源与信宿之间的信息传输跳数来降低信息传输过程中的延迟。如图 7 - 13 所示，这是一个拥有单个信源和3个接收节点的网络。假设每条链路信道容量均为 1，即单位时间内只能传输一个单位信息量（如一个比特）。S 为信源节点，T_1，T_2 和 T_3 为信宿节点，信源 S 向信宿节点 T_1，T_2 和 T_3 发送单位比特信息 a 和 b。

如果中间节点只是传统的存储转发节点的话，如图 7 – 13(a) 所示，对于接收节点 T_1，T_2 和 T_3 来说，要获得全部信息 a 和 b 至少需要三个单位时间（以 T_3 为例，信息 a：$S \rightarrow T_3$ 或者 $S \rightarrow T_1 \rightarrow T_3$；信息 b：$S \rightarrow T_2 \rightarrow T_1 \rightarrow T_3$）。如果在信源节点 S 采用网络编码策略，如图 7 – 13(b) 所示，在链路 $S \rightarrow T_3$ 上传输 $a+b$，T_2 上利用已经接收到的 b 和 $a+b$ 解码得到 a 的信息，T_3 上利用已经接收到的 a 和 $a+b$ 解码得到 b 的信息，对于接收节点 T_1，T_2 和 T_3 来说，要获得全部信息 a 和 b 只需要两个单位时间。因此，对于所有三个接收节点而言，要获得全部信息 a 和 b，传统的方法需要三个单位时间，而采用网络编码方法时只需要两个单位时间，这样就通过减少信息在传输过程中的跳数，从而达到降低信息到达目的节点的时间延迟。

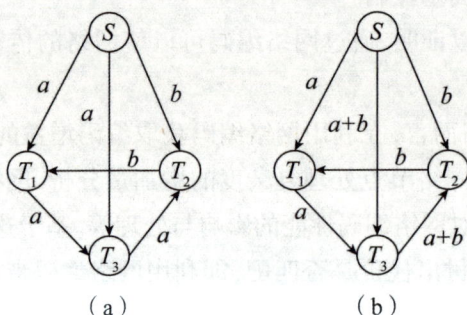

图 7 – 13　单信源 3 信宿四面体网络拓扑结构

3. 降低能耗

能耗，一方面可以从节约的角度来考虑，另一方面可以从寿命的角度考虑。例如，无线传感网络中拥有持续能量的有源节点，考虑的就是节约的问题，而对于一些由电池供电，且放置在危险或者潜在危险地方的无源传感器节点来说，电池耗电完了，该传感器节点就结束了使用寿命，因而考虑的就是寿命的问题。可见，能耗是实际效益中一个非常重要的因素，而在一些节点位置非常重要且相当危险的无源节点就显得尤为突出。

网络编码可以有效降低无线网络中发送数据包所需的能量。如图 7 – 14 所示，这是一个拥有单个信源节点两个信宿节点五个中间节点的环形网络。假设每条链路信道容量均为 1，即单位时间内只能传输一个单位信息量（如一个比特）。S 为信源节点，T_1 和 T_2 为信宿节点，信源 S 向信宿节点 T_1 和 T_2 发送单位比特信息 a 和 b。

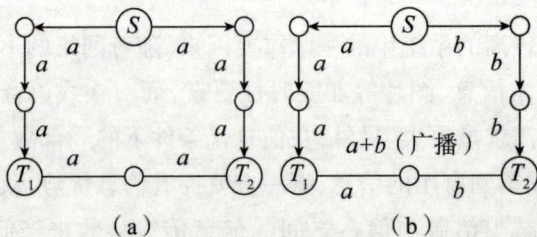

图 7 – 14　单信源两信宿环形网络拓扑结构

如果信宿节点 T_1 和 T_2 之间的节点只是传统的存储转发节点的话，如图 7 – 14(a) 所示，第一个时间段发送 a，第二个时间段发送 b，对于接收节点 T_1 和 T_2 来说，要获得全部信息 a 和 b，节点总共需要发射 10 次信息。而如果在接收节点 T_1 和 T_2 的中间节点采用网络编码策略时，如图 7 – 14(b) 所示，S 向 T_1 发送信息 a，S 向 T_2 发送信息 b，T_1 和 T_2 的中间节点在接到全部信息 a 和 b 后，采用广播向接收节点 T_1 和 T_2 发送 $a + b$，T_1 上利用已经接收到的 a 和 $a + b$ 解码得到 b 的信息，T_2 上利用已经接收到的 b 和 $a + b$ 解码得到 a 的信息，节点总共需要发射 9 次信息。因此，对于接收节点 T_1 和 T_2 而言，要获得全部信息 a 和 b，采用传统的方法，节点共需要发射 10 次信息，而采用网络编码方法时，节点只需要发射 9 次信息，这样就通过减少了节点的发射次数，从而达到降低信息传输过程中节点发射能量的消耗。

4. 可靠性

可靠性是确保网络正常运行的关键因素，可靠性的高低决定了一个网络是否能够正常稳定工作。现实网络条件下，不可靠的因素有很多，如外部噪声环境严重的传输信道、弱的信号传输介质、人为的干扰攻击等。特别是在无线网络条件下，还容易出现链路或节点的失效问题，从而导致其运行网络的不稳定。而网络编码能够通过利用网络中的信息冗余来提高运行网络的可靠性，从而使得其运行网络能够正常稳定工作。

5. 安全性

当前，网络编码技术在安全性方面的研究已经成为一个焦点。网络编码机制使得信息更加分散，相当于将信息进行了隐藏，有类似保密的功能；同时，在接收节点还要获得足够多的数据包才能够正确的解码，增加了信息破译的难度。目前，网络编码安全性研究主要集中在以下几个方面。

(1) 网络编码的内在安全性。在应用网络编码的系统中，数据包经过一系列编码、混合和多路径传递，单个偷听者很难组合完整的信息。只要确保中间节点观察到的编码矩阵的秩低于网络容量，不用其他加密方式就可以获得足够的内部安全。

(2) 攻击对网络编码的影响与对策。网络编码的内在安全性有助于防网络窃听，但由于这种特性，使得中间节点获得的信息容易受到故意篡改或者重新伪造，这种主动的攻击模式对网络编码系统的影响要比传统方式大得多，且不容易发现恶意节点。传统的拜占庭篡改的检测是使用消息认证码或者数字签名的方法。

(3) 网络编码应用在安全机制中。网络编码还用于一些安全业务，如密钥交换，针对传感器网络中的密钥发布，适合高密度无线传感器网络的安全机制等。

6. 均衡负载

均衡负载就是通过调节网络中的流量分布，使网络各节点的负载趋于平衡，从而确保网络的正常通信。当前的网络中，由于多播路由算法的问题，往往会出现流量过分集中于某一节点，或者引起某一链路流量的过载，从而造成网络流量分布的不均衡，导致影响网络的服务质量。

基于网络编码的多播方式,利用多条路径进行信息数据的传输,可以平衡网络链路的负载。如图 7 − 15 所示,这是一个拥有单信源三个信宿三个中间节点的网络拓扑。假设每条链路信道容量均为 2,即单位时间内最多能传输两个单位信息量(如两个比特)。S 为信源节点,T_1,T_2 和 T_3 为信宿节点,信源 S 向信宿节点 T_1,T_2 和 T_3 发送单位比特信息 a 和 b。

如果采用传统的路由转发方式的话,如图 7 − 15(a) 所示,要使得接收节点 T_1,T_2 和 T_3 都能够获得信息 a 和 b,需要 5 条链路来传输全部信息 a 和 b,每条链路传输 2 个比特信息,整个网络中需要传输 10 比特的信息。而如果采用网络编码方法时,如图 7 − 15(b) 所示,要使得接收节点 T_1,T_2 和 T_3 都能够获得信息 a 和 b,需要 9 条链路来分别传输信息 a,b 和 $a + b$,每条链路只传输一个比特信息,整个网络中只用传输 9 比特的信息。可见,采用网络编码方法时,不仅使每条链路的资源都得以利用,实现了均衡负载的目的,而且还在无形中提高了网络带宽利用率。

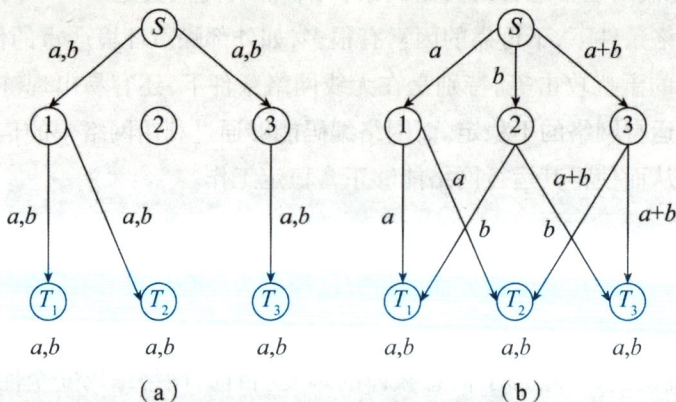

图 7 − 15　单信源三信宿网络拓扑

虽然网络编码技术在理论上能够极大地提高网络吞吐量、减少传输延迟、降低能耗、提高传输可靠性、安全性以及均衡负载等多方面优点,但同时也不可避免地会增加网络的复杂性。因此,在网络编码具体应用时,需要均衡所需优势与相关复杂度代价的平衡。目前,为了提高网络编码的性能,降低网络编码的复杂度,网络编码构造算法及相关优化的研究也都引起了人们的关注。

7.3.3　网络编码的构造算法及发展方向

为了便于后续内容的理解,在介绍网络编码构造算法之前,先给出以下两个定义。

【定义 7 − 7】全局编码向量:如图 7 − 16 所示,设 $X = [x_1, x_2, \cdots, x_n]$ 为信源 S 输出的 n 维信息流向量,Z_j 为第 j 条链路上传输的信息流向量,ξ_j 为第 j 条链路上传输信息流中关于信源输出信息流向量的系数,则 $Z_j = \xi_j X^T$,则 ξ_j 称为第 j 条链路的全局编码向量。

【定义 7 − 8】系统转移矩阵:如图 7 − 16 所示,设 X 为发送的信息流向量,Y 为接收的信息流向量,ξ_j 为第 j 条链路上传输信息流中关于信源输出信息流向量的系数,M_i 为第 i 个节点对应的系统转移矩阵,即 $Y = X \times M_i$,其中 $M_i = [\xi_1, \xi_2, \cdots, \xi_t]^T$。

网络编码构造算法解决的主要问题是如何有效求得每条链路对应的全局编码向量,并运用该全局编码向量进行线性操作计算出链路上传输的信息向量。编码算法的复杂性是衡量网络编码能否有效实现的重要依据。网络编码构造算法应根据实际的网络拓扑结构来具体分析。在前期的研究中,人们提出了线性网络编码、代数网络编码以及随机网络编码等方法。典型的算法包括指数时间算法、多项式时间算法、随机网络编码算法和贪婪算法等。

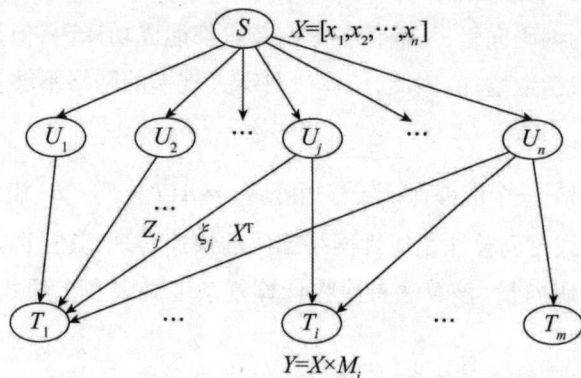

图 7 - 16　一个组播网络拓扑图

1. 指数时间算法

设 X, Y 分别为发送信息流向量和接收信息流向量,$M_1, M_2, \cdots, M_t$ 表示各节点对应的系统转移矩阵,如果 $\det(M_1) \times \det(M_2) \times \cdots \times \det(M_t) \neq 0$,可推得 $M_1, M_2, \cdots, M_t$ 均为满秩,以第 i 个为例,则由 $Y = X \times M_i$ 可求得,$X = Y \times M_i^{-1}$,同理,即所有节点均能成功译码。一种指数时间的网络编码构造算法,即指数时间算法,如图 7 - 17 所示。

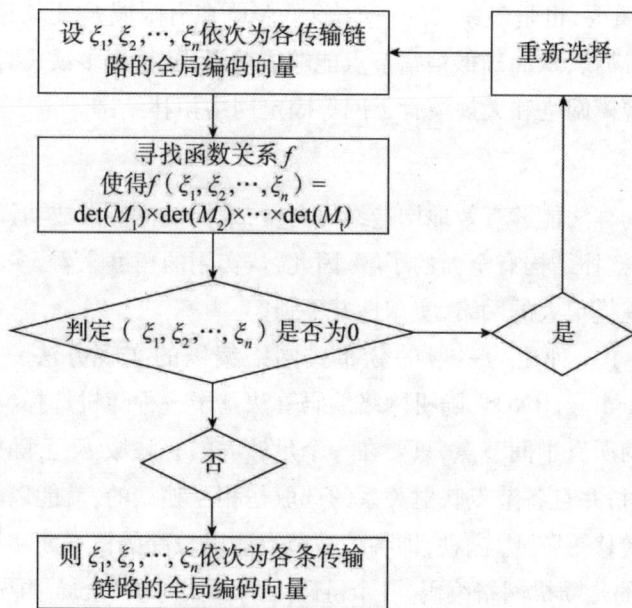

图 7 - 17　指数时间算法流程图

指数时间算法先假定各条传输链路的全局编码向量依次为 $\xi_1,\xi_2,\cdots,\xi_t$，然后通过选择函数关系 f，$f(\xi_1,\xi_2,\cdots,\xi_t) = \det(M_1) \times \det(M_2) \times \cdots \times \det(M_t) \neq 0$，寻找当中一个 $f(\xi_1,\xi_2,\cdots,\xi_t) \neq 0$ 的点 $(\xi_1,\xi_2,\cdots,\xi_t)$，即把该点 $(\xi_1,\xi_2,\cdots,\xi_t)$ 作为各条传输链路的全局编码向量。

对于"单信源 n 信宿"的无环有向网络，若线性编码多播（Linear Code Multicast, LCM）的最大理论传输容量为 c，则在有限域 $F_q (q = 2^m, m \geq \log_2(nc + 1))$ 中，通过指数时间算法总能求得各链路对应的编码向量，从而使各信宿节点都能成功译码。但是该算法参变量的校验次数随着网络规模成指数增加。因此，该算法对于大规模的网络不够实用。

2. 多项式时间算法

P. Sander 等人提出另一个能够保证转移矩阵 $M_t = A(I - F)^{-1}B^T$ 满秩的集中式算法 —— 多项式时间算法。多项式时间算法是线性网络编码的快速实现，其目标是在尽可能小的有限域 F_q 上快速地寻找编码向量。该算法首次将计算复杂度局限在多项式时间范围内，极大提高了网络编码的实用性。

多项式时间算法是一种确定性算法，它的主要步骤包括：

（1）构造信源 S 到各个信宿 t 的链路群；

（2）按照拓扑结构排序，链路排序后为 $e_1,e_2,\cdots,e_n$；

（3）选择各链路系数，使得各链路群 (S,t) 的全局编码向量都能够形成一个基，从而确保最终形成的转移矩阵 M_t 满秩；

（4）各信宿根据接收到的信息流和转移矩阵 M_t 即可译出信源发送的信息向量，$X = Y \times M_t^{-1}$。

其中，（3）是最重要，也是最关键的一步。这一步既在有限域 F_q 上快速选择了链路系数，又使得转移矩阵 M_t 满秩，从而确保信宿节点能够成功译码。根据多项式时间算法的特性，该算法适合应用于小规模网络和大规模骨干网等固定网络拓扑结构。

3. 随机网络编码算法

虽然多项式时间算法能够有效地构造编码向量，确保信宿节点成功译码，但由于它是集中式算法，需对网络拓扑结构有全面的了解。因此，从实用的角度来看，多项式时间算法对拓扑结构动态变化或规模很大的网络，实用性并不强。

M. Medard 提出了一种更为一般的分布式网络编码的实现方法 —— 随机网络编码（Random Network Coding, RNC）。随机网络编码算法基于一种随机选择编码向量的策略：对于除了信宿节点外的所有中间节点，只要在一个足够大的有限域 F_q 上随机选择它们输入链路到输出链路的映射，并且各节点映射关系的选取是相互独立的，就能以较高概率使各个信宿节点对应的系统转移矩阵 M_t 满秩，即各信宿节点能以较高的概率成功译码。

图 7 - 18 表示的是随机网络编码，各个链路上的系数向量（全局编码向量）和信源发送的信息进行同步传输，各个系数向量 $\xi_1,\xi_2,\cdots,\xi_t$ 在有限域 F_q 中随机选取，在通过编码节点

时,系数向量根据随机选取的映射关系进行更新,最终的各信宿节点收到的输入信息将包含输入链路对应的全局编码向量和信源发送的信息流。

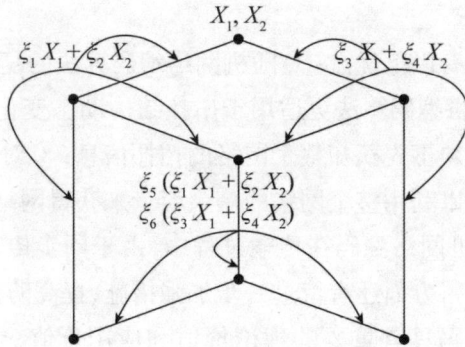

图 7 - 18   随机网络编码

解码时,各信宿节点根据接收到的全局编码向量,形成一个解码矩阵,依次累计排列,解码矩阵会经过等价变换成行阶梯型,最终变成行最简型。最初,解码矩阵为空,当信宿接收到一个已编码的信息流和其链路对应的全局编码向量时,将该全局编码向量放入解码矩阵中。随后,若接收到的某一个信息流对应的全局编码向量如果可以增加矩阵的秩,则保存该信息流;如果所收到的是非信息更新流,它可以通过等价变换变为零,从而可以忽略。当解码矩阵变换成最简型后,方程组得解,即解码成功,如图 7 - 19 所示。

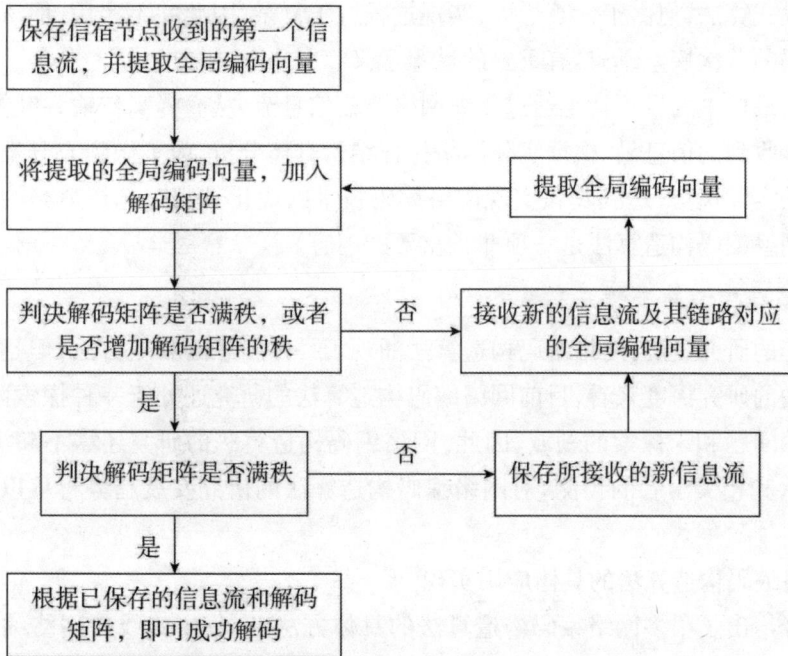

图 7 - 19   随机网络编码解码流程图

随机网络编码与多项式时间算法总能保证成功译码不同,在随机网络编码中,虽然不能确保最终形成的解码矩阵满秩,但由于是随机选择编码向量,那么只要所选择的编码符号域足够大,总可以保证接收节点以较高概率成功译出信源发送的信息。理论上可证明,当符号域大小为 $q = 2^{16}$ 时,任何接收节点均可以至少以概率99.6%成功译码,且99%以上的译码成功率也足以满足一般需求。

另外,随机网络编码具有以下优点:①随机网络编码算法的复杂度比确定性算法要低得多,更容易实现;②随机网络编码算法更适用于拓扑结构动态变化或者大规模的网络,它是网络编码的分布式实现,无须事先获知整个网络的拓扑信息;③对于存在网络节点或链路失效的网络,随机网络编码可以利用整个网络的剩余容量来获得网络的最佳容量,从而提高多播传输的鲁棒性。但是,随机网络编码在传输过程中,由于同步传输了信息流和其对应的全局编码向量,则其在安全保密方面还有待进一步加强措施,提高防范。

综上所述,随机网络编码具有重要的理论价值和应用价值,也得到了广泛的关注和应用,微软提出的 P2P 文件共享系统 Avalanche 便是基于 RNC 的典型应用。

4. 贪婪算法

LCM 能够实现的最大理论容量为各信宿节点的最大流的最小值,即 $h = \min \max \text{flow}(t_i), t_i \in T$。然而,更理想的多播容量上限可以实现信宿节点各自的最大流,即 $h = \max \text{flow}(t_i), t_i \in T$,并称这样的线性编码多播为"通用LCM"(Generic LCM)。显然,"通用LCM"可以实现多速率的网络编码,能够取得较 LCM 更好的多播传输速率和网络吞吐量。Li S - Y R 和 Yeung R W 在 *Linear network coding* 一文给出了无环有向网络中实现"通用LCM"的贪婪算法和启发式算法,但由于计算量大,实现过程过于复杂,因此并不实用。但该文作为对多速率网络编码的首次探索,仍具有重要的借鉴意义。

网络编码最根本的目标就是通过压缩网络传输信息流,从而提高传输吞吐量,但是不影响信宿最终接收到的信息量。根据实际网络拓扑结构具体分析,为了做到充分发挥网络编码各构造算法的实际优势,达到真正实现网络编码技术的优化。因此,选择适当的网络编码节点和相应的网络编码构造算法是一项非常重要的内容。

5. 网络编码构造算法研究发展方向

经过多年的研究发展,网络编码构造算法涌现了一些新思路和新方法,但是从当前网络编码构造算法的研究深度来看,目前网络编码构造算法的研究还处于一种探索阶段,还有一些没有解决的问题和未探索的领域。因此,网络编码构造算法的研究还需不断深入,根据目前的研究现状和相关学者的预测,对网络编码构造算法的研究发展趋势将从以下几个方面进行展望。

(1)网络编码构造算法的具体应用实现。

当前已经给出了很多网络编码构造算法的具体方法,有集中式线性网络编码算法和分布式随机网络编码算法。但是要在实际具体网络环境中实现,还需要考虑具体算法的优缺点和实际网络拓扑结构,一般考虑如何对集中式和分布式两种极端方法进行折中,充分发挥各自算法的优点,从而提升整个网络的性能。

(2)非线性网络编码构造算法的研究。

当前线性网络编码能够实现多播传输的理论最大流,并提出了几种实现 LCM 的有效方法,如多项式时间算法和随机网络编码算法。但是非线性网络编码算法的性能特征究竟如何,目前在这方面的研究还没有涉足,一般而言,非线性编码无论是从系统建模,还是算法求解等方面,均表现出较高的要求和难度。非线性网络编码构造算法延伸的安全网络应用也必然是未来的研究方向之一。

(3) 降低网络编码构造算法的复杂性。

采用网络编码可以在很大程度上提高网络性能,理论上具有很高的实用性、指导性,但在具体设计和实现上的复杂性不容忽视。如何在不显著增加网络开销的情况下,包括节点的能耗、算法编译码的复杂度以及排队等待时间等,综合考虑效率和性能;如何实现最小代价的网络编码等问题是将来需要进行深入研究的方向。研究降低网络编码构造算法的复杂性,实现最小代价的网络编码,具有重要的理论意义和实用价值。

(4) 考虑网络编码构造算法在有环网络的应用。

目前研究考虑的网络编码构造算法的应用主要还是基于无环有向网络,对于有环网络应用考虑得较少。但是现有具体的实际网络往往是一种有环的,针对实际要求,可以先将有环网络看作是一个无环无时延有向网络,然后考虑每个节点的时延,给其设定延迟因子,从而将有环网络分解为无环无时延有向网络的多级延迟来进行综合考虑,如何针对具体网络拓扑结构设定延迟因子以及对无环无时延有向网络的多级延迟的综合考虑还有待进一步深入研究。因此,考虑有环网络的网络编码构造算法具有很强的实用意义和价值。

7.3.4　网络编码的适用条件

通过前面对网络编码基本原理、优点和构造算法的介绍,下面来具体分析一下网络编码的适用条件,即:"对什么类型的网络,可以利用网络编码提高网络的吞吐量"。

一般情况下,在有向组播网络中,只要存在瓶颈链路,就可以利用网络编码提高其吞吐量。然而,对于信息的端到端传输情况,除信源节点和接收节点以外的所有节点,只需要进行"接收转发"操作,并采用非交叉路由选路策略,就可以实现最大流传输。另外,如果网络中存在双向传输链路,且该双向传输链路是信源—接收节点对之间的重叠链路,则无论采用什么编码方式,由最大流最小割定理得到的关于信源—接收节点对之间的最大流不可能同时实现。

显然,在后两种信息传输情况下,利用网络编码不能带来任何增益,只能导致网络管理的复杂度和网络节点数据处理的复杂度。

因此,网络编码的适用条件可以归纳为以下几点:

(1) 信源节点数和接收节点数之和大于2;

(2) 网络中信息传输存在瓶颈链路;

(3) 所存在的瓶颈链路必须是单向的。

由此可见,网络编码的应用还需要结合具体的网络特征和编码策略进行讨论。目前,人们已将网络编码的应用领域率先锁定在信息的组播方面。

网络编码是一个全新的概念,为了便于对网络编码技术的理解,本节以经典的"蝶形网络"为例,简单明了地阐述了网络编码的基本原理,并分别介绍了网络编码技术在吞吐量、传输延迟、降低能耗、可靠性、安全性和均衡负载六个方面的优点和相关研究情况。随后分析了当前线性网络编码的三种主要构造算法:指数时间算法、多项式时间算法和随机网络编码算法,指出了各种算法的适用情况以及相关优缺点,并对网络编码构造算法研究的发展趋势进行了展望,如果需要深入了解网络编码的研究进展,可查阅相关文献。

习题

填空题

1. 广播信道的特点是_____。
2. 多源接入信道是_____。

第八章

信息论的应用

　　信息论是一门横断学科，贯穿了自然科学和社会科学各个方面而应用广泛。香农建立了信息论，以数学的形式对信息进行了严格的定义，解决了信息在通信系统中传输的一系列问题，推动了现代通信理论和技术的发展。经过近半个世纪的发展，信息论已远远超出以通信理论为核心的经典信息论范畴，日益深刻地影响人类社会发展，把人类社会推入了信息时代。信息论在经济社会各领域的应用不断深化，信息论的理论和方法在解决各个学科发展中遇到的问题方面有很好的借鉴作用，本章主要从热力学、生物学、光学、密码学、经济学以及量子学等方面简要介绍信息理论的联系与应用。

8.1　信息熵与热力学熵

本节介绍信息熵与热力学熵的关系。

熵（entropy），这个字原来是由希腊字母拼成的，原意是转变的意思。熵这个字来源于热力学，它最早由法国物理学家克劳修斯（K. Clausius）提出。1864 年，克劳修斯在《热力唯动说》一书中，提出了"熵"这个物理量（用符号 S 表示）。他发现，如果一个物体的绝对温度为 T，我们给物体加进热量，该物体增加的熵为 $\Delta Q/T$，即 ΔS。ΔS 代表物体吸收热量前后，物体的熵之差。物体吸进热量之前，物体的压强为 P_1，熵为 S_1；物体吸进热量之后，物体的压强为 P_2，熵为 S_2，即 $\Delta S = S_1 - S_2$。所以，在经典热力学中，物理系统熵的变化，用积分形式表示为

$$S_2 - S_1 = \int_{P_1}^{P_2} \frac{\mathrm{d}Q}{T}$$

式中，T 为温度，Q 为热量，P 为压强。

可见，熵是两量相除之商，而温度升高加热需要火，所以我国物理学家严济慈先生在 20 世纪 20 年代将 entropy 译成"熵"。此字一直沿用至今。

1948 年香农创立了信息论，提出了信息的度量问题。对信息的度量采用什么名称呢？香农采用了"熵"。香农在使用这一名称时曾征求著名数学家冯·诺依曼的意见，商量后才采用这一名词的，它是从物理学中借用过来的。理由之一是，不定性函数在统计力学中已经用于熵的概念中了。香农在当时对信息熵和热力学熵之间的内在联系并没有直接兴趣，而是独立地提出信息的度量的。信息论中的信息熵定义和度量与统计热力学中热力学熵的定义和度量采用同一名称与同一函数，都叫熵。这种相似性，自然会推测两者之间的联系。这种同一函数、同一名称的出现，在物理学工作者和信息论工作者中引起了极大的兴趣，一直在寻找两者之间更紧密的联系。

广义地讲，热力学熵是系统紊乱程度的测度。1872 年，玻尔兹曼在研究气体分子运动过程中，对熵首先提出了微观解释，后经普朗克·吉布斯进一步研究，解释更为明确。在统计热力学中，一个物理系统的宏观量熵可以用系统的微观状态概率的对数来表示，即熵 $S = k\ln\Omega$。式中，k 是玻尔兹曼常数；Ω 是系统的微观状态概率；S 表示在由大量粒子（分子、原子）构成的系统中，粒子之间无规则的排列程度，或者说表示系统的紊乱程度。系统越乱，熵就越大；系统越有序，熵就越小。例如，假设一个容器中有 n 个气体分子，在某瞬间一些分子的运动速度很高，另一些分子的速度低，且任何一个分子具有能量的概率都由对所有分子相同的一个概率密度分布给出。因而，n 个气体分子分布在各个能级上的排列组合方式及系统的微观状态可以很大。假如另有一个系统具有相同的能量，但高能分子和低能分子在任何时刻都分开在两个容器中，因而微观状态数比前一系统要少得多，所以前一系统的熵一定比后一系

统的熵大。这是因为第二个系统较有秩序些，它们的高低能分子不是混在一起而是分开的。这系统是有序的，不是杂乱的。所以，一个物理系统的热力学熵是它的无组织程度的度量，是系统无序状态的描述，是状态无序性的表现。根据热力学第二定律，一个系统在孤立的封闭情况下，总是自发地由有序状态，走向无序状态，使熵增加。例如，把一滴墨水滴入一杯清水中，墨水会在水中向四处扩散，直到整个杯中呈均匀散布墨水为止；而均匀散布一杯水中的墨水绝不会自动地聚集成原先的一滴墨水。墨水的扩散是从有序走向无序，而不附加任何条件。但不附加任何条件由无序走向有序是不可能的。又例如，在一个封闭的系统中，有一个被隔板分成左、右两部分的密闭容器，左半部分是一种气体，右半部分是另一种气体。这时，两种气体内的分子分别处于有序状态，系统熵最小。当把隔板抽走，两种气体分子逐渐在整个容器内扩散。不一会儿，它们就混合起来，分子之间的排列就越来越无序，熵就越来越大。最后，当两种气体完全混合时，分子混乱程度达到最高，熵达到最大值。所以，热力学熵是系统无序度的度量。热力学第二定律告诉我们：在任何系统的演化中，系统的总熵是永远不会减少的，这就是热力学熵的不减原理。

从上述观点看，我们定义的信息熵也可认为是紊乱程度的测度，可用信息熵来表征物理系统运动状态的不确定性（无序性）。通过通信收到消息后，这种不确定性的减少就获得信息。因此，如果信源的状态是完全确定的，那么信息熵就等于零。信息熵也是动态的，如当消息通过系统传输到收信者后，信源的熵要改变。在信息论中，信息熵只会减少，不可能增加，这就是信息熵不增原理。

法国物理学家布里渊提出，香农信息熵的数学表达式和热力学熵的数学表达式是一致的，两个熵可作为同一东西看待。信息熵是消除不确定度所需信息的度量，而热力学熵是系统混乱程度的度量。要使混乱的系统有序化就需要有信息，而信息的丢失就表示系统混乱程度的增加，两者互为负值。一个系统有序程度增高，则热熵就减小，所需获取的信息越多；反之，一个系统有序程度增高，则热熵增大，所丢失的信息越多。所以，信息熵是负熵，可见信息熵和热力学熵的数学表达式中只差一个负号，其他都是一致的。这一点恰恰表明，信息熵与热力学熵公式所代表的方向相反，它表示获取信息后，消除了或部分消除了不确定性，信息熵只会减少。布里渊还进一步导出了它们内在的定量关系。在 N 个等概率状态的物理系统中，输入能量 Q，对应热熵的变化为

$$\Delta S = \frac{Q}{T} = k \ln N$$

式中，k 为玻尔兹曼常数，即为 $1.38 \times 10^{-23} \text{J/K}$；$T$ 为绝对温度。假定该系统只有两个等概状态，即 $N = 2$，平均信息量为 $\log_2 2 = 1(\text{bit})$。系统获得 1bit 的信息量，系统的热熵相应变化为 $\Delta S = k \ln 2(\text{J/K})$。所以，热熵和信息熵在数量上的关系是

$$1(\text{bit}) = k \ln 2(\text{J/K})$$

这公式说明，要获取 1bit 信息，相应要消耗能量约为 $0.957 \times 10^{-23}(\text{J/K})$。可见，信息的获取必须借助于一定的物质过程，并伴随着消耗一定的能量。从以上热熵和信息熵的关系讨论中可以看出，为什么物理学家从物理学的观点出发，认为信息论本质上是一种熵理论。

8.2　信息论与生物学

生物信息学是一门利用信息技术研究生物系统规律的学科。生物信息学的研究材料和结果就是各种各样的生物学数据，研究工具是计算机；研究方法包括对生物学数据的搜索（收集和筛选）、处理（编辑、整理、管理和显示）及利用（计算、模拟）；研究重点主要体现在基因组学（Genomics）和蛋白质组学（Proteomics）两方面，主要是从核酸和蛋白质序列出发，分析序列中表达的结构功能的生物信息。

生物信息学自产生以来，大致经历了前基因组时代、基因组时代和后基因组时代三个发展阶段。前基因组时代的标志性工作包括生物数据库的建立、检索工具的开发以及 DNA 和蛋白质序列分析等；基因组时代的标志性工作包括基因识别与发现、网络数据库系统的建立和交互界面工具的开发等；后基因组时代的研究重点主要体现在基因组学、比较基因组学和蛋白质组学等方面，标志则是大规模基因组分析、蛋白质组分析以及各种数据的比较与整合，具体说就是在基因组和蛋白质组水平上，从核酸和蛋白质序列、表达谱数据出发，分析序列中表达的结构与功能、基因调控网络、生化代谢途径的生物信息。这三个阶段虽无明显的界线，但反映出整个研究重心的转移变化情况，如图 8 – 1 所示。

目前，生物信息学的主要研究内容已经从对 DNA 和蛋白质序列比较、编码区分析、分子进化转移到大规模的数据整合、可视化；转移到比较基因组学、代谢网络分析、基因表达谱网络分析、蛋白质组技术数据分析处理，蛋白质结构与功能分析以及药物靶点筛选等。在后基因组时代，生物信息学分别与功能基因组、蛋白质组、结构基因组等领域相互配合、紧密相关，成为目前极其热门的系统生物学研究的重要基石。本节从核酸序列分析、蛋白质序列分析、生物医学成像三个方面介绍信息论在生命科学的应用。

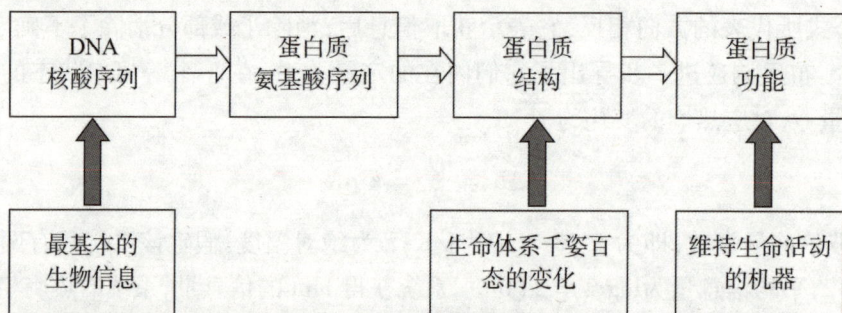

图 8 – 1　生物信息学的研究步骤

8.2.1　核酸序列分析

DNA 的一级结构决定了基因的功能，欲想解释基因的生物学含义，首先必须知道其 DNA

顺序。因此,DNA 序列分析(核酸序列分析)是分子遗传学中一项最基本又最重要的课题。

核酸的核苷酸序列测定方法经过近 20 年的发展,测序的具体方法繁多,其基本原理主要有两类:Sanger 的核酸链合成终止法,Maxam 和 Gilbert 的化学修饰法。

1. Sanger 的核酸链合成终止法

Sanger 于 1977 年建立了以双脱氧链终止法为基础来测定 DNA 序列的方法。该方法以待测单链或双链 DNA 为模板,使用能与 DNA 模板结合的一段寡核苷酸为引物,在 DNA 多聚酶的催化作用下合成新的 DNA 链。正常情况下的 DNA 多聚酶催化反应在其反应体系中只含有四种脱氧核苷酸(dATP、dCTP、dGTP 和 dTTP),合成与模板 DNA 互补的新链。在四管反应体系中分别按一定的比例加入了一种放射性同位素 32P 或 35S 标记的双脱氧核苷酸(* – ddATP 或 * – ddCTP 或 * – ddGTP 或 * – ddTTP) 后,在 DNA 合成过程中,标记的 * – ddNTP(例如 * – ddATP) 将与相应的 dNTP(例如 dATP) 竞争掺入新合成的 DNA 互补链中。如果是 dNTP 掺入其中,DNA 互补链则将继续延伸下去;如果是 * ddNTP 掺入其中,DNA 互补链的合成则到此终止。双脱氧核苷酸的掺入是随机的,故各个新生 DNA 片段的长度互不相同。不同长度 DNA 片段在凝胶中的移动速率不同,而聚丙烯酰胺凝胶分辨率极高,通过聚丙烯酰胺凝胶电泳能分辨出小至一个碱基长度差的 DNA 片段,从而将混合产物中不同长度 DNA 片段分离开,再通过放射自显影曝光,根据片段尾部的双脱氧核苷酸读出该 DNA 的碱基排列顺序,如图 8 – 2 所示。

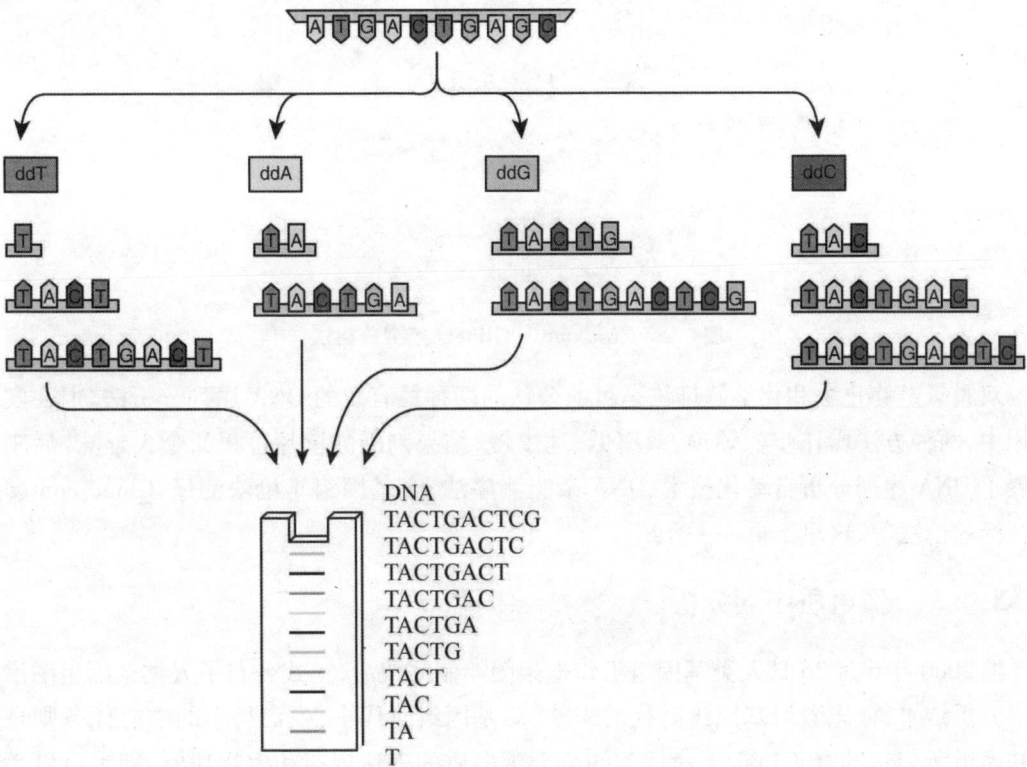

图 8 – 2　核酸链合成终止法

2. Maxam 和 Gilbert 的化学修饰法

几乎与双脱氧法发展的同时,1977 年又发明了一种以化学修饰为基础的 DNA 序列分析法。化学修饰法是由美国哈佛大学的 A. M. Maxam 和 W. Gilbert 发明的,所以又叫作 Maxam - Gilbert 序列分析法。其基本原理是:用化学试剂处理末端已被放射性同位素标记的 DNA 分子的末端之一(通常为放射性同位素 32P),造成碱基在特异性位点的切割。进行多组互相独立的化学反应,由此产生一组具有各种不同长度的 DNA 链的反应混合物,经凝胶电泳按大小分离和放射自显影之后,便可根据 X 光片所显现的相应谱带,直接读出待测 DNA 的核苷酸顺序,如图 8 - 3 所示。

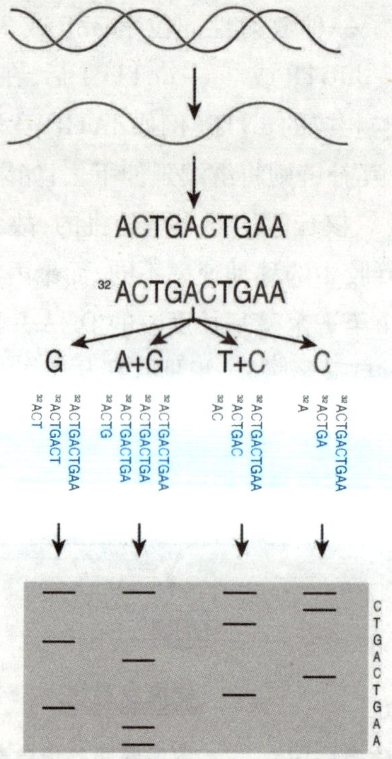

图 8 - 3　Maxam - Gilbert 序列分析法

双脱氧链终止法和化学修饰法是目前公认的两种最有效的 DNA 序列分析法。但在实际应用中,两种方法操作步骤烦琐、效率低、速度慢,结果判断的读片过程又令人乏味。后来又发展了 DNA 序列分析自动化技术、DNA 杂交测序法、全基因组鸟枪法测序、Clone contig 法和靶标鸟枪法等,这里不再一一介绍。

8.2.2　蛋白质序列分析

继 2000 年 6 月 26 日人类基因组工作框架图绘制完成后,正式公布了人类基因组图谱及初步分析结果,标志着后基因组时代的来临。后基因组时代中,生命科学的中心任务则是阐明基因组所表达的真正执行生命活动的全部蛋白质的表达规律和生物功能,即生命科学的研究重心将从基因组学转移到蛋白质组学。

蛋白质在生命过程中发挥着巨大的作用,它们执行着人部分生物功能。这些功能包括结构功能(如细胞骨架中的肌动蛋白)、酶功能(很多蛋白质可以催化生物反应,常见的蛋白质催化功能是使生物反应加速定数量级),以及在细胞内或细胞间转运物质的功能。蛋白质的功能主要决定于它们的三维结构,1958 年 Max Perutz 和 John Kendrew 用 X – 衍射法确定了第一个蛋白质(肌红蛋白)的三维结构(图8 – 4),蛋白质结构基因组学的目标是解出所有蛋白质序列所对应的三维结构。

图 8 – 4　肌红蛋白的三维结构

蛋白质序列分析及结构预测流程如图 8 – 5 所示。

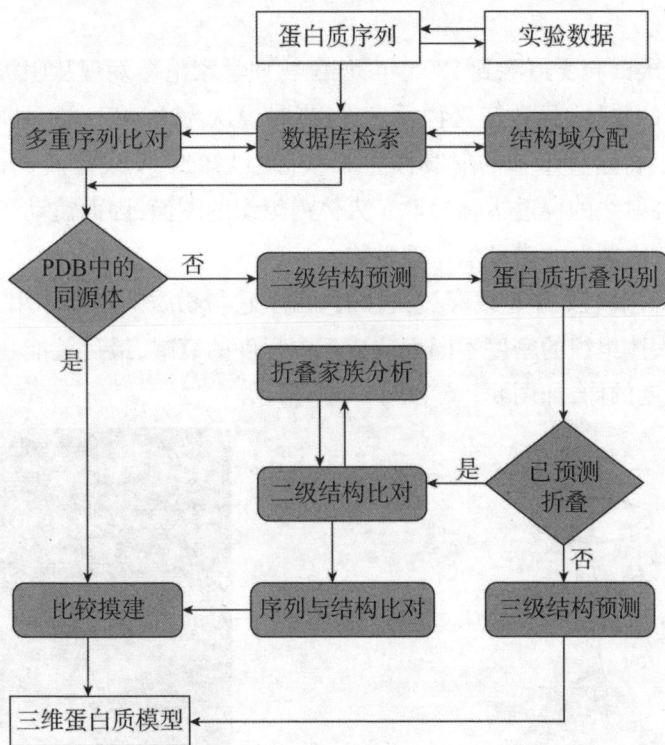

图 8 – 5　蛋白质序列分析及结构预测流程

其基本流程可以表述如下。

（1）通过实验数据，获得蛋白质序列。

（2）进行理化特性分析（即序列特征的初步分析），包括氨基酸组分、分子质量、等电点分析，疏水性分析，跨膜区分析，前导肽和蛋白质定位，卷曲螺旋分析等。

（3）数据库检索，就是与已知的序列等数据库进行比对，找到同源的蛋白质序列或相似性较高的序列。通过数据库搜索得到的信息，进行结构域定位，为结构预测提供基础。

（4）蛋白质的结构预测。一般情况下，蛋白质的结构分为 4 个层次：初级结构 —— 蛋白质序列，二级结构 —— α - 螺旋和 β - 折叠片（β - sheets）模式，三级结构 —— 残基在空间的布局，四级结构 —— 由几条具有三级结构的肽链组成。

8.2.3　生物医学成像

生物医学成像可以定义为研究所有波长范围的电磁辐射在医学中的应用的科学与技术。这一领域包括对光或其他形式辐射能量（量子单元为光子）的产生与操纵，采用大量的方法和技术，例如激光和其他光源、光纤、电子 — 光学仪器、复杂的微电子机械系统、纳米系统等，研究光吸收、发射、传导、散射和放大现象在临床上的应用。目前处于应用阶段的几种主要成像技术有：X 射线成像、X 射线计算机断层成像、放射性核素成像、超声成像以及磁共振成像系统。

1. X 射线成像

人体成像的首次试验要追溯到 1895 年，德国物理学家伦琴发现从阴极射线管发出的射线能够穿过不透明的物体，导致荧光物质发光。当时误认为这种射线不是电磁波，因为棱镜不能使之弯曲，所以将这种未知的射线称为 X 线。现已知道，X 线是波长很短的电磁波。随后，伦琴又借助这种射线的穿透本领摄取了人体内组织的图像，因而震动了全世界。由此，伦琴于 1901 年获得首次颁发的诺贝尔物理学奖。

根据 X 线的上述特性，当 X 线穿过人体时，由于它与物质的相互作用，产生吸收和散射而造成衰减，由于人体组织的密度不同而造成不同程度的衰减，最后就能在感光胶片上形成不同深浅的组织密度的像，如图 8 - 6 和图 8 - 7 所示。

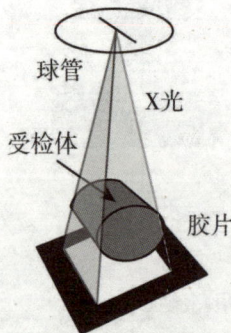

图 8 - 6　X 线成像原理示意图　　　　图 8 - 7　X 光下的手器官成像

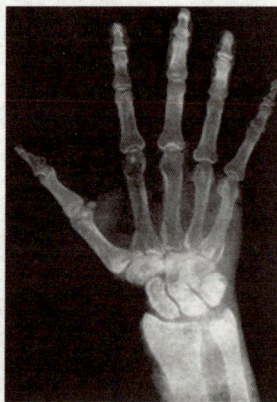

2. X射线计算机断层成像(X线CT成像)

X线在医学领域里已经应用了90年,但不管是摄片或是透视,都存在一些根本的缺陷。首先,它们使三维结构的人体,经过投影,成像在二维平面上,从而使大量的沿X线束方向上的信息相互重叠,分辨比较困难,尽管以后发明了焦点平面断层术,使在焦点平面上的物体成像较清晰,而在焦点平面以外的成像模糊。但这本质上仍然是透视学原理。其次,因为有重叠、散射效应以及X线胶片本身等因素的影响,使它们对组织结构的密度分辨率不高,一般只能区别百分之五到百分之七的密度差异。

1967年,英国EMI公司的工程师豪斯菲尔德(Godfred Newbold Housfield)在信息处理领域的研究中,利用当时已经成熟了的图像重建的数学理论和电子计算机技术,用放射性同位素作为放射源,在一台车床上,完成了断层图像建立过程中的一系列实验。1971年9月,第一台头颅X线CT扫描机在英国问世,由于此项杰出的发明,豪斯菲尔德与另一位CT算法的发明者——美国的物理学家A. M. Cormack一起,获得了1979年诺贝尔医学和生理学奖。

自从第一架CT机问世以来,在短短的十余年内,CT机不断地更新改进,至今已发展了五代产品,CT的图像质量越来越好,成像速度越来越快,使用也日益普及。它能分辨出千分之五的密度差别,对人体的肿瘤、血块、坏死和囊性改变的诊断有显著的优势,也能对心脏等运动脏器成像,或连续成像和三维重建。

CT扫描方式是通过单一轴面的射线穿透被测物体,根据被测物体各部分对射线的吸收与透过率不同,由计算机采集透过射线并通过三维重构成像,如图8-8所示。

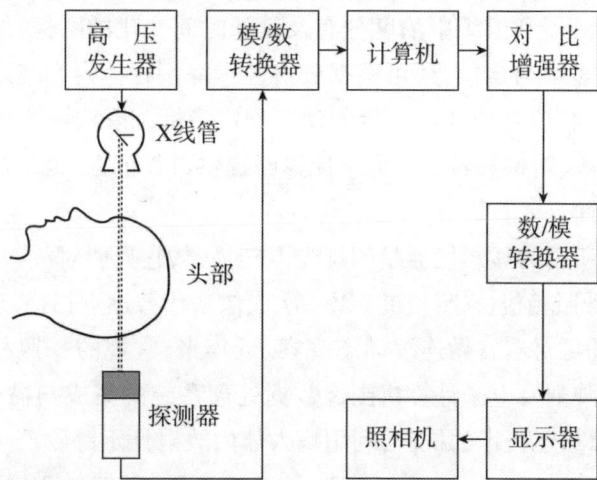

图8-8　CT扫描成像示意图

CT扫描方式的具体步骤如下:

(1)X线束对人体某部层面扫描,由探测器接收被该层面吸收的剩余X线;

(2)探测器将接收到的各方向不同强度的X线信号由光电转换器转变为电信号,再经模／数转换器转变为数字信号,传送到计算机的数据采集系统;

(3)计算机将采集的各方向的数字信息经运算处理,得出扫描层面各点的数字(扫描所

得信息经过计算而获得的 X 线衰减系数),排列成数字矩阵;

(4) 数字矩阵可存储于硬盘或光盘中,再经数/模转换器将数字矩阵中的每个数字转化为由黑到白不同灰度的小方块;

(5) 按矩阵排列,即构成 CT 图像,最后调节窗宽、窗位,经显示器或照相机输出。图 8 - 9 为脑 CT 图像。

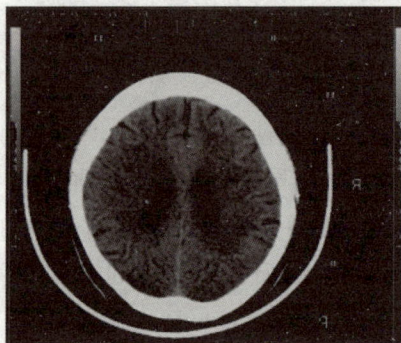

图 8 - 9   脑部 CT 成像

3. 放射性核素成像

以放射性核素示踪法为基础的核医学成像技术,其基本特点是利用放射性核素制作标记化合物注入人体,在体内感兴趣部位中形成按某种规律分布的放射源。根据放射源放出的射线特性,使用探测器在体外跟踪检查,通过光点记录、闪烁照相和体层扫描等方法,即可获得反映放射线核素在脏器和组织中浓度分布及其随时间变化的图像。核医学成像法不仅用于人体组织和脏器的显影与定位,还可根据放射性示踪剂在体内和细胞内转移速度与数量的变化,提供可以判断脏器功能和血流量的动态测定指标。此外,研究代谢物质在体内和细胞内的吸收、分布、排泄、转移和转变并为临床诊断提供可靠依据,也是这种成像方法在医学上应用的一个重要方面。

核医学成像早期所用的显影仪器是闪烁光点扫描器,它只能对放射源逐点扫描,速度很慢。1958 年问世的闪烁照相机(γ 照相机)以一次成像法代替逐点扫描,现已具有短时间内摄取整个脏器的影像,并可对器官做连续动态观察。近年来,常规的 γ 照相机已改进为配有旋转式环形多种探测器阵列及电子计算机图像数据处理系统的集成扫描成像装置。随着 X 线 CT 技术的发展和图像重建技术的推广,利用病人体内放射性示踪物产生核素分布图的发射型 CT(Emission Computed Tomography,ECT) 也应运而生。近年来已有两种放射体层扫描技术问世,即单光子发射型体层扫描技术(Single Photon Emission Computed Tomography,SPECT) 和正电子发射型体层扫描技术(Positron Emission Computed Tomography,PECT 或 PET)。这两种扫描装置所用的扫描时间均以分计,空间分辨率为厘米级。

核医学成像有许多引人注目的地方:它能反映体内生理、生化和病理过程,可以显示出组织、器官的功能等。核医学成像只需浓度极低的放射物,这与 X 线成像时口服硫酸钡是不同的。一般地说,核医学成像的横向分辨率很难达到 1.0cm,且图像比较模糊,这是因为有限的光子数目所致。相比之下,X 线成像具有高分辨率及低量子噪声,但 X 线成像所显示的只是解剖学结构。作为核医学的新动向,正电子 CT(PET)日益受到人们的重视,它有其独特的优点。鉴于核医学图像和电磁线图像各自的优点和缺点,人们正在应用数字图像处理技术进行两种图像的融合,如 CT 图像和 PET 图像的融合技术,以期在清晰的解剖结构上反映出人体生理、生化或病理变化,为临床诊断提供更完美的依据,如图 8 - 10 所示。

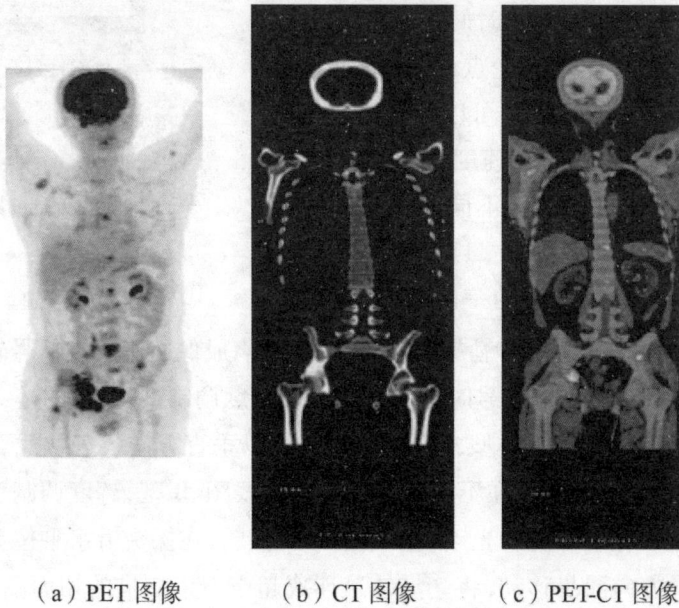

（a）PET 图像　　　（b）CT 图像　　　（c）PET-CT 图像

图 8 - 10　核医学成像

4. 超声成像

第二次世界大战以后,成像技术进入一个新时期,各种新型的诊断系统相继出现,并应用于解剖学研究和诊断疾病。这些诊断系统的研制涉及多门学科,包括物理学、化学、医学、电子学和计算机等,其中有的成像技术是当代高技术的结晶。上述诊断系统革命性变化的起点是核医学和医用超声技术。它们打破了以往的成像局限性,提供了无创伤地显示疾病的新手段(射线具有放射性,对人体有伤害)。

超声成像现在都是利用回波测距的方法工作的。声波在传播途中,遇到介质的不均匀界面时,发生反射与折射现象。产生的反射声波即回波。所谓脉冲回波测距法,是指向声传播介质中发射一个超声脉冲,经目标反射,接收其回波,并检出其中所携带的有关目标的信息,用于确定目标的方位与距离的方法。

人体组织和脏器具有不同的声阻抗,在声阻抗突变的界面会产生回波。将超声脉冲波发射到生物体内,再接收来自生物体的反射回波信号,完成对生物体组织的扫查,这种方法称为超声脉冲反射法,或称脉冲回波形扫查技术。由于超声波在人体内的传播速度比 X 射线要慢很多,在发射完持续时间仅只几微秒的超声波脉冲后,随着超声脉冲波在人体内的传播,大约有七百微秒的时间可以用来接收、放大和处理微波信号。因此,大多数超声诊断系统都采用超声脉冲反射法检测技术。

由于界面两边的声学差异,即声阻抗的变化通常不是很大,故大部分超声能量穿过界面继续向前传播,达到第二界面时又产生回波,并仍有大部分超声能量透过该界面继续行进。将回波信号依次接收放大,并在荧光屏上显示在不同时间所接收到的不同幅度脉冲波形或不同亮度的光点,根据脉冲发出至回波到达换能器所用的时间 t,可以计算出传播的距离为 $x = Ct/2$,其中 C 为传播速度。根据不同界面上的回波的返回时间,可以求出不同界面与超声探头(换能器)之间的距离,如图 8 – 11 所示。

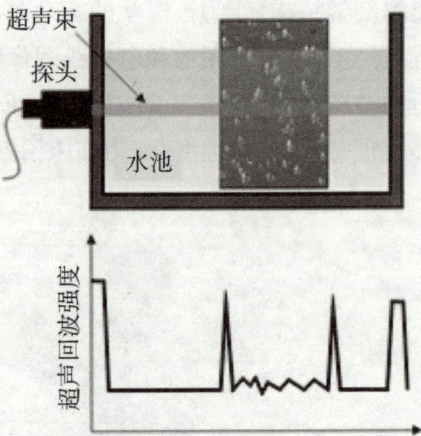

图 8 – 11 超声成像原理

超声成像作为医学影像学的一门新兴学科,经历了从 A 超、M 超、B 超、彩色多普勒超声几个阶段。超声成像通过声波信号转换成电信号,当以单维的波形曲线高低表示电信号时,即为 A 型,即幅度调制型,显示的是一种"回声图",不能成二维图像,现已基本淘汰。M 型,光点扫描型,是以垂直方向代表从浅至深的空间位置,水平方向代表时间,显示为光点在不同时间的运动曲线图。B 型,辉度调制型,即超声切面成像仪,简称 B 超,是以亮度不同的光点表示电信号的强弱,在探头沿水平位置移动时,显示屏上的光点也沿水平方向同步移动,将光点轨迹连成超声声束扫描的切面图,为二维成像。超声多普勒法成像就是应用超声波的多普勒效应,从体外得到人体运动脏器的信息,进行处理和显示。图 8 – 12 为胎儿的三维超声检查,在二维超声检查的基础之上,通过计算机处理,将胎儿的表面立体地呈现出来,形成三维立体图像,能直观地了解到胎儿的外貌。

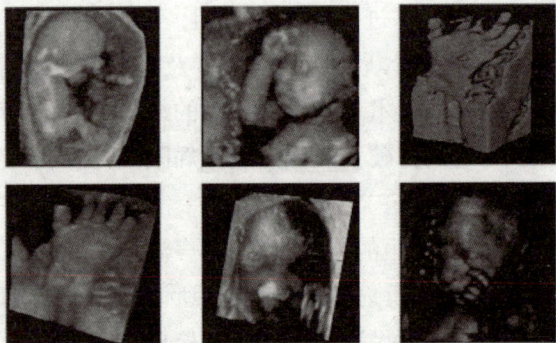

图 8 – 12 胎儿三维超声检查

5.磁共振成像系统

继 X 线 CT 之后,出现了利用核磁共振原理成像的装置,称为核磁共振(Nuclear Magnetic Resonance,NMR)CT,亦称 MRI。1978 年,磁共振成像的质量已达到早期 X 线 CT 的水平,1981 年获得了全身扫描图像。目前,该项技术还处于积极发展与完善阶段。它与 X 线

CT 相比,具有安全、无辐射、精确等优点,其空间分辨率高,有可能进行分子结构的微观分析,有助于对肿瘤进行超早期诊断。

早在 1946 年,美国哈佛大学的 Edward Purcell 和斯坦福大学的 Felix Block 领导的两个研究小组发现了物质的核磁共振现象,他们二人于 1952 年被授予诺贝尔物理学奖。核磁共振现象发现以后,很快就形成一门新的边缘学科 —— 核磁共振波谱学,它可以使人们在不破坏样品的情况下,通过核磁共振谱线的区别来确定各种分子结构,这就为临床医学提供了有利条件。1967 年,Jasper Jackson 第一次从活的动物身上测得信号,使 NMR 方法有可能用于人体测量。1971 年,美国纽约州立大学的 R. Damadian 教授利用核磁共振谱仪对鼠的正常组织与癌变组织样品的核磁共振特性进行的研究发现,正常组织与癌变组织中水质子的 T1 值有明显的不同。在 X 线 CT 发明的同年,1972 年,美国纽约州立大学石溪分校的 Paul C. Lauterbur 获得了以水为样本的二维图像,显示了核磁共振 CT 的可能性,即自旋密度成像法。这些实验都使用限定的非均匀磁场,典型办法是使磁场强度沿空间坐标轴作线性变化,以识别从不同空间位置发出的核磁共振信号。1978 年,核磁共振的图像质量已达到 X 线 CT 的初期水平,并在医院中进行人体试验,并最后定名为磁共振成像(Magnetic Resonance Imaging,MRI)。

人体内水的含量最多,水含有氢原子,磁共振主要依靠氢原子来成像。磁共振成像的基本原理是将人体置于特殊的磁场中,用无线电射频脉冲激发人体内氢原子核,引起氢原子核共振,并吸收能量。在停止射频脉冲后,氢原子核按特定频率发出射电信号,同样密度的不同组织和同一组织的不同化学结构,射电信号表现出不同的形式,将吸收的能量释放出来,被体外的传感器接收,经电子计算机处理获得图像,找出正常组织与有病组织。

磁共振成像可以直接作出横断面、矢状面、冠状面和各种斜面的体层图像,不会产生 CT 检测中的伪影,不需注射造影剂,无电离辐射,对机体没有不良影响。MRI 对检测脑内血肿、脑外血肿、脑肿瘤、颅内动脉瘤、动静脉血管畸形、脑缺血、椎管内肿瘤、脊髓空洞症和脊髓积水等颅脑常见疾病非常有效,同时对腰椎椎间盘后突、原发性肝癌等疾病的诊断也很有效;MRI 便于区分脑中的灰质与白质,对组织坏死、恶性疾患和退化性疾病的早期诊断效果有极大的优越性,其软组织的对比度也更为精确,如图 8 – 13 所示。

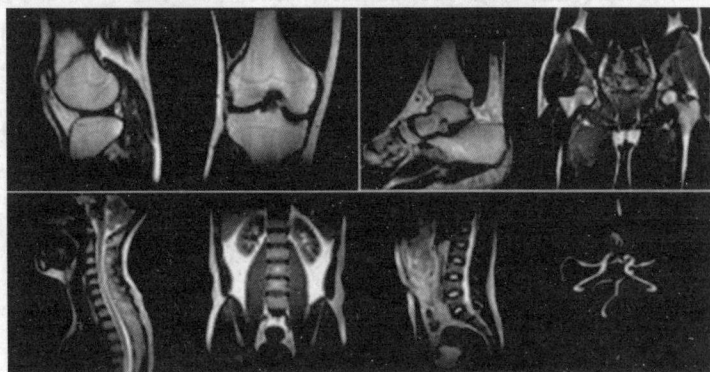

图 8 – 13　人体不同部位的磁共振图像

8.3　信息论与光学

光学既是物理学中最古老的一个基础学科，又是当前科学研究中最活跃的前沿阵地，具有强大的生命力和不可估量的前途。光学的发展过程是人类认识客观世界进程中的一个重要组成部分，其发展过程大体上可以分为五个时期——萌芽时期、几何光学时期、波动光学时期、量子光学时期和现代光学时期。

在萌芽时期，主要是进行简单光学元件的制造和基础光学原理的研究，对光的认识大多集中在光的直线传播、光的反射、大气光学、成像理论等方面。

从 15 世纪中叶到 17 世纪，斯涅耳和笛卡儿、费马等经过一系列研究总结出了光的反射定律和折射定律，奠定了几何光学的基础，同时为了提高科研能力，开始使用光学仪器（如望远镜和显微镜）辅助观测。

波动光学时期初步形成于 19 世纪。17 世纪开始，光的直线传播这一基础受到了冲击，意大利人格里·马首先观察到了光的衍射现象。1690 年，惠更斯就提出了光的波动说，建立惠更斯原理。1799 年，托马斯·杨成功完成双缝干涉实验，证明光以波动形式存在。而菲涅耳于 1818 年以杨氏干涉原理补充了惠更斯原理，由此形成了惠更斯—菲涅耳原理，既能圆满地解释了光的干涉和衍射现象，也能解释光的直线传播。然而，惠更斯—菲涅耳原理还不能解释光这样高的频率的电振子的性质，也不能解释光的色散现象。在 1860 年前后，麦克斯韦指出光是一种电磁现象。到了 1896 年，洛伦兹创立电子论，解释了发光和物质吸收光的现象及光在物质中传播的各种特点。

光的电磁理论的主要问题是不能解释光和物质相互作用的现象。19 世纪末到 20 世纪初，光学的研究深入光的发生、光和物质相互作用的微观机制，光学进入量子光学时期。1900 年，普朗克提出了辐射的量子论。量子论不仅很自然地解释了灼热物体辐射能量按波长分布的规律，而且以全新的方式提出了光与物质相互作用的整个问题。1905 年，爱因斯坦在研究光电效应时，推广了普朗克的量子论，进而提出了光子的概念。这种从光子的性质出发，来研究光与物质相互作用的学科即为量子光学。

在 20 世纪中叶，激光问世，光学开始进入了一个新的时期。自 20 世纪 50 年代以来，开始把数学、电子技术和通信理论与光学结合起来，给光学引入了频谱、空间滤波、载波、线性变换及相关运算等概念，更新了经典成像光学，形成了"傅里叶光学"，并发展了一门独立的学科——信息光学。

信息光学是现代光学前沿阵地的一个重要组成部分。信息光学采用信息论的研究方法来处理光学问题，采用信息传递的观点来研究光学系统。

在信息学中，给网络输入一个正弦信号，所得到的输出信号仍是一个正弦波，其频率与输入信号相同,只不过输出波形的幅度和位相(相对于输入信号而言)发生了变化,这个变化与、且仅与输入信号的性质以及网络特点有关。在光学中,一个非相干的光强按正弦分布的物场通过线性光学系统时,所得到的像的光强仍是同一频率的正弦分布,只不过相对于物光而言,像的可见度降低且位相发生了变化,且这种变化亦由且仅由物光的特性和光学系统的特点来决定。很显然,光学系统和网络系统有极强的相似性,其数学描述亦有共同点。正因为如此,信息学的观点和方法才有可能被借鉴到光学中来。

信息学的方法被引入光学以后,在光学领域引起了一场革命,诞生了一些崭新的光学信息的处理方法,如模糊图像的改善,特征的识别,信息的抽取、编码、存贮及含有加、减、乘、除、微分等数学运算作用的数据处理,光学信息的全息记录和重现,用频谱改变的观点来处理相干成像系统中的光信息的评价像的质量等。

信息光学和网络系统理论的相似是以正弦信息为基础的,而实际的物光分布不一定是正弦分布。因此,在信息光学中引入傅里叶分析方法,用傅里叶分析法可以把一般光学信息分解成正弦信息,或者把一些正弦信息实现傅里叶叠加。把傅里叶分析法引入光学乃是信息光学的一大特征。在此基础上引入了空间频谱思想来分析光信息,构成了信息光学的基本特色。信息光学除了可以使人们从更新的高度来分析和综合光现象并获得新的概念之外,还由此产生了许多应用,如光学全息、光学信息处理、光通信等。

8.3.1 光学全息

全息就是物体的全部信息,包括了物体的波长、振幅和相位等。光学全息就是将物体以光波的形式将其全部信息进行记录和再现,形成与原物体逼真的三维图像。一般的三维图像只是在二维的平面上通过构图及色彩明暗变化实现人眼的三维感觉,而全息立体摄影产生的全息图则包含了被记录物体的尺寸、形状、亮度和对比度等信息。

全息技术最初由英国科学家丹尼斯·盖伯(Dennis Gabor)于1948年提出,他在前人的基础上找到一种避免相位信息丢失的技巧,为提高电子显微镜的分辨率,他提出了一种用光波记录物光振幅和相位的方法,并用实验证实了这一想法,制成了第一张全息图。但由于当时缺乏明亮的相干光源(激光器),全息图的成像仍然质量很差,全息术的发展陷入了休眠状态。

直到1960年第一台激光器问世,解决了相干光源问题,继而在1962年,美国科学家利斯(Leith)和乌帕特尼克斯(Upatnieks)在盖伯全息术的基础上引入载频的概念发明了离轴全息术,有效地克服了当时全息图成像质量差的主要问题——孪生像。同时期(1962年),苏联科学家 Y. N. Denisyuk 根据 G. Lipp2mann 的驻波天然彩色照相法提出了白光反射全息图,从此全息应用研究不断发展,许多科学工作者开始了他们自己的研究以探讨全息术的应用潜力及其应用领域,如全息干涉计量术、全息存储、全息光学元件、全息显微术、显示全息、计算全息等。

光学全息照相的原理是"干涉记录,衍射再现"。拍摄全息照片时,从激光器发出的相干光束,被分光镜分成两束光:一束光照射到被摄物体上,从物体反射或散射的光再照射到感光胶片上;另一部分光束投射到反射镜,被反射的光波直接照射到感光胶片上,这束光称为参考光。物光与参考光在胶片上叠加干涉,产生的干涉图样即记录了物体振幅和位相的全部信息。这张具有干涉图样的胶片经曝光、冲洗处理后,就是一张全息图片。图 8 - 14 为全息记录示意图。

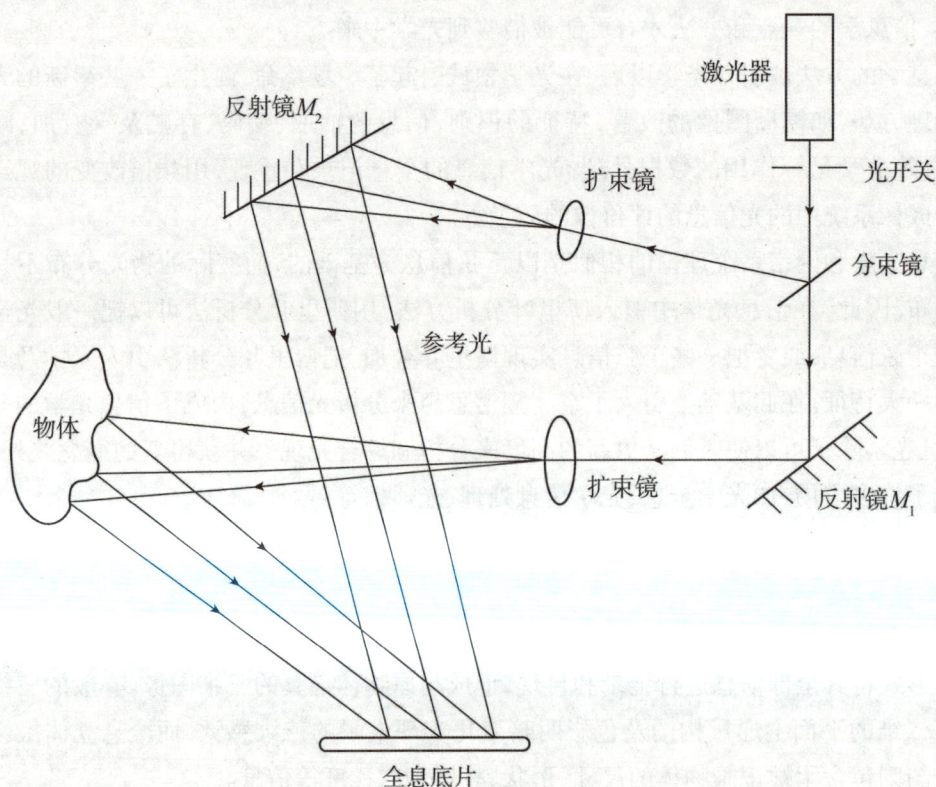

图 8 - 14　全息记录示意图

由于全息照片记录的是两束相干光相互干涉的结构,因此,与原来的被摄物体毫无相似之处。但是当把全息图放回原处,用相干参考光(此时称为再现光束)照射全息图时(如图 8 - 15 所示为图像再现的过程),全息图如同一块复杂的光栅将发生衍射,在这些衍射光波中包含着原来的物光波,观察者迎着再现光波方向即可观察到一个逼真的、立体感很强的物体再现像,这是一个虚像。如果用原相干光反向照明全息图,则得到的物像是实像。如果不用激光而用白光去照明,由于白光是多种波长的光混合而成的,全息照片上会出现很多重叠错位的像,使人无法看清楚。如果在全息图的拍摄过程中采用诸如彩虹全息和反射式傅立叶变换全息等记录技术,则可以获得白光照明再现原物像的白光全息。

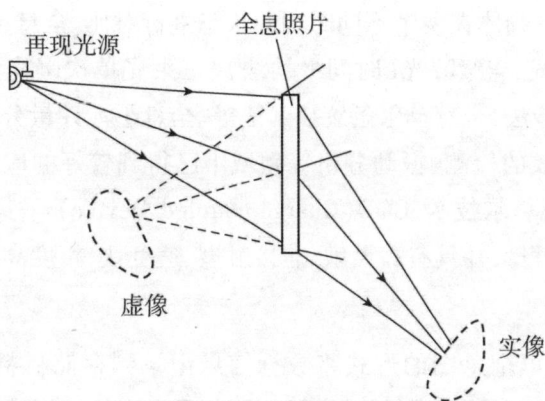

图 8 - 15　全息再现示意图

与普通摄影不同,全息摄影技术有以下特点。

1. 三维性

所谓三维性,是指全息照片再现的图像是三维立体的,因为全息图记录了物光的相位信息,再现时,可观察到如同真实物体一样逼真的三维图像。当观察者改变位置时,可以看到物体后面被挡住的部分,可以看到逼真的三维图像。

2. 可分割性

因为全息图记录的是物光与参考光的干涉条纹,所以具有可分割性。它被分割后的任一碎片都能再现完整的被摄物形象,即使记录载体有缺损或部分损伤,也不影响整个图像的再现依旧成像完整,只是分辨率受到一些影响。

3. 信息容量大

全息存储的理论存储量上限远大于磁盘和光盘的存储容量。同一张全息感光板可多次重复曝光记录,并能互不干扰地再现各个不同的图像。

从全息影像技术的提出到今天,全息影像已经和多个学科交叉融合形成了全息显示、全息干涉计量、全息显微、全息储存、全息模压等技术,并在人们生产生活的各个方面得到广泛应用。

4. 全息显示

全息显示是指利用全息照片来重现十分逼真的物体的三维图像。全息显示具有很高的商业价值,可以用全息技术将广告、展销品、动植物、人物肖像、历史文物等记录下来,通过立体再现,展现给观众,既可以提供观赏,又可以实现全息保存。具体可分为:透射式全息显示图像、反射式全息显示图像、像面式全息显示图像、彩虹式全息显示图像、合成式全息显示图像、模压式全息显示图像、计算机全息显示图像等。

5. 全息干涉计量

全息干涉计量是全息技术最重要、最成功的应用之一。全息干涉能分析测量到波长数量级的水平,它可以对同一物体在两个不同时刻的状态进行对比。全息干涉的基本方法有单次曝光(实时法)、二次曝光、连续曝光(时间平均法)、三束光单次曝光法、非线性记录的全息干涉、全息波前错位干涉法、全息莫尔条纹技术法等。全息干涉计量分析在无损检验、微应力应变测量、形状和等高线的检测、振动分析等领域中已得到较好的应用。全息计量技术与光电检测技术、微斑技术、莫尔技术、CCD(Charge-coupled Device)采集技术及计算机技术等相结合,可实现自动实时量,并具有高灵敏、非接触型、速度快、精度高等特点。

6. 光全息存储

光全息存储技术是以全息图的形式将数据信息记录到存储材料中的一种新兴存储技术。由全息方法本身的物理特性所决定,它不仅保存了物光的振幅信息,而且保存了其完整的空间位相信息。全息光存储具有高存储容量、高读写速率、高可靠性和内容寻址功能等优点。光全息存储利用2个光波之间的耦合和解耦合,把信息存储和信息之间的比较、识别功能结合起来,解决磁盘和光盘的容量瓶颈,使得存储容量更大。光全息存储不仅容量大,而且数据传输速率高,寻址时间短。例如,体全息存储技术使得信息呈分式存储,不易丢失,在一个物理通道中,可以通过信息编码存储多路信息,就像在一个通信信道中传输多路信号,可使信息存储量和处理信息的速度大为提高。与超短脉技术相结合的时域全息术,还可以存储和呈现物体的快速变化过程以及立体物体的层面。

7. 模压全息

模压全息技术(又称为全息印刷术)是20世纪70年代提出的一种低成本大批量复制全息图的技术,也是目前世界上唯一能够大规模工业化生产全息图的技术方法。其生产过程是首先通过全息照相技术获得一张表面浮雕式全息图,再通过精细化学镀膜技术制成上机镍板,最后通过专用模压机在适当材料(PET和PVC)上压印出全息图像。模压全息技术类似于凸版印刷术,但由于不需要使用油墨,因而又被称为无油墨印刷。由于它可以印刷立体图像并具有广泛的前景,又被称为"立体印刷"和"21世纪的印刷术"。它解决了全息图的复制问题,可以大规模生产,使全息图最终走出实验室,迅速商品化,并使全息术进入人们社会生活的很多领域。模压全息图逼真的三维显示、变幻无穷五彩缤纷的图像,使其在包装、产品促销和装饰上得到充分应用,其最重要的应用是在防伪领域。目前,很多国家的护照、身份证、信用卡、商标、商品包装上都用模压全息作为防伪标识,并不断推出新技术打击伪造者。

8. 计算全息

将计算机技术和全息技术相结合,称为计算全息。计算全息不仅可以全面记录光波的振幅和位相,而且能综合复杂的或者世间不存在的物体的全息图(只要知道该物体的数学表达式即可),因而具有独特的优点。随着数字计算机与计算技术的迅速发展,人们广泛地使用计算机模拟、运算、处理各种光学过程。计算全息图成为数字信息和光学信息之间有效的联系环节,为光学和计算机科学的全面配合拉开序幕。光学全息图是直接用光学干涉法在记录介质上记录物光波和参考光波叠加后形成的干涉图样。假如物体并不存在,而只知道光波的数学描述,也可以利用电子计算机,并通过计算机控制绘图仪或其他记录装置(如阴极射线管、电子束扫描器等)将模拟的干涉图样绘制和复制在透明胶片上。这种计算机合成的全息图称为计算全息图。计算全息图和光学全息图一样,可以用光学方法再现出物光波,但两者有本质的差别,光学全息唯有实际物体存在时才能制作,而计算全息的合成中,只要在计算机中输入实际物体或虚构物体的数学模型就行了。

8.3.2 光学信息处理

光学信息处理起源于1873年阿贝(Abbe)的衍射成像理论,他在理论中引进了频谱概念之后,于1906年波特根据阿贝理论对网格频谱进行了滤波实验,从而开辟了光学信息处理的新纪元。20世纪60年代初出现的激光为光学信息处理提供了极好的相干光源,使光学信息处理发展迅速,已成为近代光学领域的一个崭新分支。

从物理光学的角度,光学信息处理是基于傅里叶变换和光学频谱分析的综合技术,通过在空域对图像的调制或在频域对傅里叶频谱的调制,借助空间滤波的技术对光学信息进行处理。它主要处理由光学、电子学和声学所获得的图像和数据,可完成对二维图像的识别、增强、恢复、传输、变换、频谱分析等,与电子学处理相比,具有速度快、容量大、二维并行处理以及结构简单可靠等优点,在国民经济建设、国防建设以及文教、卫生各个方面都有广泛的应用。

1. 空间滤波

光学信息处理的理论基础是阿贝二次衍射成像理论。阿贝在1873年提出了相干光照明下显微镜的成像原理。他认为在相干平等光照明下,显微镜的成像过程可以分成两步:第一步是通过物的衍射光在透镜的后焦面(即频谱面)上形成空间频谱,这是衍射所引起的"分频"作用;第二步是代表不同空间频率的各光束在像平面上相干迭加而形成物体的像,这是干涉所引起的"合成"作用,如图8 – 16所示。

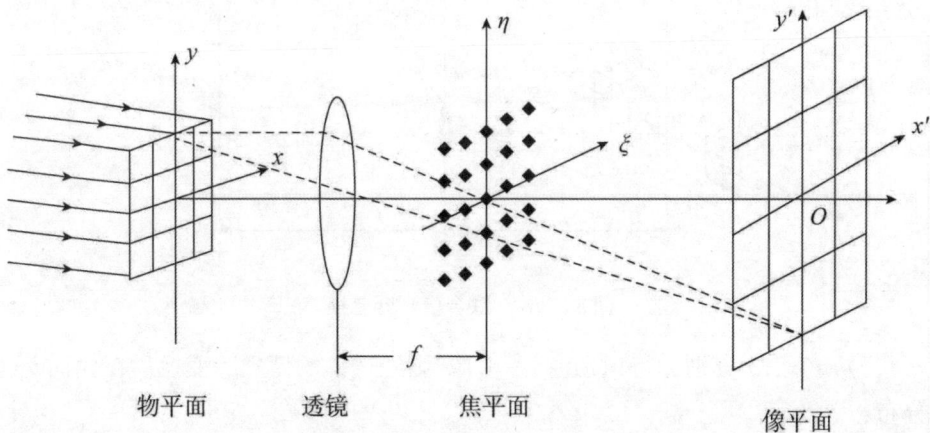

图8 – 16 阿贝成像原理

阿贝成像的过程本质上就是两次傅里叶变换。第一个过程把物面光场的空间分布变为频谱面上空间频率分布,第二个过程则是将频谱面上的空间频谱分布作傅里叶逆变换还原为空间分布(即将各频谱分量又复合为像)。从阿贝成像过程中可以看出,物信息的频谱是在透镜的后焦面上(傅氏面)。我们可以在这平面上放置不同结构的光阑,以提取(或摒弃)某些频段的物信息,这样就可以主动地改变频谱,以此来达到改造图像的目的。用频谱分析的眼光来看,傅氏面上的光阑起着选频的作用,在频谱面上作的光学处理就是空间滤波,如图 8 – 17 所示。

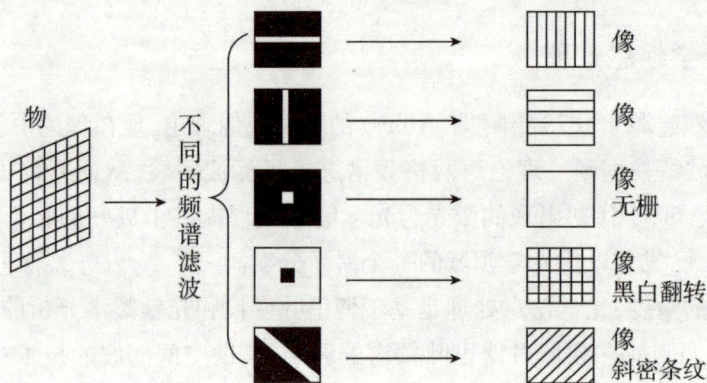

图 8 – 17　空间滤波

2. 图像识别

基于联合傅立叶变换的相关图像识别在指纹识别、字符识别、目标识别等领域广泛应用。其基本原理是:通过激光作用使待识别图像(如待识别指纹、文字标识)和参考图像(如参考指纹、文字标识)分别产生相应的像经透镜傅立叶变换后在谱面形成复振幅分布,经器件(如实验中采用的高分辨率的 CCD 和液晶显示器 LCD)将其转换为功率谱,然后观察者可通过相关输出观看待识别图像和参考图像形成的亮斑(相关峰)的亮暗和弥散度来判断二者的相关程度,从而达到识别待测物的目的,如图 8 – 18 所示。

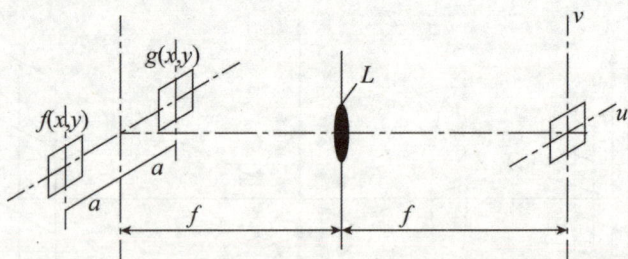

图 8 – 18　联合傅立叶变换

若 $f(x,y),g(x,y)$ 分别为待识别像、参考像,则经透镜的傅立叶变换后在谱面 uv 上形成复振幅分布:

$$S(u,v) = \int_{-\infty}^{+\infty}\int_{-\infty}^{+\infty} [f(x+a,y)] + g(x-a,y)\exp\left[-\mathrm{i}\frac{2\pi}{\lambda f}(xu+yv)\right]\mathrm{d}x\mathrm{d}y$$

$$= \exp\left[-\mathrm{i}\frac{2\pi}{\lambda f}au\right]F(u,v) + \exp\left[-\mathrm{i}\frac{2\pi}{\lambda f}au\right]G(u,v)$$

式中,F,G分别是f,g的傅立叶变换。

实验中图像最终判别的依据原理:经高分辨率 CCD 和液晶显示器 LCD 转换后,光信号转换为电信号最终在显示器上呈现亮斑(相关峰)。从光学观点来看,联合变换的功率谱为杨氏条纹,通过傅立叶转换后形成 0 级和 1 级亮斑。如果两图像相同干涉加强,形成"峰"的亮度大,典型的相关峰如图 8 - 19 所示。若两者部分相同,"峰"呈现较暗弥散状态;若不相同,则不形成"峰",从而可以此达到判别目的,如图 8 - 19 所示。

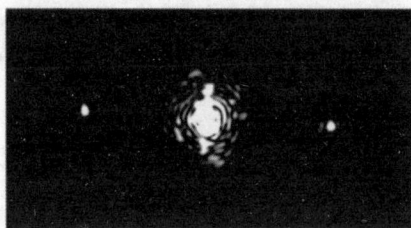

图 8 - 19   典型相关峰

8.3.3   光通信

光通信是一种以光波为传输媒质的通信方式。光波和无线电波同属电磁波,但光波的频率比无线电波的频率高,波长比无线电波的波长短。因此,它具有传输频带宽、通信容量大和抗电磁干扰能力强等优点。

光通信按光源特性,可分为激光通信和非激光通信;按传输媒介的不同,可分为有线光通信和无线光通信(也叫大气光通信)。常用的光通信如下。

(1)大气激光通信:信息以激光束为载波,沿大气传播。它不需要敷设线路,设备较轻,便于机动,保密性好,传输信息量大,可传输声音、数据、图像等信息。大气激光通信易受气候和外界环境的影响,一般用作河湖山谷、沙漠地区及海岛间的视距通信。

(2)光纤通信:是一种有线通信,光波沿光导纤维传输。光源可以是激光器(又称半导体激光二极管),也可以是发光二极管。光纤通信传输衰减小、容量大、不受外界干扰、保密性好,可用于大容量国防干线通信和野战通信等。

(3)蓝绿光通信:是一种使用波长介于蓝光与绿光之间的激光,在海水中传输信息的通信方式,是目前较好的一种水下通信手段。

(4)红外线通信:是利用红外线传输信息的通信方式,可传输语言、文字、数据、图像等信息,适用于沿海岛屿间、近距离遥控、飞行器内部通信等。其通信容量大、保密性强、抗电磁干扰性能好、设备结构简单、体积小、重量轻、价格低。但在大气信道中传输时易受气候影响。

(5)紫外线通信:是利用紫外线传输信息的通信方式。其基本原理与红外线通信相似,与红外线通信同属非激光通信。

下面着重介绍光纤通信。

光纤通信技术从光通信中脱颖而出,已成为现代通信的主要支柱之一,在现代电信网中起着举足轻重的作用。光纤通信就是利用光波作为载波来传送信息,而以光纤作为传输介质实现信息传输,达到通信目的的一种最新通信技术。

光纤通信的结构框图如图8-20所示。它首先要在发射端将需传送的电话、电报、图像和数据信息进行光电转换,即将电信号变成光信号,再经过光纤传输到接收端,接收端将收到的光信号转变成电信号,最后还原成原信号。从原理上看,构成光纤通信的基本物质要素是光纤、光源和光检测器。光纤除了按制造工艺、材料组成以及光学特性进行分类外,在应用中,光纤常按用途进行分类,可分为通信用光纤和传感用光纤。传输介质光纤又分为通用与专用两种,而功能器件光纤则指用于完成光波的放大、整形、分频、倍频、调制以及光振荡等功能的光纤,并常以某种功能器件的形式出现。

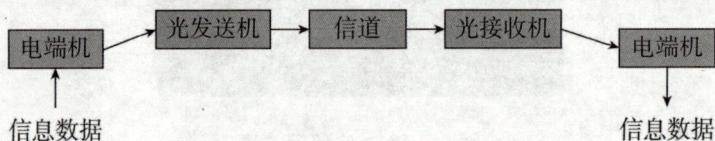

电端机 → 光发送机 → 信道 → 光接收机 → 电端机

信息数据 ↓ ↑ 信息数据

图 8 - 20　光纤通信的结构框图

1880 年,贝尔发明了一种利用光波作为载波传递语音信息的"光电话",它利用太阳光作为光源、大气作为传输介质,用硒晶体作为光接收器件,成功实现了光通话。虽然通话距离只有 213 米,但它验证了利用光波作为载波传递信息的可能性。

1960 年,美国科学家梅曼(Mailman)发明了第一台红宝石激光器,才真正开始了光通信的发展。1966 年,英籍华裔学者高锟发表了关于传输介质新概念的论文,该论文指出:石英之所以出现这么大的损耗,并不是石英本身固有的性质,是由于材料中过渡金属(Fe、Cu 等)离子杂质的吸收而引起的。材料本身的损耗由瑞利散射决定,它与波长的四次方成反比,值很小。因此,可以通过对石英原材料的提纯制造出低损耗的光纤。假设把材料中金属离子含量比重降到 10^{-6} 以下,光纤损耗可以减小到 10dB/km,通过提纯工艺改进可进一步降低损耗。这一理论的出现,大大促进了可适用于远距离光通信的低损耗光纤的研究,奠定了光通信事业的基础。1970 年,美国康宁公司实现了这一预言,成功研制出了损耗为 20dB/km 的石英光纤,使光纤通信完全可以和同轴电缆通信相竞争,促进世界各国投入各种资源来开发光通信,使光纤通信进入一个崭新的阶段。20 世纪 80 年代,低传输损耗铟镓砷磷(In - Ga - As - P)激光器的发明,使发射波长 1.3μm 处的损耗降到 0.5dB/km,单模传输得以实现,并在很多国家中逐步推广和使用,渐渐取代铜线。人们研究损耗更小的传输光纤,将工作波长变为了 1.55μm,其损耗可以降到 0.2dB/km。同时,掺铒光纤放大器的发明,实现了 1.55μm 波长光放大的功能,大大促进了超大容量、超远距离的光纤通信的研究,传输速率可以达到 2.5 ~10Gb/s,无中继传输距离长达 100 ~ 150km。20 世纪 90 年代,波分复用技术的全面发展,充分利用光纤通信系统的潜在容量,使光纤通信系统容量成倍增加,除用户线外,光纤传输已经完全取代了传统的电缆通信,成为通信网的主体。

光纤通信之所以能够广泛应用,是因为其具有独特的优势。

（1）巨大的传输带宽。光纤低损耗频段为 $0.8 \sim 1.65\mu m$，单根光纤的可用频带几乎达到 200THz，即使在 $1.55\mu m$ 处，带宽也可以达到 15THz。

（2）极低的传输损耗。$1.55\mu m$ 波段损耗已降至 $0.2dB/km$ 以下。同时 EDFA 技术的发展，可以有效补偿光纤损耗。

（3）抗电磁干扰。不向外辐射电磁波，提高了保密性，又不产生电磁污染。光纤通信系统避免了电缆间由于相互靠近而引起的电磁干扰。金属电缆发生干扰的主要原因就是金属导体向外泄漏电磁波。由于光纤的材料是玻璃或塑料，都不导电，因而不会产生电磁波的泄漏，也就不存在相互之间的电磁干扰。

（4）重量轻，安全，易铺设。光缆的安装和维护比较安全、简单，这是因为：首先，玻璃或塑料都不导电，没有电流通过或电压的干扰；其次，它可以在易挥发的液体和气体周围使用而不必担心会引起爆炸或起火；最后，它比相应的金属电缆体积小，重量轻，更便于机载工作，且它占用的存储空间小，运输也方便。

（5）寿命长。尽管还没有得到证实，但可以断言，光纤通信系统远比金属设施的使用寿命长，因为光缆具有更强的适应环境变化和抗腐蚀的能力。

同时，光纤通信也存在一定的不足。

（1）接口昂贵。在实际使用中，需要昂贵的接口器件将光纤接到标准的电子设备上。

（2）强度差。光缆本身与同轴电缆相比，抗拉强度要低得多。这可以通过使用标准的光纤包层 PVC 得到改善。

（3）不能传送电力。有时需要为远处的接口或再生的设备提供电能，光缆显然不能胜任，在光缆系统中还必须额外使用金属电缆。

（4）需要专用的工具、设备以及培训。需要使用专用工具完成光纤的焊接以及维修；需要专用测试设备进行常规测量；光缆的维修既复杂又昂贵，从事光缆工作的技术人员需要通过相应的技术培训并掌握一定的专业技能。

8.4　信息论与密码学

密码学是研究如何隐秘地传递信息的学科，是研究编制密码和破译密码的技术科学。研究密码变化的客观规律，应用于编制密码以保守通信秘密的，称为编码学；应用于破译密码以获取通信情报的，称为破译学。编码学和破译学总称密码学。密码学是在编码与破译的斗争实践中逐步发展起来的，并随着先进科学技术的应用，已成为一门综合性的尖端技术科学，常被认为是数学和计算机科学的分支，和信息论密切相关。

人们对保密法的研究由来已久，但由于保密学往往与国家安全和军事机密联系紧密，因而很长一段时间内保密学成为公开研究的禁区。据记载，公元前 400 年，古希腊人发明了置换密码。1881 年,世界上的第一个电话保密专利出现。第二次世界大战初期,德国军方启用"恩尼格玛"密码机,盟军对德军加密的信息有好几年一筹莫展,"恩尼格玛"密码机似乎是不可破的,但是经过盟军密码分析学家的不懈努力,"恩尼格玛"密码机被攻破,盟军掌握了德军的许多机密,而德国军方却对此一无所知。太平洋战争中,美军破译了日本海军的密码机,读懂了日本舰队司令官山本五十六发给各指挥官的命令,在中途岛彻底击溃了日本海军,导致了太平洋战争的决定性转折。可以说,密码学在战争中起着非常重要的作用。

随着信息化和数字化社会的发展,人们对信息安全和保密的重要性认识不断提高。如网络银行、电子购物、电子邮件等正在悄悄地融入普通百姓的日常生活中,人们自然要关注其安全性如何。

1997 年,美国国家保准局公布实施了"美国数据加密标准(DES)",军事部门垄断密码的局面被打破,民间力量开始全面介入密码学的研究和应用中,保密学才得到了广泛研究和飞速发展,出现了许多切实可用的保密技术。民用的加密产品在市场上已有大量出售,采用的加密算法有 DES、IDEA、RSA 等。随着对加密强度的不断提高,近期又出现了 AES、ECC 等,并在商业数据加密方面得到了普遍应用。

香农在《保密通信的信息理论》一文中首先提出了通信的保密系统的数学模型,并首先用信息论的观点对通信保密问题进行了理论分析,从而使信息论成为研究加密、解密等保密学重要研究课题的理论基础。

8.4.1 保密系统的数学模型

在通信模型中增加保密功能,即为保密系统的数学模型,如图 8 – 21 所示。

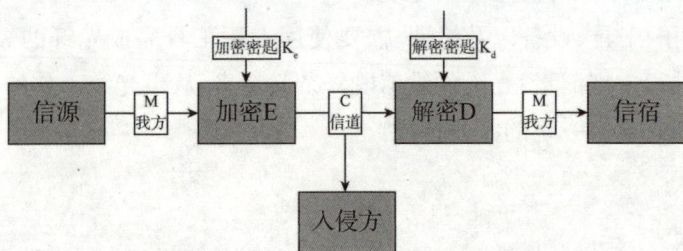

图 8 – 21 保密系统的数学模型

在保密通信中,发方和收方称为我方,信道中的其他不合法用户称为入侵方。保密通信的目的是为了不被入侵方获知,发方需要将信息加密再发给收方。原始信息称为明文 M,利用加密密钥经加密算法 E 对明文加密,加密后称为密文 C。密文有可能会被敌方截获,但是,对于不合法的接受者来说,所截获的信息仅仅是一些杂乱无章、毫无意义的符号。只有截获者已知加密算法和加密密钥或者所拥有的计算资源能够攻破发送方的加密系统,才会造成信息的泄漏。当合法接受者接收到密文后,用解密密钥经解密算法 D 解密,得到明文 M,信息的传送就完成了。

其中,密钥的含义是秘密的钥匙,它是一种参数,是在明文转换为密文或将密文转换为明文的算法中输入的参数。举个例子,在谍战电视剧中,地下工作者经常通过电台接收秘密信息,经常是一连串的数字,如2,1 4,5 6,7。单独看这些数字是无法获知其真实含义的,那么就要通过密钥和规则进行解密。假设这是一本书上的页码,2 表示第二页,1 表示第二页的第一个字。比如说第二页第一个字是 A,同样地,假设4,5 是 B;6,7 是 C,那么消息内容就是ABC。这里的书就是密钥,表示的方法就是规则。在保密体制中,密钥是保密的关键因素。保密体制的其他部分,有可能被截取者知道,并且难于迅速更换。只有特定的密钥,即具体选哪一种变形规则可以保守秘密,丢失了也便于更换。因此"必须使秘密仅存在于密钥之中"成为公认的原则,保密体制的保密性即以此来衡量。

一个安全的密码体制应该满足:(1)非法截收者很难从密文中推断出明文;(2)加密和脱密算法应该相当简便,且适用于所有密钥空间;(3)密码的保密强度应不依赖于对加密、解密算法的保密,而应只依赖于密钥;(4)合法接收者能够检验和证实消息的完整性和真实性;(5)消息的发送者无法否认其所发出的消息,同时也不能伪造别人的合法消息;(6)必要时可由仲裁机构进行公断。

8.4.2 传统加密技术

密码研究已有数千年的历史,虽然许多古典密码已经不再使用,但是它们在密码发展史上具有不可磨灭的贡献,许多古典密码思想至今仍被广泛运用。但从传统保密技术中我们可以了解它的加密思想,从而可以古为今用。

1. 替代密码

替代密码就是明文中每一个字符被替换成密文中的另外一个字符,接收者对密文进行逆替换以恢复明文。

(1)Caesar 密码。

有记载表明,在古罗马就已经使用对称密码技术。据说有一位名叫 Julius Caesar 的国王在作战时曾使用过一种密码技术(如今把这种密码技术称为"恺撒密码"技术)。该密码技术的思路是这样的:将 26 个英文字母(小写、斜体)a,b,c,… 依次排列,z 后面再接排 a,b,c,… 取移位间隔为3,将每个字母(明字符)由与它间隔为 3 的字母来替代(密字符),由此构成了一张明字符和密字符的对照表,称为密码表,见表 8 – 1。

表 8 – 1 $k = 3$ 密码表

明字符	a b c d e f g h I j k l m n o p q r s t u v w x y z
密离符	D E F G H I J K L M N O P Q R S T U VW X Y Z A B C

例如,密码表见表 8 – 1(密码符用大写、正体表示)。

例如,取明文块 M = network,相应的密文块 C = q h w z r u n。

因为 k 的取值可以在 1 至 25 之间变化,所以总共可以得到 25 个不同的密码表。例如,如果取 $k = 5$,那么明文 M = network 加密后就变为密文 C = s j y b t w p。

可见,同样的明文,如果 k 的取值不同,那么就会得到不同的密文。这个 k 就是这种密码技术的密钥,k 的取值最多只有 25 种。

(2) 单表替代密码。

Caesar 密码仅有 25 种可能的密钥,是远不够安全的。通过允许任意代换,密钥空间将会急剧增大。如果密文行是 26 个字母的任意置换,那么就有 $26! = 4 \times 10^{26}$ 种可能的密钥,安全性更高,这种方法称为单表代换密码。

假如选一个英文短语作为密钥字(Key Word)或密钥短语(Key Phrase),如 HAPPY NEW YEAR,去掉重复字母得 HAPYNEWR。将它依次写在明文字母表之下,而后再将字母表中未在短语中出现过的字母依次写于此短语之后,就可构造出一个字母代换表,见表 8 - 2。

表 8 - 2 字母替代表

a	b	c	d	e	f	g	h	i	j	k	l	m	n	o	p	q	r	s	t	u	v	w	x	y	z
H	A	P	Y	N	E	W	R	B	C	D	F	G	I	J	K	L	M	O	Q	S	T	U	V	X	Z

这样,我们就得到了一种易于记忆而又有多种可能选择的密码。用不同的密钥字就可得到不同的替代表。

若明文为:m = Ca sear cipher is a shift substitution

则密文为:C = PH ONHM PBKRNM BO H ORBEQ OSAOQBQSQBJI

(3) 多表替代密码。

因为单表替代密码很容易被破解,原因就是只使用了一个密文字母表,从而使得明文中的字母只能用唯一的密文字母代替,即是单对单映射。

提高密码强度的一种方法,就是采取多个密文字母表,使得明文中字母可以有多个字母来替代,构成单对多映射。这就是多表替代密码的起源。由于加密用到多个字母表,故称为多表替代密码。多表替代密码又可以细分为:① 维吉尼亚密码(Vigenere Cipher);② 波福特密码;③ 滚动密钥密码;④ 弗纳姆密码(Vern – am Cipher);⑤ 转轮密码(Rotor Cipher)。

这里以维吉尼亚密码为例说明多表替代密码的基本原理。

在多表替代密码里,最著名的是法国密码学者 Vigenere 使用过的密码,因此叫 Vigenere 密码,音译为维吉尼亚密码。Vigenere 密码使用 26 个密文字母表,即将 26 个恺撒—密码表合成一个,如图 8 – 22 所示。Vigenere 密码的代替规则就是用明文字母在 Vigenere 方阵中的列和密钥字母在 Vigenere 方阵中的行的交点处的字母来代替该明文字母(类似银行的密保卡的矩阵方式,密保卡的行列就是参照了 Vigenere 方阵)。

它的加密过程是这样的:首先选择一个无重复字母的密钥词(如 MATH),重复密钥词直至它成为一个和明文信息一样长的字母序列,再利用下面这种方阵加密这条信息。为加密第一个字母I,此时它下方对应的密钥词是 M。于是,加密I时由 M 对应的那行中读出 i 列下的字母即 U,类似地,得出所有密文,见表 8 – 3。

图 8 - 22　维吉尼亚密码表

表 8 - 3　MATH 加密过程

明文	I	L	O	V	E	Y	O	U
密钥	M	A	T	H	M	A	T	H
密文	U	L	H	C	Q	Y	H	B

2. 置换密码

(1) 简单置换。

密码置换法是通过变动明文块内部的字符排列次序来达到加密信息的目的。例如明文number2,我们可以通过对它内部包含的字符、符号或数字重新排列次序使它变为密文,这个过程叫作置换。

例如,把第 2 个字符"u"移到第 1 个位置,把第 7 个字符"2"移到第 2 个位置,把第 3 个字符"m"移到第 6 个位置,如图 8 - 23 所示,就可以把明文 number2 置换为密文 u2brnme。

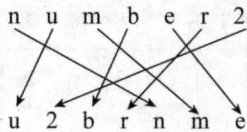

图 8 - 23　密码置换法举例

密钥即为置换和逆置换。

置换为:[2,7,4,6,1,3,5],逆置换为:[5,1,6,3,7,4,2]。

(2) 列置换。

一种更复杂的方案是把消息一行一行地写成矩形块,然后把列的次序打乱,按列读出,列的读出次序就是算法的密钥。

例如,明文为:Attack Postpone Duntilt Woamxyz

将明文按行的形式放置,若最后一段长不足以写成矩形块,则加添无效字母即可。

明文为:

1	2	3	4	5	6	7
A	T	T	A	C	K	P
O	S	T	P	O	N	E
D	U	N	T	I	L	T
W	O	A	M	X	Y	Z

密钥为:4 3 1 2 5 6 7

根据密钥,按列的方式读出,依次读第 4 列、第 3 列、……、第 7 列。

密文为:TTNA APTM TSUO AODW COIX KNLY PETZ

密文恢复为明文的过程如下。

密文按矩阵展开为:

1	2	3	4	5	6	7
T	A	T	A	C	K	P
T	P	S	O	O	N	E
N	T	U	D	I	L	T
A	M	O	W	X	Y	Z

密钥的逆置换为:3 4 2 1 5 6 7

根据密钥,按照以列的方式读出,依次读第 3 列、第 4 列、……、第 7 列。

明文为:

1	2	3	4	5	6	7
A	T	T	A	C	K	P
O	S	T	P	O	N	E
D	U	N	T	I	L	T
W	O	A	M	X	Y	Z

8.4.3　现代加密技术

根据密钥类型不同,将现代密码技术分为两类:对称加密算法(秘密钥匙加密)和非对称加密算法(公开密钥加密)。

对称钥匙加密系统是加密和解密均采用同一把秘密钥匙,且通信双方都必须获得这把钥匙，并保持钥匙的秘密。

非对称密钥加密系统采用的加密钥匙（公钥）和解密钥匙（私钥）是不同的。

1. 对称加密算法

现代主要有两种对称加密——数据流加密和数据块加密（也称分组密码加密）。数据流加密就是用算法和密钥一起产生一个随机码流，再和数据流一起产生加密后的数据流。解密方产生同样的随机码流就可以了。数据块加密把原数据分成固定大小的数据块（如 64 位），加密器使用密钥对数据块进行处理。一般来说，数据流加密更快，但块加密更安全一些。常见的加密法里，RC4 是数据流加密，DES 和 3DES 是使用最多的数据块加密，AES 是更高级的块加密法。

（1）RC4。

RC4 加密算法是 Ron Rivest 在 1987 年设计的密钥长度可变的流加密算法。RC4 起初是用于保护商业机密的。但是在 1994 年 9 月，它的算法发布在互联网上，也就不再有什么商业机密了。RC4 算法用在很多的应用系统中，包括 SSL 协议和 WEP 协议。

（2）DES。

20 世纪 70 年代中期，美国政府意识到对于安全加密技术存在着合法合理的商业诉求。于是，美国国家标准局（National Bureau of Standards，NBS），发起了对加密算法的征集项目，该想法源于 NBS 想要选择一种算法并将其确立为美国政府的官方加密标准，最终确定的加密算法就是所谓的数据加密标准（Data Encryption Standard，DES）。该加密算法速度较快，适用于加密大量数据的场合。

（3）3DES。

DES 算法曾一度非常盛行，几乎无处不在。但是，该算法的密钥长度逐渐不够用了。有个简单的办法就是以更长的密钥使用 DES 算法，采用三重 DES（3DES），使用两个密钥，采取"加密—解密—加密"的方式，对一块数据用三个不同的密钥进行三次加密，强度更高。

（4）AES。

20 世纪 90 年代，美国政府意识到 DES 算法的密钥长度只有 56 位，而这对于穷举式密钥检索攻击基本没有抵抗力。2000 年 10 月，美国标准与技术研究院（NIST）即曾经的 NBS，发起加密技术方案征集，并于 2002 年 5 月 26 日制定了新的高级加密标准（Advanced Encryption Standard，AES）规范。

AES 是一个迭代的、对称密钥分组的密码，它可以使用 128、192 和 256 位密钥，并且用 128 位（16 字节）分组加密和解密数据。通过分组密码返回的加密数据的位数与输入数据相同。迭代加密使用一个循环结构，在该循环中重复置换和替换输入数据。该算法易于各种硬件和软件实现，已经成为新一代的加密算法标准，速度更快，安全级别更高。

2. 非对称加密算法

1976 年以前，所有的加密方法都是同一种模式：

（1）甲方选择某一种加密规则，对信息进行加密；

（2）乙方使用同一种规则，对信息进行解密。

由于加密和解密使用同样规则（简称"密钥"），这被称为"对称加密算法"。

这种加密模式有一个最大弱点：甲方必须把加密规则告诉乙方，否则无法解密。保存和传递密钥，就成了最棘手的问题。两位美国计算机学家 Whitfield Diffie 和 Martin Hellman，提出了一种崭新构思，可以在不直接传递密钥的情况下，完成解密，这被称为"Diffie – Hellman 密钥交换算法"。这个算法启发了其他科学家。人们认识到，加密和解密可以使用不同的规则，只要这两种规则之间存在某种对应关系即可，这样就避免了直接传递密钥。

与对称加密算法不同，非对称加密算法需要两个密钥：公开密钥（public key）和私有密钥（private key）。公开密钥与私有密钥是一对，如果用公开密钥对数据进行加密，只有用对应的私有密钥才能解密；如果用私有密钥对数据进行加密，那么只有用对应的公开密钥才能解密。如果公钥的加密的信息只有私钥解得开，那么只要私钥不泄漏，通信就是安全的。因为加密和解密使用的是两个不同的密钥，所以这种算法被叫作非对称加密算法。非对称加密算法基本过程是：甲方首先生成一对密钥（即公开密钥和私有密钥），并将公用密钥向其他方公开；得到公用密钥的乙方使用公用密钥对信息进行加密后再发送给甲方；甲方再用私有密钥对加密后的信息进行解密。

常见的非对称加密算法如下：RSA、Elgamal、DSA、背包算法、Rabin、D – H、ECC 等。

（1）RSA。

1977 年，三位数学家 Rivest、Shamir 和 Adleman 设计了一种算法，可以实现非对称加密，这种算法用他们三个人的名字命名，叫作 RSA 算法。在公开密钥加密和电子商业中，RSA 被广泛使用。今天只有短的 RSA 钥匙才可能被强力方式破解，是目前地球上最重要的加密算法。

举例说明 RSA 的算法过程中公钥和私钥的生成，假设 A 和 B 进行加密通信，一般经过以下步骤生成密钥。

第一步，随机选择两个不相等的质数 p 和 q。

假设 A 选择了 61 和 53。（实际应用中，这两个质数越大，就越难破解。）

第二步，计算 p 和 q 的乘积 n。即

$$n = 61 \times 53 = 3233$$

n 的长度就是密钥长度。3233 写成二进制是 110010100001，一共有 12 位，所以这个密钥就是 12 位。实际应用中，RSA 密钥一般是 1024 位，重要场合则为 2048 位。

第三步，计算 n 的欧拉函数 $\varphi(n)$。

根据公式：

$$\varphi(n) = (p - 1)(q - 1)$$

A 算出 $\varphi(3233)$ 等于 60×52，即 3120。

第四步，随机选择一个整数 e，条件是 $1 < e < \varphi(n)$，且 e 与 $\varphi(n)$ 互质。

A 就在 1 到 3120 之间，随机选择了 17。（实际应用中，常常选择 65537。）

第五步,计算 e 对于 $\varphi(n)$ 的模反元素 d。

所谓"模反元素"就是指有一个整数 d,可以使得 ed 被 $\varphi(n)$ 除的余数为 1。即

$$ed \equiv 1(\mathrm{mod}\varphi(n))$$

这个式子等价于

$$ed - 1 = k \times \varphi(n)$$

于是,找到模反元素 d,实质上就是对下面这个二元一次方程求解。

$$ex + \varphi(n)y = 1$$

已知 $e = 17,\varphi(n) = 3120$,则上式为

$$17x + 3120y = 1$$

这个方程可以用"扩展欧几里得算法"求解,A 算出一组整数解为 $(x,y) = (2753,-15)$,即 $d = 2753$。

至此所有计算完成。

第六步,将 n 和 e 封装成公钥,n 和 d 封装成私钥。

在上面的例子中,$n = 3233,e = 17,d = 2753$,所以公钥就是 $(3233,17)$,私钥就是 $(3233,2753)$。

实际应用中,公钥和私钥的数据都采用 ASN.1 格式表达。

在上面的密钥生成步骤中,公钥用到了两个(n 和 e),其余四个数字都是不公开的。其中,最关键的是 d,因为 n 和 d 组成了私钥,一旦 d 泄漏,就等于私钥泄漏。在已知 n 和 e 的情况下,只要 n 可以被因数分解,则 d 就可以算出,也就意味着私钥被破解。可是,大整数的因数分解,是一件非常困难的事情。目前,人类已经分解的最大整数是 232 个十进制位,相当于 768 个二进制位。比它更大的因数分解,还没有被报道过,因此目前被破解的最长 RSA 密钥就是 768 位。因此可以认为,1024 位的 RSA 密钥基本安全,2048 位的密钥极其安全。

(2)DSA。

在信息交流中,接收方希望收到的信息未被窜改,还希望接收到的信息确由自己认定的发送方所发,那么接收方和发送方就可以约定,共同使用 DSA 加密算法来实现数字签名,如果数据和签名不匹配则认为验证失败。

DSA(Digital Signature Algorithm) 是 Schnorr 和 ElGamal 签名算法的变种,被美国 NIST 作为 DSS(Digital Signature Standard,数字签名标准)。DSA 是基于整数有限域离散对数难题的,其安全性与 RSA 相比差不多。与 RSA 加密解密过程相反,在 DSA 数字签名和认证中,发送者使用自己的私钥对文件或消息进行签名,接受者收到消息后使用发送者的公钥来验证签名的真实性。DSA 和 RSA 不同之处在于它不能用作加密和解密,也不能进行密钥交换,只用于签名,简单地说,这是一种更高级的数据验证方式,比 RSA 要快很多。

(3)ECC。

随着分解大整数方法的进步及完善、计算机速度的提高以及计算机网络的发展,为了保障数据的安全,RSA 的密钥需要不断增加,但是,密钥长度的增加导致了其加解密的速度大

为降低,硬件实现也变得越来越难以忍受,这对使用 RSA 的应用带来了很重的负担,因此需要一种新的算法来代替 RSA。

1985 年,N. Koblitz 和 Miller 提出将椭圆曲线用于密码算法,根据是有限域上的椭圆曲线上的点群中的离散对数问题(Elliptic Curve Discrete Logarithm Problem,ECDLP)。ECDLP 是比因子分解问题更难的问题,它是指数级的难度。将椭圆曲线中的加法运算与离散对数中的模乘运算相对应,将椭圆曲线中的乘法运算与离散对数中的模幂运算相对应,就可以建立基于椭圆曲线的对应的密码体制(Elliptic Curves Cryptography,ECC)。ECC 是目前已知的公钥体制中,对每比特所提供加密强度最高的一种体制,在软件注册保护方面起到很大的作用,一般的序列号通常由该算法产生。

ECC 与 RSA 相比,有以下的优点。

(1)相同密钥长度下,安全性能更高,如 160 位 ECC 已经与 1024 位 RSA、DSA 有相同的安全强度。

(2)计算量小,处理速度快,在私钥的处理速度上(解密和签名),ECC 远比 RSA、DSA 快得多。

(3)存储空间占用小,ECC 的密钥尺寸和系统参数与 RSA、DSA 相比要小得多,所以占用的存储空间小得多。

(4)带宽要求低,使得 ECC 具有广泛的应用前景。

ECC 的这些特点使它必将取代 RSA,成为通用的公钥加密算法。

8.5　信息论与经济学

在通信系统中,发送者发送信号,接收者接收到信号,由于噪声干扰的存在,信号在信道中传输常常有损失和变化,导致接收者接收到的信号和发送者发出的信号不一致。香农认为,真实的信息无法预测,信息传输实际上是由一连串的偶然事件构成的。因此,实质上,信息论的研究对象都属于概率范畴。也就是说,把信息传输作为一种统计现象来研究,而所谓信息就是用以消除不确定性的东西。他借鉴了同样是研究统计现象的热力学,创造了信息熵的概念,用以定量计算信息的量。

投资市场与通信系统的相似之处在于:投资市场中的假消息和过剩信息,就如同通信系统中的噪声干扰,严重影响了投资人从中获得有用消息。准确预测股价是没有可能的,为了避免干扰,投资人或许可以依靠内幕消息获利,但如何保证内幕消息每次都一定是准确的呢?即使找到了一个方法,能够排除无用的信息和噪声,找到了可以有用的消息,但是面对同样的消息,不同的投资人也会得出不同的结论。投资市场纷繁复杂诡异多变,与其费力辨别消息,不如另辟蹊径,把市场表现看作为一种统计现象来处理。

因此,投资市场与通信系统这两者背后存在相同的逻辑,以信息论研究中获得的数学算法为依据,建立量化交易模型,以数学上最优的方法去研究市场才会获得更高收益。

8.5.1　香农的投资之路

香农曾经说过:"在某种程度上,投资类似于我平时做的交流工作和从杂音中提取出信号的工作。"他说聪明的投资者应该了解自身的优势,并且只在有优势的机会中投资。

1956 年,香农在达特茅斯组织举办了关于人工智能的第一次重要学术会议,标志着香农把自己的注意力转到了人工智能方面。这年香农刚好 40 岁。可是没有几年香农突然转向了金融投资,开始做起股票来,对一切原来的科学研究全不感兴趣了。为了专职研究股票投资,香农在 40 多岁就主动提出提前退休,任何科学研究的事情都不想再干。他在后来的 35 年间默默地研究股票投资,并组织了投资基金,基金的平均年收益率达到了 30% 左右,比巴菲特还要高一些。由于香农低调,主要为了研究股市,没有在股票市场上抛头露面,到了老年时由于得了老年痴呆症而失去了记忆,已经没有办法写东西了,并且以前写的东西也寻找不到放在什么地方了,所以香农的投资秘密许多地方不被人知,实在遗憾。在《财富公式》一书中,提供了香农一些投资方面的轶事。我们可以从这些轶事中体会到香农的投资风格和手法。

尽管香农已经在麻省理工学院提前退休了,但他 1966—1971 年在麻省理工学院举办过几次关于投资问题的讲座。香农主要演讲的题目是如何在震荡市中赚钱。按一般人的做法是高抛低吸,上涨时做多,下跌时做空,做到顺势而为就可以了。可是香农描述了一种从随机市场中赚钱的一种方式。

香农首先让听众设想有一只上蹿下跳的股票,价格不停在波动,我们根本不能预测这只股票的最终趋势。在这种情况下,我们如何赚钱?香农提供了一种很独特的方法 —— 采用始终保持半仓的持股方式,来解决震荡股市的赚钱问题。例如,本金为 1000 美元,先买股票 500 元。这样股票资本为 500 元,现金为 500 元,刚好是半仓。如果第二天下跌了 50%,那么股票的价值从 500 元降到了 250 元,香农就把 500 元的现金拿来加仓,加仓 125 元的股票,这样股票的价值为 375 元,现金也为 375 元,又保持 50% 的持股。如果第三天股票大涨了 100%,上涨到了原来买入股票的价位,那么 375 元的股票市值就变成了 750 元,加上现金 375 元,一共资产有 1125 元,反而赚了 125 美元。然后又把股票平仓一部分,让股票和现金各占一半,分别为 562.5 元。

在这个例子中,香农把现金作为投资组合的一部分,而不是把其他股票当成投资组合品种,这是香农投资的一大特色。香农把他的这种股票保持半仓的投资组合模拟应用到当时震荡的股市里,获得了很高的收益。

当投资演讲结束以后,人们开始提问。有人问香农,他是否采用了此投资手法应用于现实的股市里。香农回答说,美国的交易费用和税收太多,如果这样做短线在现实的股市中交易费用非常高,所以他没有这样做。不过他说,如果行情出现了巨大的震荡,这种半仓的投资方式是可行的。

第八章　信息论的应用

香农半仓投资方式是香农在麻省理工学院演讲时的一种设想，但在实践中香农并没有运用这种半仓的手法。但以后随着电脑网络交易技术的进步，这种交易策略被别人改进和广泛采用，与一般的基金相比，它们受到的监管比较少，可以采用比较灵活的投资手段、方法和技术。

1986 年 8 月，美国《巴朗斯》报道了 1026 家共同基金的最新业绩，其中香农基金的利润位列第一名。巴菲特从 1965 年购买伯克希尔·哈撒韦时公司股价为 18 元，到了 1995 年时公司股价为 24 000 元，在 30 年里收益率达到 27%。可是香农从 20 世纪 50 年代后期到 1986 年，香农的股票投资组合的收益率大约为 28%，比巴菲特还要高出 1%，是很了不起的投资业绩。

香农一直以来想出一本书，以阐述自己的投资之道。但是香农是一位完美主义者，在论文没有达到完美的程度时他是不会发表的。许多人都猜测，正是由于香农这种精益求精的思想，在收益水平还没有达到香农的理想水平时，香农始终是不会写文章和著作的。这就解释了为什么香农在 1956 年来到麻省理工学院以后所写的论文越来越少，根本原因他已经被股市迷住了，放弃了原来在信息论和人工智能方面的研究，以提前退休的方式来专职研究自己喜欢的股票投资。可是股市是人与人之间的博弈市场，使用纯数学方式很难把股票市场的行为方式描述清楚。这样，股市刚好为香农这类惯用数学知识的人设置了障碍，让他们在传统的数学分析中难以自拔，陷入了困境。以香农这样的天才，应该是选择错了分析股票的工具，没有把股市当成情绪化的市场，而当成了可能使用数学工具分析和描述的市场。不过，通常对香农投资组合发现，香农在晚年主要采取长期投资策略，就是持有好股票不卖出。香农把 81% 的财产都投资到一只股票上，三只股票就达到了总资金的 98%。

香农持有哈里森实验室的股票 32 年，年收益率在 29%，当初他买入时只有 1.28 美分，到卖出时 35 美元，增长了 3500 倍，实现了香农夫妇梦想翻 11 倍的目标，即 2 的 11 次方 = 2048 倍。这是香农夫妇在 35 年前投身股市的时写下承诺，他们办到了。

香农最终成为一名长线投资的基本分析者，很像巴菲特的投资手法。他说技术分析让他感觉到是兢兢业业的技术员，聚精会神地与价格打交道，不过他认为这样做只是低效率地运用了重要的数据工作。所以，香农强调："通过评价公司的管理和预测市场，对公司的产品未来的需求来推测未来几年的收益增长。从长期来说，股票的价格随公司的收益的增长而增长。"因此，他很少关注价格的惯性波动。他强调："在我看来，重要的数据不是过去几天或者几个月里股价如何变化，而是过去几年里公司收入发生了什么样的变化。"他经常在纸上画公司的利润曲线，并根据公司的利润曲线画出未来的发展曲线，并且也会预测在公司发展过程中可能遇到的种种问题。

为了了解公司的管理层，香农夫妇经常走访上市公司，观察公司管理层的素质和企业的管理情况，也会为了了解群众对公司产品的反映，花钱买来一些食品请朋友一起来品尝，看他们对公司食品的评价。他会注意对现实生活中商品的观察和体会，从中寻找出股票投资的机会。总的来说，香农最终放弃了他的单纯的数学分析和数学模型，向格雷厄姆、巴菲特、费雪看齐,着重发现未来几年或者几十年都有继续成长潜力的上市公司,然后集中资金投资在少数几家上市公司上,长期持有,让利润增长。香农本人的投资主要包括惠普(HP)、Teradyne 这样一些成功的高科技企业。

在香农的影响下,后来有不少科学家跨界转型,有名的代表人物举例如下。

(1) 数学教授爱德华·邵普(Edward O. Thor－p),他在香农和凯利的基础上,利用自己的概率统计知识进行证券交易,办了对冲基金,成为业界最早的一批做量化投资的成功人士之一,其 28 年年化收益率为 20%。

(2) 斯坦福大学电子工程系教授汤姆·库沃(Thomas Cover),他进一步深刻地研究了如何把信息论应用到投资领域,提出"泛证券组合"(Universal Portfolio)交易策略。该策略运用了与信息压缩算法相似的数学算法,其理论投资回报曲线是幂函数形式。

(3) 纽约州立大学石溪分校数学系的系主任詹姆斯·西蒙斯(James Simon－s),他创办了大名鼎鼎的文艺复兴基金公司,以数学公式和电脑网络技术为工具,获得了丰厚的回报,个人资产达到 80 亿美元。而该公司旗下最有名的大奖章基金最初又是由加州大学伯克利分校数学系教授埃尔温·伯莱坎普(Elwyn Berlekamp)为主要股东和管理人的一家投资公司所设立的。

8.5.2 凯利公式

1. 凯利公式原理

凯利是香农的朋友和同事,20 世纪 50 年代初在贝尔实验室研究通信技术。他发现,通信系统可以等价地用一个连续赌博系统来研究,并由此提出了一个很有意思的判据,被称为利判据,用以计算出每次游戏中应投注(或投资)的最佳的资金比例,尽快地实现财富增长。

$$x = \frac{(pW - s \times L)}{p}$$

式中,x 为本次投资占现有总资金的比例,p 为获胜之后获得的净收益率,s 为失败之后净损失的资金比例,W(获胜概率) + L(失败概率) = 1。

举个最简单的例子来解释凯利判据:如果有一种赌博(投资)机会,你可以不断重复下注。你买入之后赢的概率是 60%,亏的概率是 40%。赢时的净收益率是 50%,亏时的亏损率也是 50%。即,如果赢,那么你每投资 100 元可以赢得 50 元,如果输,则每投资 100 元将会输掉 50 元。请问,如果你有 10 000 元资金,该投入多少资金投资呢?可以根据凯利公式计算该标的的最佳投资比例:

$$x = (0.5 \times 0.6 - 0.5 \times 0.4)/0.5 = 20\%$$

即:应该投资 2000 元资金买入并持有该股。每次应该用手头资金的 20% 去投资。可以计算得出,平均投资 36 次,手里的钱就会翻一番。显而易见,这是一个与投资有关的问题,这个判据对基金管理中资金分配是有意义的。因为如果基于某种模型和历史数据,基金经理对于一种投资策略"赢"的概率有一定的估算,那么这时凯利判据就告诉基金经理一次应该投资多少资金。按照此公式，对单个证券品种长期连续交易，可以使持仓市值的数学期望值的长期增长率最大化，而没有破产风险。香农认为这个公式是套利的数学精髓所在。今天，该公式已经成为主流投资理论的一部分，许多著名投资人都成功地运用了这个方法，但凯利从来没有用他自己的公式挣到一分钱。

2. 凯利公式对于实际投资的意义

在每次投资决策时，我们所面临的决策信息是不够充分的，因此我们对于投资标的可能带来的净收益率、净损失率以及获胜概率的估算是存在较大不确定性的。这三个变量的不确定性又决定了我们不太可能精确计算某一投资标的的投入比例。因此，我们永远无法通过凯利公式精确计算某一标的的最佳投资比例。

但是，凯利公式虽然无法精确的定量分析，却依然给了我们一个定性的分析方向。凯利公式的三个核心变量为我们选取投资标的提供了一个很好的视角，即净收益率 p、净损失率 s 和获胜概率 W。净收益率决定了投资标的的最终能够带来的回报高度，也即投资标的的成长空间；净损失率决定了投资标的的最大亏损比例，也即投资标的的安全边际；而获胜的概率则决定了投资标的的确定性程度。

我们在选择一项投资时，应该尽可能选择具备较大成长空间和较高安全边际的公司作为投资标的，而该公司的成长确定性应该尽可能高。只有满足这三项条件时，我们以较高的比例进行投资时，才能获得理想的投资收益。而只有一项投资标的值得我们重仓持有时（超过 50% 的仓位），我们才考虑分配一定的资金比例买入该标的。

8.5.3　优化投资组合 —— 马科维茨理论

在凯利公式中，考虑的是只有一个硬币（或只投资一种）的情形。若同时有两个、三个或更多硬币（即存在多种投资方式），各个硬币盈亏幅度不同，两面出现的概率（频率或可能性）也可能不同。怎样确定在不同硬币上的最优下注比例？如果不同硬币出现 A 面、B 面是不同程度相关的（比如一个出 A 面，另一个十有八九相同 —— 正相关，或相反 —— 反相关），又如何确定最优下注比例？股票、期货、期权、放贷、房地产、高科技等投资像掷硬币打赌一样，收益是不确定的且相互关联的。如何确定不同证券或资产上的投资比例，以使资金稳定快速增长并控制投资风险，这就是投资组合理论要解决的问题。

当今世界上著名的投资组合理论是美国的马科维茨（H. Markowitz）理论。1952 年，马科维茨发表了《有家证券的选择：有效的转移》。这篇开创性的论文导致了一个新理论 —— 投资组合理论的诞生。1990 年，瑞典皇家科学院将诺贝尔经济学奖授予了 H. 马科维茨、W. 夏普（Shape）和 W. 米勒（Miller），以表彰它们在投资组合和证券市场理论上的贡献。

Markowitz 把投资组合的价格变化视为随机变量，以它的期望均值 E 来衡量收益，以它的标准方差 σ^2 来表示风险（收益的标准方差反映了收益的不确定性），把投资组合中各种证券之间的比例作为变量，那么求收益一定的风险最小的投资组合问题就被归结为一个线性约束下的二次规划问题。再根据投资者的偏好，由此就可以进行投资决策。

任何资产的预期收益率都是加权平均的收益率,用各个收益发生的概率 p 进行加权。预期收益率等于各个收益率和对应的概率的乘积之和。

$$E(r) = \sum_{i=1}^{n} p_i r_i = p_1 r_1 + p_2 r_2 + \cdots + p_n r_n$$

式中,p_i 为第 i 个收益率的概率;$r_1, r_2, \cdots, r_n$ 为可能的收益率。

假定投资者投资于 n 种证券的权重向量为 $\omega_t = (\omega_1, \omega_2, \cdots, \omega_n)^{\mathrm{T}}$,$\omega_i$ 是组合中第 i 种证券的当前价值在其中所占的比例(即投资在第 i 中资产上的财富的份额),且 $\omega_1 + \omega_2 + \cdots + \omega_n = 1$。

资产的风险用资产收益率的方差和标准差来度量。那么投资组合的标准差应该满足下列公式:

$$\sigma_p^2 = E\left[\left(\sum_{i=1}^{n} \omega_i r_i - \sum_{i=1}^{n} \omega_i E[r_i] \right)^2 \right]$$

马科维茨考虑的问题是如何确定 ω_i,使得证券组合在期望收益率一定时,风险最小。用数学语言来说,这是个二次规划问题,即它是在两个线性等式约束条件下的二次函数的求最小值的问题。

根据马科维茨理论,一个投资者在不同的投资组合中应遵循以下规则:

(1) 如果两个投资组合有相同的收益的标准差和不同的预期收益,高的预期收益的投资组合会更为可取;

(2) 如果两个投资组合有相同的收益的预期收益和不同的标准差,小的标准差的组合更为可取;

(3) 如果一个组合比另外一个有更小的收益标准差和更高的预期收益,它更为可取。

8.5.4 优化投资组合的熵理论

马科维茨理论的成就是巨大的,但是其缺陷也是不可忽视的。缺陷之一是:不认为有客观的最优投资比例,或者说并不提供使资金增值最快的投资比例;缺陷之二是:标准偏差并不能很好反应风险。学者鲁晨光抛弃了期望和标准方差作为分析的准则,采用一种广义熵(鲁晨光定义为增值熵)作为分析工具,优化投资组合,争取财富最大化。

令 N 种证券价格构成 N 维矢量,设第 k 种证券价格有 n^k 种可能取值,$k = 1, 2, \cdots, N$,则共有 $W = n_1 \times n_2 \times \cdots \times n_N$ 种可能的价格矢量。设第 i 种价值矢量为 $x_i = (x_{i1}, x_{i2}, \cdots, x_{iN})$,$i = 1, 2, \cdots, W$;当前价格矢量为 $x_0 = (x_{01}, x_{02}, \cdots, x_{0N})$;假设单位时间(比方说一年)后,价格矢量 x_i 发生,则第 k 种证券价格增长为原来的 R_{ik} 倍,总的价值增长为原来的

$$R_i = \sum_{k=0}^{N} q_k R_{ik}$$

式中,$q_k(k = 1, 2, \cdots, N)$ 是在第 k 种证券上的投资比例,q_0 是投资人所持现金比例。

设做 m 次确定价格矢量的投资实验,x_i 或 r_i 发生的次数是 m_i,则 m 次投资后资金增值为原来的倍数是

$$\prod_{i=1}^{W} R_i^{m_i}$$

平均每次投资后资金增长为原来的倍数,即几何平均产出比是

$$R_g = \prod_{i=1}^{W} R_i^{m_i/m}$$

对上式取对数并令 $m \to \infty$,得

$$H = \log R_g = \sum_{i=1}^{W} P(x_i) \log R_i = \sum_{i=1}^{W} P(x_i) \log \sum_{k=0}^{N} q_k R_{ik}$$

式中,P 是收益出现的概率,称 H 为增值熵,它是广义熵的一种,其量纲和信息量纲相同,反映了资金的增值速度。设 $\log$ 以 2 为底,这时 H 的单位为比特,表示资金的翻番数。

对于一种有多种收益可能的投资组合,可以由增值熵公式求出最优比例。具体分析不再次赘述。

8.6　量子通信概述

量子信息科学是一门正在迅速崛起的交叉领域的新学科,它是量子力学、量子光学、计算机科学、信息论以及通信技术与工程等学科相互结合的一门交叉学科。量子信息科学将物理学和信息论交叉融合在一起了。

信息论和物理学原本存在着又密切又深刻的联系。我们已知信息是抽象的,信息源于物质世界本身,源于物质世界的运动和相互作用中。但信息具有相对独立性,信息必须脱离原来的事物而相对独立地载附于别的物理载体上,才能进行提取、变换、传递、存储、加工或处理。所以,信息必须以物质为载体。也可以说,人们对信息的表示、变换、传递、存储和处理等过程实际上都可归结为对物理载体的状态的操控。在香农提出的信息传输系统模型中,信源输出的消息必须经过编码变换成实际物理载体 —— 信号(如声信号、电信号、光信号、磁信号和生物信号等),在其对应的信道中传递、存储,然后经过译码变换(编码的反变换)传输到信宿,才被人们提取获得信息。这种信息传输系统中,信息的物理载体都是经典物理学中研究的经典物理态。随着量子力学的发展,人们对量子系统的操控能力不断提高,人们就想到在量子系统中选用量子物理态作为信息的物理载体,也就是将信息编码在量子态上,进行信息传递、存储和处理。由于量子物理态的性质和运动规律完全遵循量子力学的规律,是与经典物理学有着完全不同的规律。那么,信息的编码、传递、存储和处理等方式将发生根本性的变革,也就由此诞生了一门新型的交叉学科量子信息科学。本节简要介绍与其相关的应用技术 —— 量子通信技术。

8.6.1　量子通信的概念及原理

在量子通信技术中,包含的核心概念主要有量子纠缠效应与量子信息化状态两方面。所

谓量子纠缠效应就是两个以上的量子系统之间存在非局域的经典关联,可以实现两个量子的关联变化,即不受量子距离限制,一个量子的状态变化总是会引起另一个量子的状态变化。量子信息化状态则是指量子通信中的信息状态,一般采用相位状态来进行对量子状态信息进行描述。根据量子的相位偏移角度判断量子信息的位置状态。量子通信网络连接示意图,如图 8 - 24 所示。

根据图 8 - 24 的量子通信网络连接示意图,在各个通信节点之间立即纠缠对,使各个节点保持纠缠状态。

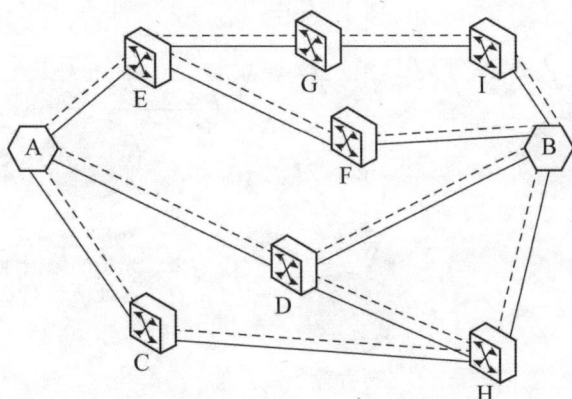

图 8 - 24　量子通信网络连接示意图

此外,量子通信技术的通信形式主要有量子隐形传输和量子密码通信。量子密码通信技术目前已经步入实用化,这种传输原理并不需要传输介质的参与,只是通过转移粒子状态来传递通信信息。

量子隐形传送原理如图 8 - 25 所示。首先对具有量子纠缠效应的量子进行制备,分别记为 A 和 B。当信息存储在 A 和 B 中时,包含相关信息的量子 C 与 A 一起被测量,从而改变了 A 和 B 的状态。采用逆测量方法对量子 D 和 B 进行测量,得到量子中的全部通信信息。但是因为单量子状态极易损耗光纤信道且价格昂贵,因此量子隐形传送技术未得到充分研究。

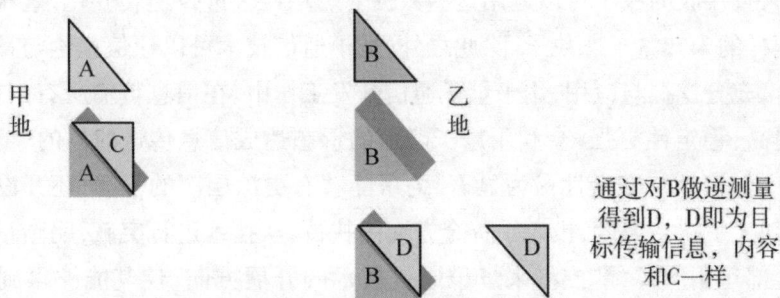

图 8 - 25　量子隐形传送原理

量子密码通信是以量子的状态化信息作为密钥。一般来说,量子密码通信通过信号收发器发送特定状态的通信量子,接收端乙使用激光接收机接收通信量子并保存。量子 A 和 B 对通信量子的状态进行验证,以提高通信的安全性。如果发现量子状态被改变,则立即改变量子状态,如图 8 - 26 所示。

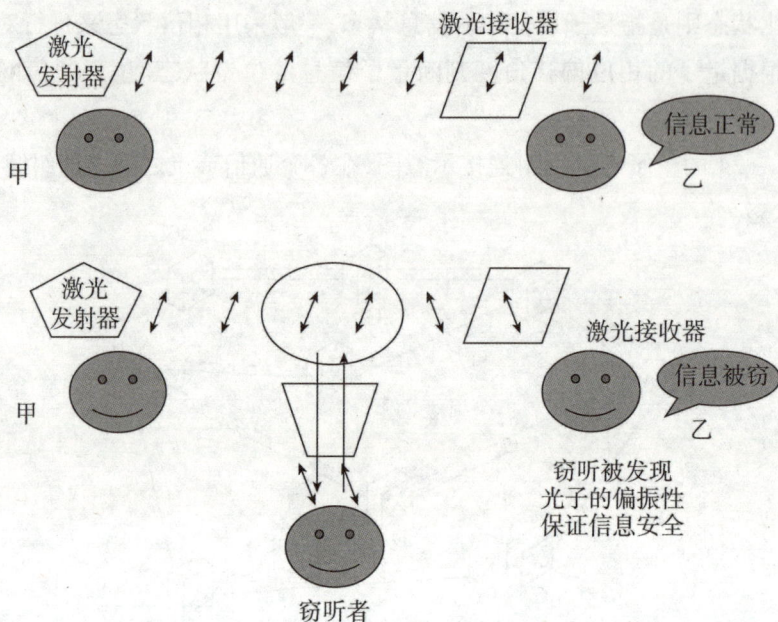

图 8 - 26　量子密码通信原理

8.6.2　量子通信技术的特点与难点

随着国内科学技术的日益成熟,使得各个科技的运用更加广泛,且形式也呈现出了多元化的趋势。其中,量子通信作为一种新兴的技术形式,能够通过量子纠缠效应的深度开发进而实现更为先进的信息通信方式,首先会创建一对粒子,同时还需要达到纠缠的形态,然后将其分开,放在通信两端,利用传递粒子和未知量子态粒子的有机融合,进行组合探测,这时候接受模式的粒子会在短时间内与传输粒子坍塌形态相对粒子情况,将其中的探测数据传递给承接粒子,且接收的粒子可以运用这些数据对坍塌粒子进行逆转变化,这种模式就可以获得传输方同样的未知量子态粒子。除此之外,量子通信技术可以让信息论与量子等知识与内容进行整合,充分挖掘与应用,用于量子通信开发工作中。在信息传输所有的模式中,光量子通信效力更高,稳定性更强,会利用量子隐形的形态达成信息传送的目的。量子通信技术优势众多,其中保密性与安全性最为显著,为了能够有更深层次的了解,还开设了专项研究团队,国内也加大了扶持力度,投入了资金方面的扶持,从技术进行突破,明晰量子通信技术核心特征与全部运用形式,掌控将来量子通信技术的开展方向,使其能够得到更高效的运用。量子通信技术具有明显的特征与独特性,包含多项学科要点,且在运用的过程中,融合了很多新型技术思路与理念。但是,从总体运用形式来看,量子通信技术并没有一个特别严苛的标准化指标。在此种背景之下,倘若想达到更高的性能或者更高的品质通信状态,就需要根据量子传送通信渠道实施,这种操作原理会较为复杂。通常情况下,在信息学相关知识点中,会利用量子力学独有的性质来完成数据的传送,和以往的常见的通信模式相比,更加安全可靠,不会受到过多因素的约束与限制。当处于数据传送阶段,如果信息的量子态未受到一些外在要素的影响,在整个传送阶段就不会存在盗取的问题,且不能被复制。从原理层面上看,量子通信技术是当前优势最多的通信形式,不管是分隔多远的量子,只要其中一个量子出现了改变,那么另外那个量子也会随之改变。

但由于量子通信技术属于一种新兴的通信方式,一些技术并不是非常成熟,会存在很多技术难点。对于一些距离较远的隐性量子态在进行传送的过程中,需要在通信的两侧进行最大化的量子纠缠,然而,如果在环境中一些噪声的作用下,量子纠缠品质就会因为距离的不断扩大而慢慢降低,所以,当前所探究的关键内容要围绕着远距离量子传送期间怎样增强量子态纠缠品质,且这也是目前量子通信技术中的难点,要加强研究得以攻克。与此同时,现阶段在信道节点等许多课题还存在疑问点,如何更好地提升信息传送时的安全性,防止被窃取等问题,都要经过多次防攻击实验。不仅如此,从远距离数据传送进程当中的量子态传送体系并不健全,不仅是个技术难题,而且还会降低系统运行时的稳定性,这就要充分考虑信道长度抖动会对纠缠态产生哪些不良影响。

8.6.3　量子通信技术的前景与展望

目前,量子通信技术的主流运用场景大致如下。

1. 创建量子通信网络

量子通信技术的研究方向是多样性的,如果想要增强这项技术的实效性与可行性,就需要不断扩大量子通信网络的覆盖面积。现阶段在对量子通信技术的研发过程中,扩大区域数与节点数应当成为一项重要课题,与此同时,还需要加大通信间距,成为覆盖区域更为广阔的信息网。在创建量子通信网络时,很多城市通信会更加顺畅与快速,并且通信范围会更广,已经成为当前量子通信技术的主要目标。

2. 通信模式中的星地通信

在量子通信技术开发与探究过程中,对于卫星通信会更加重视,从研究中可以发现光子如果处于真空的情景下并不会受到损耗,这种优势会让量子通信更加顺畅与便捷,通常光子的损耗都是出现在离地面较低间距的大气环境中。

3. 量子中继技术

通过量子中继技术实现扩大通信距离是当前的主要发展路径,也是通过更加科学的方式对量子中继技术进行充分的运用。当处于一些距离较远的信息传送阶段,因为单光子会受到外在因素的影响出现较多的损耗,所以需要运用中继技术来控制和解决光子损耗问题。然而,在实际运行时,由于量子态是不能进行复制的,这一特征给其造成了限制,也是很大的难点。当量子态难以复制,就不能与平常信息那样进行转化与扩大弱信息来完成所需要的中继技术。不仅如此,当前正在分析的量子中继一般会在光子没有达到最远距离的时候来接收信号,之后再进行信号的保存,然后形成单光子的模式进行传送。但是,在这个过程中,需要关注的是,必须是一个单光子传送到另一个单光子上,并不能完成多光子的传送,很多学者为了能够解决这类问题一直处于不停的探索阶段,会不断对光量子与固态原子进行优化,将这两种计划进行更深层次的研发。

4.量子保密通信技术

国内对量子通信技术的研发程度处于领先地位,我们已经完成了量子卫星的发射、创建了量子通信技术干线等,由于量子通信技术具有极强保密性,为了能够增强通信的安全性,需要保障密匙的品质与体量,这不仅是安全性的基础要素,而且与通信安全性有非常直接的影响。量子随机数发生设备是密匙的主要设施,从各项性能来看,当性能越强随机数产出的效能就会更高,品质也会更加优异,是难以出现被盗取信息的问题的,这种安全性与保密性是当前通信技术中级别最高的。

综上,由于城市的发展与产业的进步都离不开通信技术,并且现代化建设历程中对通信效能与安全有了全新的指标与准则,而量子通信是最好的选择,也是必须要探究的内容。此外,量子技术不仅能够在空间的传送与信息技术上有明显的有效性,而且量子通信技术必然会带动通信产业的迅猛发展,能够为空间通信创造基础条件,量子通信技术更加灵活、快速与安全,在多个行业都有很强的运用前景。进一步,量子技术因为具有以往通信技术所不能达到的保密性,所以量子通信技术的超安全属性更加适用于国内的军事领域,可以对信息进行加密保护,不被敌方所突破,对于国防方面的相关建设是具有至关重要的现实意义的。最后,如果凭借当前的测算水平与测算工具,当进行复杂加密技术的破译工作时,需要花费的时间是不可预测的,不仅是无法完成的,而且也是缺乏意义的。如果可以更好地运用量子计算机,就能够快速完成加解密处理。所以,量子通信技术的运用前景是非常广阔的。

参考文献

[1]钟义信. 信息科学原理[M]. 3 版. 北京:北京邮电大学出版社,2002.

[2]梁栋,张兴. 信息论简明教程[M]. 北京:北京邮电大学出版社,2009.

[3]姜楠,王健. 信息论与编码理论[M]. 北京:清华大学出版社,2010.

[4]沈连丰,叶芝慧. 信息论与编码[M]. 北京:科学出版社,2004.

[5]兰家弄,刘军. 应用图论及算法[M]. 成都:电子科技大学出版社,1995.

[6]朱雪龙. 应用信息论基础[M]. 北京:清华大学出版社,2002.

[7]徐家品. 信息论与编码[M]. 北京:高等教育出版社,2011.

[8]曲炜,朱诗兵. 信息论基础及应用[M]. 北京:清华大学出版社,2005.

[9]李海斌. 网络信息论基本问题剖析[J]. 石家庄职业技术学院学报,2010(8):7 - 8.

[10]陈海勇. 网络编码在军事物联网中的应用研究[D]. 北京:装备学院,2011.

[11]唐朝京,雷菁. 信息论与编码基础[M]. 长沙:国防科技大学出版社,2003.

[12]刘建成. 信息论与信源编码理论及应用[M]. 北京:北京邮电大学出版社,2010.

[13]周荫清. 信息理论基础[M]. 2 版. 北京:北京航空航天大学出版社,2002.

[14]姜丹. 信息论与编码[M]. 2 版. 北京:中国科学技术大学出版社,2004..

[15]曹雪虹,张宗橙. 信息论与编码[M]. 北京:清华大学出版社,2004.

[16]禹思敏. 信息论、编码及应用[M]. 西安:西安电子科技大学出版社,2012.

[17]张丽英,王世祥. 信息论与编码基础教程[M]. 北京:清华大学出版社,2010.

[18]AHLSWEDE R, et al. Network Information Flow[J]. IEEE - IT, 2000(46):1204 - 1216.

[19]HARVEY N J, KLEINBERGY R D, LEHMAN R. Comparing Network Coding with Multicommodity Flow for the k - pairs Communication Problem[C]. MIT report:MIT - LCS - TR - 964,2005.

[20]PHILIP A C, YUNNAN W. Network Coding for the Internet and Wireless Networks[J]. IEEE Signal Processing Magazine, 2007, 23(5):77 - 85.